16	3	2	13
5	10	11	8
9	6	7	12
4	15	14	1

Jeanne Marie Gagnebin

LIMIAR, AURA E REMEMORAÇÃO

Ensaios sobre Walter Benjamin

editora■34

EDITORA 34

Editora 34 Ltda.
Rua Hungria, 592 Jardim Europa CEP 01455-000
São Paulo - SP Brasil Tel/Fax (11) 3811-6777 www.editora34.com.br

Copyright © Editora 34 Ltda., 2014
Limiar, aura e rememoração © Jeanne Marie Gagnebin, 2014

A FOTOCÓPIA DE QUALQUER FOLHA DESTE LIVRO É ILEGAL E CONFIGURA UMA
APROPRIAÇÃO INDEVIDA DOS DIREITOS INTELECTUAIS E PATRIMONIAIS DO AUTOR.

Imagem da capa:
Julius Bissier, 23.Juli 62 Ca' Rondine, *1962 (detalhe),
têmpera s/ tela, 45,2 x 59 cm,* Kunstsammlung NRW, Düsseldorf

Capa, projeto gráfico e editoração eletrônica:
Bracher & Malta Produção Gráfica

Revisão:
Julia de Souza, Alberto Martins, Beatriz de Freitas Moreira

1ª Edição - 2014 (1ª Reimpressão - 2019)

CIP - Brasil. Catalogação-na-Fonte
(Sindicato Nacional dos Editores de Livros, RJ, Brasil)

G129l
Gagnebin, Jeanne Marie
Limiar, aura e rememoração: ensaios sobre
Walter Benjamin / Jeanne Marie Gagnebin —
São Paulo: Editora 34, 2014 (1ª Edição).
272 p.

ISBN 978-85-7326-572-9

1. Filosofia. 2. Literatura e estética.
3. Benjamin, Walter, 1892-1940. I. Título.

CDD - 102

LIMIAR, AURA E REMEMORAÇÃO
Ensaios sobre Walter Benjamin

Nota da autora 9

Prólogo: Escrita, morte, transmissão 13

Limiar

1. Limiar: entre a vida e a morte 33
2. Mito e culpa nos escritos de juventude de Walter Benjamin 51
3. Do conceito de *Darstellung* em Walter Benjamin (*ou* Verdade e beleza) 63
4. Comentário filológico e crítica materialista 75

Aura

5. Atenção e dispersão: elementos para uma discussão sobre arte contemporânea a partir de Adorno e Benjamin 99
6. O olhar contido e o passo em falso 121
7. Eros da distância 131
8. Identificação e *Kátharsis* no teatro épico de Brecht 141
9. De uma estética da visibilidade a uma estética da tatibilidade 155

Rememoração

10. Teologia e messianismo no pensamento de Walter Benjamin 179
11. Estética e experiência histórica em Walter Benjamin ... 197
12. O trabalho de rememoração de Penélope 217
13. Esquecer o passado? 251

Sobre os textos 265
Sobre a autora 269

Em memória de Bento Prado Jr.

NOTA DA AUTORA

Ao escrever esta nota constato, com certo espanto, que esta nova coletânea de ensaios não é tão nova assim. Ela retoma o tema da relação entre escrita, morte e memória que já se encontrava no cerne de meu último livro, *Lembrar escrever esquecer* (Editora 34, 2006). O texto de abertura precisa essa questão a partir de uma interrogação, ao mesmo tempo trivial e metafísica, acerca das dificuldades dessa estranha atividade que a escrita configura. Os outros treze ensaios a retomam, agora a partir do pensamento de Walter Benjamin, autor que, embora de maneira não explícita, esteve sempre nas entrelinhas do livro anterior.

Por que Walter Benjamin? Porque seu pensamento elabora, nas suas diversas fases, aquilo que podemos chamar de transformação da narração e da transmissão, isto é, a transformação das formas de memória e de escritura. Benjamin o faz no quadro de uma teoria da modernidade que se inscreve na linhagem da sociologia e da filosofia alemãs do início do século XX, com a oposição dos conceitos de comunidade, *Gemeinschaft*, e sociedade, *Gesellschaft* (Ferdinand Tönnies, Georg Simmel), e com a afirmação do desencantamento do mundo em Max Weber. Se ficou tão difícil "contar uma história", como afirma Benjamin reiteradas vezes, é porque o desenvolvimento capitalista destruiu de forma definitiva as formas comunitárias de transmissão e de tradição — as formas de vida comum organizadas por um sentido reconhecido por todos, e pela possibilidade de integração da morte singular na comunidade dos vivos.

Em contraposição a várias interpretações bastante em voga, sustento que o pensamento de Benjamin não desliza para uma certa nostalgia romântica, mas luta para compreender melhor as transformações políticas que se expressam nas transformações narrativas. Benjamin procura assim imaginar uma modernidade que não se reduza à mera aceleração do tempo e à produção cada vez maior de mercadorias, mas que seja igualmente a invenção de novas formas de vida em comum e que consiga transformar a técnica em instrumento de liberdade e de felicidade.

A obra de Baudelaire é o emblema da modernidade, para Benjamin, porque o poeta baudelairiano é o habitante anônimo das grandes cidades e porque ele não é mais nem o celebrante de uma harmonia perdida nem o enviado privilegiado dos deuses. Assim, a parte central deste livro é consagrada ao conceito de *aura*, isto é, às transformações da percepção, da *aisthèsis*, na época moderna — transformações estéticas e políticas segundo Benjamin. A primeira parte, que leva por título a palavra *limiar*, pretende expor alguns conceitos menos conhecidos de Benjamin, presentes sobretudo em seus textos de juventude, como o conceito de "mito" e o próprio conceito de "limiar". A última parte, *Rememoração*, retoma o problema da memória e da transmissão, notadamente da memória histórica, da memória dos mortos; não tanto dos heróis, como o fazia o *epos* antigo, mas muito mais dos vencidos da história, dos mortos anônimos ou esquecidos.

Numa anotação a respeito do seu último texto, as famosas teses "Sobre o conceito de história", Benjamin declara: "A construção histórica é dedicada à memória dos sem nome".[1] Essa afirmação poderia servir de mote ao volume inteiro. Ela também explica por que Benjamin se tornou um autor tão lido no contexto político do Brasil atual, isto é, no contexto de uma luta política para nomear os mortos da ditadura militar, saber como e por quem foram mortos e onde se encontram os corpos — quando ainda os há — dos desaparecidos.

---

[1] "*Dem Gedächtinis der Namenlosen ist die historische Konstruktion geweiht*". Walter Benjamin, *Gesammelte Schriften*, I-3, p. 1.243, Frankfurt, Suhrkamp, 1974.

Este livro deseja, enfim, prestar uma homenagem não só à qualidade filológica e filosófica crescente dos estudos benjaminianos no país, mas também, e sobretudo, às corajosas tentativas políticas de reafirmar a necessidade de lembrar os mortos para viver melhor o presente.

Prólogo
ESCRITA, MORTE, TRANSMISSÃO

Introdução

Para tecer algumas hipóteses sobre as relações entre escrita, morte e transmissão, gostaria de partir de uma interrogação que nasce de uma dupla prática: a de escrever e de gostar de escrever — tive essa sorte desde cedo — e a de "orientar" (como se diz de maneira simpática na universidade brasileira) trabalhos escritos, em particular dissertações de mestrado e teses de doutorado. Ora, os inúmeros conflitos e as poucas — mas intensas — alegrias que essa dupla experiência proporciona me convenceram de algo que não posso sempre dizer em voz alta aos meus sérios colegas filósofos: a saber, que escrever com felicidade, no duplo sentido de contentamento e de sucesso, certamente tem a ver com a competência ou com o saber do autor — mas, no fundo, muito menos do que se diz e se quer acreditar. (Excluo, claro, casos de *best--sellers*, bons ou ruins, que têm uma relação clara com uma competência específica, a de operações de *marketing*.) E tento me perguntar por que tantos alunos e tantos colegas excelentes, cultos, competentes, sérios, aplicados etc. etc. não "conseguem" escrever, como dizem eles mesmos; ou só o fazem ao preço de um sofrimento psíquico e físico. Antes de qualquer discussão de conteúdo, todo "orientador" tem a tarefa primordial de analisar e entender tal sofrimento, e até mesmo de ajudar o outro (e, às vezes, a si mesmo) a desfazer minimamente esses nós que o paralisam.

Algumas hipóteses de respostas são bem conhecidas. Escrever um texto, sobretudo um texto que será julgado por uma banca ou por um grupo de colegas, "abala minha autoconfiança (eu tinha tantas ideias geniais, mas percebo que não consigo formulá-las ou, pior, que só escrevo trivialidades)", abala a imagem ideal que tinha de mim, portanto; e escrever também me confronta com a minha falta de originalidade, "parece que tudo já foi dito, aliás de maneira muito melhor, e se eu não vou dizer nada nem de novo nem mesmo de relevante, seria melhor eu desistir de vez". Essas explicações pelas feridas narcísicas são certamente essenciais, mas me parecem ainda parciais, porque remetem à configuração singular do indivíduo contemporâneo, que deseja ser único e diferente para não soçobrar no anonimato da massa — perigo, aliás, muito real.

Com o intuito de pensar as relações tensas e angustiantes que a escrita e a consciência da morte entretêm, gostaria de seguir outra hipótese: se fôssemos imortais, não precisaríamos escrever — e, portanto, quando escrevemos, lembramos, mesmo à nossa revelia, que morremos. E assim, muitas vezes, ou escrevemos demais ou não escrevemos nada.

Escrita como luta contra o esquecimento e a morte

Desde os primeiros textos de nossa tradição ocidental, a relação entre morte e escrita é enfatizada pela própria poesia. Penso aqui especialmente na *Ilíada* e na *Odisseia*, que podem ser lidas não só como a história da ira de Aquiles e das aventuras de Ulisses, mas também como uma teoria poética sobre a força, sobre o poder (*dynamis*) da palavra poética. A atividade de colocar por escrito cantos transmitidos oralmente ao longo de séculos, atribuída a um poeta de nome Homero, parece inseparável de uma metarreflexão linguística e poética, já presente na oralidade, agora sancionada pela escritura. Retomo algumas reflexões fundamentais a esse respeito de Marcel Détienne[1] e Jean-Pierre Vernant[2] entre outros pes-

---

[1] Marcel Détienne, *Les maîtres de vérité en Grèce archaïque*, Paris, La Découverte, 1967.

[2] Jean-Pierre Vernant, *L'individu, la mort, l'amour. Soi-même et l'autre en Grèce ancienne*, Paris, Gallimard, 1989.

quisadores. Na personagem de Aquiles, a *Ilíada* encena a dupla alternativa que será paradigmática para toda tradição grega e mesmo ocidental: ou morrer velho, repleto de anos, de filhos e de netos, modelo de uma vida feliz que será rapidamente esquecida pela posteridade (pois não há nada a contar da felicidade), ou morrer jovem, na flor da idade e da beleza, numa façanha heroica, cuja glória — *kleos* em grego, origem do nome da musa da história, Clio — será lembrada pela palavra poética a "todas" as gerações futuras. A escolha de Aquiles é a escolha da glória, pois só essa lhe garante a imortalidade da palavra humana, uma sobrevida não pessoal, mas estritamente poética (por isso, quando Ulisses encontra Aquiles no Hades, no canto XI da *Odisseia*, o guerreiro não se arrepende de sua escolha, mas se queixa amargamente de não estar mais entre os vivos, já que não há uma verdadeira *vida*, colorida, intensa, sensível nos Infernos homéricos, apenas uma "verde" morte, ao mesmo tempo, rumorosa e muda. Aquiles morre para si mesmo, mas permanece vivo na palavra de louvor e no canto poético, que são meios de luta contra uma morte pior que a biológica: o esquecimento, a ausência de nome e de fama, a obscuridade e a indiferença dos vivos de amanhã. Essa chave de leitura da *Ilíada* nos ajuda também a entender por que esse poema fala tanto ou da luta heroica (que garante a glória do herói lembrado por sua coragem) ou, então, de preparativos, de jogos e de ritos funerários: a cerimônia fúnebre e a ereção do túmulo são igualmente práticas de celebração e de rememoração, tentativas concretas não de abolir a morte pessoal, inevitável, mas de transformá-la no objeto de um lembrar permanente, constante. Em suma, de opor à inevitabilidade da morte singular a tenacidade da memória humana, imagem utópica de uma imortalidade coletiva.

    Nesse empreendimento de luta contra o esquecimento e contra a morte, ritual funerário e canto poético são duas práticas não apenas solidárias, mas mesmo análogas. Se o túmulo é um signo (*sèma*) construído com pedras, o poema também é signo, túmulo (*sèma*) de palavras; ambos têm por tarefa lembrar aos vivos de amanhã a existência dos mortos de ontem e de hoje. Os traços gravados na pedra funerária encontram uma expansão na beleza do poema; a recitação e, singularmente, a escrita poética retomam, transfigurando-a, a função fúnebre de dizer a morte, de dizer, portanto, o ausente, mas também de torná-lo presente pela força do canto. Essa correlação essencial se encarna na figura do segundo herói épico por excelência, Ulisses. Ulisses não é tão só forte e corajoso como Aquiles. Ele é mestre do ardil e do engodo, isto é, mestre das palavras, tanto das verdadeiras como das mentirosas (pouco importa), mestre das palavras e das histórias que surtem efeito, comovem e convencem — como o fazem as palavras dos poetas. Estruturalmente, a *Odisseia* não conta simplesmente as aventuras de um herói, mas comporta em seu centro, nas assim chamadas "narrações de Ulisses", a transmutação do aventureiro em narrador-poeta que sabe contar sua história e encantar seu público. O núcleo dessas narrativas está na descida ao Hades, no confronto com a morte e com os mortos, e na vitória sobre as Sereias, isto é, na transfiguração da magia maléfica do canto em potência artística de rememoração (pois, como o notou não sem ironia Todorov,[3] se Ulisses tivesse sido devorado pelas Sereias, não poderia ter nos transmitido a beleza de seu canto). O gesto de Ulisses no Hades, com o qual ele afasta com sua espada os mortos desejosos de beber o sangue quente da ovelha sacrificada — obrigando-os assim a falar por alguns minutos com o(s) vivo(s) — e, ao mesmo tempo, escolhe alguns companheiros queridos para esse diálogo que transcende a inexorabilidade do tempo, esse gesto prefigura o do historiador, cuja pena retraça, ou não, os acontecimentos passados, os atos e os sofrimentos dos mortos que nos precederam. E o "lívido pavor" de Ulisses diante das "inumeráveis tribos de mortos", que se reúnem "soltando gritos aterradores",[4] talvez possa prenunciar também nosso assombro diante da multidão dos "sem nome", como diz Walter Benjamin, daqueles

---

[3] Tzvetan Todorov, "Le récit primitif", in *Poétique de la prose*, Paris, Seuil, 1971.

[4] *Odisseia*, final do canto XI, tradução de Antônio Pinto de Carvalho, São Paulo, Abril, 1978.

que não lembramos e cuja história deveríamos, no entanto, poder contar.⁵

IMORTALIDADE DO AUTOR E *PHARMAKON*

Se o poema é um túmulo feito de palavras, ele também é um monumento, um *mnèma*⁶ ou um "memorial" que lembra as façanhas dos heróis mortos, sua existência e, ao mesmo passo, sua perda. Mas, através dele, outro ser adquire consistência e se perpetua: a voz do próprio poeta pretende ressoar para sempre. O cuidado com o *kleos* e com o passado, a beleza do canto que os celebra, tudo isso como que atinge a figura do aédo, esse velho geralmente cego, guiado por uma criança como o será Édipo, que vê o que nossos olhos comuns de mortais não veem — figura oposta e complementar à do adivinho que enxerga o futuro. Os "divinos aédos" da *Ilíada* e da *Odisseia* banham-se numa luz sagrada que os protege da morte violenta (Ulisses poupará a vida de Fêmio, aédo da corte, no massacre final dos pretendentes em Ítaca) e os torna, eles também, imortais. Essa luz divina acompanhará os poetas e os colocará acima dos meros mortais pelo menos até Baudelaire e seu poeta anônimo, cuja *auréola* — um círculo de luz — cai na lama, quando atravessa uma rua movimentada de Paris.⁷ Na Grécia antiga, poetas e adivinhos são realmente "inspirados",

---

⁵ Ver Walter Benjamin, "Sobre o conceito de história", em particular a nota da edição crítica de *Gesammelte Schriften* (Frankfurt, Suhrkamp, 1974, vol. I-3, p. 1.241): "*Schwerer ist es, das Gedächtnis der Namenlosen zu ehren als das der Berühmten [...] Dem Gedächtnis der Namenlosen ist die historische Konstruktion geweiht*"; "É mais difícil honrar a memória dos sem nome do que a dos famosos [...] É à memória dos sem nome que é consagrada a construção histórica". Tradução de J. M. G. A partir de agora citarei o volume *Gesammelte Schriften* como *G. S.*

⁶ Jean-Pierre Vernant, *op. cit.*, p. 70.

⁷ Ver o famoso poema em prosa de Baudelaire "Perte d'auréole" ["A perda da auréola"], uma das fontes principais da teoria benjaminiana da "perda da aura" na arte contemporânea.

isto é, preenchidos por um sopro de origem divina que lhes confere iluminação e competência. Com o desenvolvimento da democracia e do exercício argumentativo da palavra, do *logos* político, jurídico e filosófico, o estatuto da linguagem poética também se transforma, se laiciza e se democratiza, tornando-se objeto de avaliação crítica como outro discurso qualquer. Toda filosofia de Platão testemunha essa transformação. No entanto, essa pretensão à imortalidade que o autor do texto escrito deseja alcançar através dele subsiste e até mesmo aumenta, pois que se generaliza. O texto se torna "obra" e a obra deve lembrar à posteridade a existência de seu "autor".

Poderíamos inclusive dizer que esse desejo se torna uma das motivações principais da escrita e da atividade de escrever, da *escritura*, até nossos dias. Assim o afirma André Gide, no seu *Journal*, no dia 27 de julho de 1922: "*Les raisons qui me poussent à écrire sont multiples, et les plus importantes sont, il me semble, les plus secrèts. Celle-ci peut-être surtout: mettre quelque chose à l'abri de la mort*" ("As razões que me levam a escrever são múltiplas e as mais importantes são, me parece, as mais secretas. Talvez esta sobretudo: pôr algo no resguardo da morte").[8] Essa frase, citada de maneira bastante irônica por Maurice Blanchot, torna manifesto um segredo público: escrevemos para sobreviver, para não morrer por inteiro, ou para deixar algo de durável (não ousamos mais dizer de eterno), para deixar um rastro ou uma marca de nossa passagem; rastro ou marca que, esperamos, serão piedosamente conservados pela posteridade. Talvez queiramos mesmo transmitir algo essencial, algo da "imortal beleza" (Baudelaire) ou da "sabedoria universal", mas queremos também, como os mortos da *Odisseia*, que nosso nome não caia no esquecimento — e por isso, ainda em vida, ficamos felizes quando um livro nosso recebe uma boa resenha e furiosos quando é ignorado! Homero, poeta inspirado pelas Musas, educador da Grécia, é certamente uma personagem lendária cujo nome prescinde de estado civil mais pre-

---

[8] Citado por Maurice Blanchot no ensaio "La mort contente", *in De Kafka à Kafka*, Paris, Gallimard, 1981, p. 137.

ciso, justamente porque é o sopro da divindade que se diz nos seus versos. Tais versos, aliás, não pertencem só a ele, mas a uma longa tradição que o poeta recolheu por escrito. Quando as verdadeiras Musas morrem, isto é, as filhas de Zeus e de Mnemosynè, deusa da memória, quando se perde a tradição ancestral, nasce então essa estranha figura do autor que deve lutar por sua especificidade singular, por seu reconhecimento e por sua pequena quota de imortalidade na galeria dos chamados grandes pensadores da humanidade. Escrever um texto, melhor ainda, escrever uma "obra", constitui uma estratégia de autoconservação em vida e depois da vida.

Ora, sabemos todos, mesmo que não ousemos confessá-lo nem a nós mesmos, quão frágil, e pior, quão vã é tal estratégia. Nessas circunstâncias, vale a pena reler a famosa "condenação" da escrita no fim do diálogo *Fedro* de Platão.[9] O contexto é conhecido: no fim de um belíssimo diálogo consagrado à diferenciação e articulação do *eros* verdadeiro (em oposição ao amor interessado) e do *logos* verdadeiro (em oposição aos discursos bem escritos dos sofistas e dos retores), Sócrates percebe que seu jovem e belo companheiro, Fedro, ainda não está totalmente convencido, ainda não conseguiu se desvencilhar por inteiro da sedução exercida pelas peças de bravura escritas pelos sofistas e oradores, pelos "logógrafos" — como o texto de Lísias que ele tinha pedido emprestado e carregava embaixo do braço para estudar suas invenções estilísticas e, quem sabe, decorá-lo. Sócrates decide então contar um *mythos* antigo, carregado de dignidade e de autoridade, pois que vem do Egito, país mais antigo que a própria pólis de Atenas. Platão apela assim à autoridade da tradição oral. Valendo-se da invenção descarada de um mito, pretende condenar a autoridade de uma outra tradição, aquela dos discursos escritos que começa a reinar na educação dos jovens.

O mito imaginado por Platão apresenta uma cena paradigmática de filiação e de transmissão. Mais precisamente, uma cena

---

[9] Deve-se discutir se é realmente a escrita que Platão condena e não um certo fetichismo da escrita; ver Luc Brisson, introdução à edição da Carta VII, *Lettres*, Paris, Garnier-Flammarion, 1987, pp. 157 ss.

na qual um filho ou um deus menor, o jovem Thot, inventor dos números e dos jogos de dados, vem apresentar sua nova invenção — a escrita — ao pai, ao deus maior, Tamuz, deus soberano e solar, modelo do rei-juiz arcaico cuja palavra em si tem força de lei. Thot, que na mitologia egípcia também é o deus da morte, parece aqui no entanto um deus jovem, brincalhão, cheio de boa vontade e de ingenuidade. Sua nova invenção o entusiasma porque, assim ele diz, resolverá os problemas de armazenamento, de esquecimento e de acumulação do saber, sendo a escrita uma "droga para a memória e para a sabedoria": *mnèmès te gar kai sophias pharmakon*.[10] Tamuz, que não precisa de escrita para assegurar seu saber e seu poder, retruca termo por termo; a escrita só fará aumentar o esquecimento dos homens porque eles depositarão sua confiança em "signos exteriores e estrangeiros" (*exothen hypo' allotriôn typôn*),[11] em vez de treinar a única memória verdadeira, a memória interior à alma, aquela que não precisa de notas para se lembrar. Tamuz conclui peremptoriamente: "Não é para a memória (*mnèmè*), é para a recordação (*hypomnèsis*) que inventaste um remédio (*pharmakon*)",[12] opondo aqui o verdadeiro processo do lembrar (a famosa *anamnèsis* platônica, que garante o reconhecimento e o conhecimento verdadeiros) a um processo de anotação e inscrição que só servem de auxílio para as falhas da memória.

Em sua célebre análise desse texto,[13] Jacques Derrida mostrou como essas separações platônicas assolam até hoje o pensamento ocidental, metafísico ou não. Com efeito, por trás da oposição entre palavra escrita e palavra oral se perfilam outras dicotomias basilares: original e cópia, vivo e morto; isto é, também, vida e morte, memória (verdadeira, diria Platão) e esquecimento. Mesmo que a imagem pareça semelhante a seu modelo, ela difere dele, no

---

[10] Platão, *Fedro*, 274a.

[11] *Idem*, 275a.

[12] *Idem, ibidem*.

[13] Jacques Derrida, *A farmácia de Platão*, tradução de Rogério da Costa, São Paulo, Iluminuras, 1991.

entanto, como a pessoa e seu retrato, e a palavra escrita da oral — e ambas daquele "real" que designam. A questão é limitar e delimitar essa relação de semelhança — termo ambíguo que situa-se entre a diferença e a identidade, pois semelhança não significa igualdade. Assim também, como realça Derrida, o *pharmakon* é essencialmente ambíguo — daí sua sedução e sua periculosidade — sendo simultaneamente veneno e remédio, sentido que nossa palavra "droga" pode transmitir. Próprias das artes e da *mimesis* no pensamento platônico, a semelhança e a ambiguidade atraem, seduzem e encantam, pois são promessas de beleza e de felicidade maiores que aquelas oferecidas pela "realidade" (não a realidade verdadeira das Ideias, que os filósofos podem alcançar, mas a realidade da vida política e cotidiana, sempre decepcionante). E justamente porque seduzem, como as mulheres e como as sereias, são ainda mais perigosas, introduzindo uma zona turva de indeterminação entre aparência e ser, ausência e presença.

A escrita — e os belos textos em particular — vive justamente desta perigosa indeterminação. Ela torna presente aquilo que está ausente, e é duplamente signo: signo do som e signo daquilo que o som designa. Como signo de algo que não está mais, presença da ausência e ausência de presença, é um *rastro*, isto é, desde Platão até Freud,[14] um estranho ser, tão imprescindível quanto instável e incerto. Como nele confiar? Como confiar nas lembranças, esses "rastros mnêmicos" muitas vezes infiéis, às vezes mesmo falsos? Como confiar na escrita que não consegue dizer a vivacidade da vida? Platão responde por meio de uma desconfiança resoluta, que é o reverso de sua confiança na palavra viva, inscrita não no papel, mas na alma. Palavra viva que não apenas o diálogo de Sócrates com qualquer cidadão em praça pública encarna, mas também o diálogo como gênero literário e escrito ao qual Platão deu suas "letras de nobreza". Essa desconfiança solapa radicalmente a ingenuidade que um "autor" poderia ter em depositar esperanças na transmissão de uma mensagem e de seu próprio

---

[14] Em Freud, a famosa *Erinnerungsspur*, um *rastro* mnêmico, e não um traço mnêmico, como é muitas vezes traduzido.

nome por meio de um "discurso escrito", como diz Platão, ou de um livro, como diríamos hoje. A desconfiança em relação à escrita implica uma igual desconfiança em relação ao ato da leitura: escritor e leitor acreditam que se entendem, quando são de fato vítimas de uma incompreensão estrutural e insuperável, já que não podem conversar juntos, isto é, com perguntas e respostas recíprocas, na vivacidade de uma busca comum da verdade que somente a convivência pode proporcionar — por meio de uma comunicação existencial concreta, portanto oral e (se possível) cotidiana. Esboça-se aqui essa imagem de *comunicação* franca, aberta, viva e de *comunidade* amigável e de um saber compartilhado por todos que guia até hoje, pelo menos na teoria, nossa prática de ensino e nossos colóquios científicos, longe da concorrência entre colegas rivais que contam pontos nos seus *curricula* para cada artigo publicado! Um belo ideal,[15] que deveríamos lembrar justamente como antídoto, como *pharmakon*, talvez, contra a administração contábil da vida acadêmica que nos rege.

O que, porém, chama a atenção no texto de Platão, é que essa relação de transmissão verdadeira se expressa, citando novamente as observações de Derrida, em metáforas de filiação e de paternidade. Mais ainda: em termos de filhos legítimos e de filhos bastardos, ou de filhos fiéis ao pai e de filhos infiéis, que saem de casa e desfiguram a mensagem paterna. Cito Platão:

"Uma vez escrito, um discurso sai a vagar por toda parte, não só entre os conhecedores mas também entre os que não o entendem, e nunca se pode dizer para quem

---

[15] Platão o descreve assim na "Carta VII": "Só depois de esfregarmos, por assim dizer, uns nos outros, e comparamos nomes, definições, visões, sensações, e de discuti-los nesses colóquios amistosos em que perguntas e respostas se formulam sem o menor ressaibo de inveja, é que brilham sobre cada objeto a sabedoria e o entendimento com a tensão máxima de que for capaz a inteligência humana". "Carta VII", 344b, tradução de Carlos Alberto Nunes, *in* Platão, *Obras completas*, volume 5, *Cartas*, Belém, Editora da UFPA, 1973.

serve e para quem não serve. Quando é desprezado ou injustamente censurado, necessita do auxílio do pai, pois não é capaz de se proteger por si [...] Examinemos agora uma outra espécie de discurso, irmão legítimo desta eloquência bastarda..."[16]

Intervém nesse momento do texto platônico um elemento diferente da crítica ao apego (hoje diríamos ao apego narcisista) do autor pelo seu texto. Trata-se, para Platão, de prevenir-se contra uma certa "vagabundagem" (já que os discursos escritos saem a "vagar", para a rua, longe da casa paterna) que ameaça, agora o percebemos, a integridade da palavra originária, isto é, da palavra paternal que, no mito, pertence ao pai-rei-deus solar Tamuz. Se o filho, o discurso escrito, não pode mais ser ajudado pelo pai/autor (uma metáfora recorrente nos diálogos de Platão, caso do *Banquete*) quando, em vez de permanecer no recinto familiar, torna-se público, o que está sob ameaça não é o "filho" enquanto tal, mas sobretudo a autoridade da palavra paterna, isto é, a evidência e a transparência de um sentido primeiro e originário. Com uma grande acuidade, Platão denuncia o processo de distanciamento da fonte que a transmissão escrita instaura. Ora, é justamente esse distanciamento histórico e essa transmissão histórica que a interpretação tem por tarefa analisar, ainda que sem a esperança, pelo menos na hermenêutica contemporânea, de resgatar ou recuperar um sentido primeiro, dito originário e por isso mais autêntico que os múltiplos sentidos ditos derivados. Como saber com certeza onde fica a fonte se o intérprete não tem à sua frente uma linha reta, clara, direta, uma transmissão histórica ou psíquica em moldes cartesianos, mas sim um território conturbado, palco de lutas e lugar errático, no melhor dos casos um "jardim de veredas que se bifurcam" como no conto de Borges?

A desconfiança de Platão em relação à escrita é instrutiva. Ela nos diz — certamente à revelia do autor/pai/Platão/Sócrates — que,

---

[16] *Fedro*, 275 e 276a, tradução de Jorge Paleikat, Porto Alegre, Globo, 1962.

quando escrevemos, devemos abdicar de tentar driblar a morte e nos perpetuar, integrais e transparentes, pelos nossos livros, ainda que seja pelas "nossas *Confissões*", como Rousseau de certo modo esperava. Escrever seria, então, não um processo de imortalização do autor, mas, pelo contrário, um duplo processo de luto: em relação a uma identidade singular sempre fixa e clara, e em relação a um ideal de compreensão e de transparência intersubjetivas. Talvez continuemos presentes no processo da leitura; presentes e futuros, mas sempre deformados, ou melhor, transformados (pois a forma, o *eidos* originário, só existe na bela metafísica platônica). Aliás, só nos é possível ter uma relação com o passado e aqueles que nos precederam, com nossos pais e mortos, quando desistimos de compreendê-los "perfeitamente" na totalidade de uma pseudorrelação imediata. Em suma, a escrita não nos imortaliza; ela talvez possa lembrar um gesto que esboçamos — o qual, no melhor dos casos, será retomado e transformado por outrém. Assim como o filho que cresce lembra ao pai que ele, o pai, envelhece e morre, também aquilo que eu possa vir a escrever será um alerta de minha caducidade e de minha finitude.

Escrita e presença da morte, escrita e presença dos mortos

Talvez a literatura possa ser definida como a linguagem cuja lei de estruturação é a sua relação com a morte. Tal relação não precisa ser explícita, ela habita o texto literário que, em oposição a textos ditos objetivos ou ainda científicos, não pretende falar daquilo que existe, do assim chamado real, mas pretende inventar outra realidade — inexistente? Sem dúvida, mas também existente de um modo diferente, aquele do possível, da invenção. A ficção pode ser lida tanto na chave da mentira como na da revelação de um sentido desconhecido. E mesmo quando um poeta tenta descrever a beleza ou a dor do mundo, ele o faz revelando um outro sentido que só percebemos graças a suas palavras, algo que não existia antes no próprio mundo enquanto tal, se é que se pode falar dessa maneira. Criar sentido é, portanto, manter esse mundo imediato à distância, criar entre mim e ele um intervalo que dele me afasta, me separa, me corta, mas também me permite nomeá-lo. Ninguém enfatizou tanto como Maurice Blanchot a radicalidade desse corte, espécie de aniquilamento da presença viva para que ela se torne presente como ausência, como fala. Blanchot chama essa destruição-presentificação[17] de "assassinato diferido", objeto de preocupação maior dos poetas e também, poderíamos acrescentar, objeto de repulsa e de ódio por parte de muitos que acusam os "intelectuais" de matar o calor da vida. O escritor arriscaria, pois, segundo Blanchot, arruinar essa imediatidade da vida — essa indiferenciação quente, gostosa e, ao mesmo tempo, pegajosa e sufocante — para instaurar um espaço, isto é, um vazio onde algo outro possa se articular, se desdobrar e crescer, ou falhar e desvanecer. Se a escrita configura um nascimento, é porque adentra o reino da separação e da despedida, da intensidade do início e da prefiguração da partida. Cito Blanchot:

> "*Je dis: cette femme. Hölderlin, Mallarmé et, en général tous ceux dont la poésie a pour thème l'essence de la poésie ont vu dans l'acte de nommer une merveille inquiétante. Le mot me donne ce qu'il signifie, mais d'abord il le supprime. Pour que je puisse dire: cette femme, il faut que d'une manière ou d'une autre je lui retire sa réalité d'os et de chair, la rende absente et l'anéantisse. Le mot me donne l'être, mais il me le donne privé d'être. [...] Sans doute, mon langage ne tue personne. Cependant: quand je dis 'cette femme', la mort réelle est annoncée et déjà présente dans mon langage. [...] Mon langage ne tue personne. Mais, si cette femme n'était pas réellement capable de mourir, si elle n'était*

---

[17] Não por acaso, Blanchot cita Hegel inúmeras vezes nesse texto, pois a *Aufhebung* hegeliana poderia ser pensada a partir dessa relação entre linguagem e realidade. "La littérature et le droit à la mort", in *De Kafka à Kafka*, op. cit., p. 37.

pas à chaque moment de sa vie menacée de la mort, liée et unie à elle par un lien d'essence, je ne pourrais pas accomplir cette négation idéale, cet assassinat différé qu'est mon langage."[18]

Talvez possamos pensar, nas pegadas de Blanchot, que essa relação entre linguagem e morte, entre escrita (esse rastro rígido da voz viva) e morte, se sempre esteve presente na literatura, mesmo que sob a forma poética da rememoração dos mortos, acabou por tornar-se tão nuclear na literatura moderna em razão de uma outra ausência: aquela de uma tradição viva, que garanta ao texto poético sua inserção num fluxo maior de histórias transmitidas de geração em geração; tal fluxo seria, segundo a bela imagem de Walter Benjamin, como um anel. Desprovido de sua auréola, o poeta perde a ligação intrínseca com o sagrado, com uma ordem maior que a da curta existência humana, na qual podia "criar raízes" e "lançar sementes", como o afirma toda metaforologia orgânica da criação artística. Como outros trabalhadores, o poeta é agora um produtor de mercadorias, sem dúvida singulares, mas rapidamente sucateadas para darem lugar a outras novas que asseguram a única continuidade essencial, a do funcionamento do mercado. Ainda que o poeta, como Baudelaire, procure acreditar numa beleza imortal, a impressão é de que essa fé não faz mais que

---

[18] *Idem*, pp. 36-7. "Digo: esta mulher. Hölderlin, Mallarmé e, em geral, todos aqueles cuja poesia tem por assunto a essência da poesia, viram no ato de nomear uma maravilha inquietante. A palavra me dá aquilo que significa, mas, primeiro, o suprime. Para que eu possa dizer: esta mulher, devo de uma maneira ou outra dela remover sua realidade de osso e de carne, torná-la ausente e a aniquilar. A palavra me dá o ser, mas mo dá desprovido de ser. [...] Sem dúvida, minha linguagem não mata ninguém. No entanto: quando digo 'esta mulher', a morte real é anunciada e já presente em minha linguagem. [...] Minha linguagem não mata ninguém. Mas se esta mulher não fosse realmente capaz de morrer, se não fosse a cada momento de sua vida ameaçada pela morte, a ela ligada e unida por um laço de essência, eu não poderia cumprir essa negação ideal, este assassinato diferido que é minha linguagem." Tradução de J. M. G.

agregar um elemento, um certo "glamour", talvez, ao produto. A crise da transmissão e da transmissibilidade, segundo Benjamin, caracteriza a modernidade — deduzida, em termos marxistas, a partir do desenvolvimento do capitalismo e da generalização da forma mercadoria. Tal crise sulca no texto literário inúmeras figurações da caducidade, imagens que podem possuir, aliás, uma grande beleza, como em Kafka, Proust ou Beckett.

Se a escrita literária, como escrita ligada à invenção de outros mundos, tem uma relação intrínseca com a morte e a ausência, poderíamos esperar que outros tipos de escrita, ditos mais objetivos ou científicos, fossem poupados de tal associação. Ora, no que diz respeito à historiografia, à escrita da história (e não mais de histórias), essa relação com a morte, parece, pelo contrário, apenas se aprofundar. Pertence a um passado revogado, à época feliz na qual os historiadores tinham como ideal metodológico relatar o passado "tal qual realmente foi", como o apontou com ironia Walter Benjamin.[19] Ainda que o passado tenha realmente acontecido e deixado no presente marcas reais de sua existência, nada garante seu estatuto unívoco. Pode-se postular essa realidade passada, mas é impossível demonstrar com rigor — como num axioma de geometria — que ela apresentou exclusivamente tais qualidades e não outras. A "descrição" do passado é uma construção que obedece à interpretação de rastros de diversa ordem (documentos, arquivos, testemunhos etc.) e a injunções singulares de enunciação, ligadas ao presente específico do historiador. Essa complexidade provém, entre outras razões, do duplo estatuto ontológico do passado, ressaltado em particular por Heidegger e pela filosofia hermenêutica. O passado é aquilo que não é mais, que foi extinto e não volta, no sentido de *vergangen/révolu*; mas também é aquilo cuja passagem continua presente e marcante, cujo ser continua a existir de forma misteriosa no presente: aquilo que tem sido, *gewesen/été*. Assim, a narração histórica é tributária de todas as ambi-

---

[19] No original, "*Wie es eigentlich gewesen ist*", citação de Leopold von Ranke que Walter Benjamin elege como mote do historicismo em suas teses "Sobre o conceito de história".

guidades da imagem mnêmica e da atividade do lembrar, ambiguidades tão bem analisadas por Paul Ricoeur.[20] A história não é somente uma narração, em que tomam parte a elaboração subjetiva e imaginativa. Aquilo que ela pretende narrar, o passado, não pode ser objeto de apropriação unívoca, já que não está mais e nos escapa. O presente falha em suas tentativas de apoderar-se do passado de modo definitivo. Como o presente está destinado a tornar-se em breve (aliás, em muito breve) também passado, suas pretensões de dominação também caducam. E, com cada presente, transforma-se a memória do passado, como bem o sabem historiadores e também psicanalistas, mesmo que haja tentativas de contá-lo e de lembrá-lo de uma maneira unívoca, esforços que obedecem ao estabelecimento de uma narração e de uma memória dominantes.

Isso não significa que devamos cair num relativismo generalizado e preguiçoso, mas, pelo contrário, que é preciso enfatizar a relevância não só epistemológica, mas também, e antes de tudo, ética e política da construção do passado. Esse tema, caro a Walter Benjamin, se tornou candente nos debates posteriores sobre a historiografia da Segunda Guerra, em particular no que se refere à história da Shoah — que proíbe tanto o comodismo relativista quanto as posturas dogmáticas do positivismo científico, invocado justamente pelos assim chamados negacionistas. Ora, como contar uma história cuja lei de estruturação inclui o apagamento deliberado dos rastros e dos documentos? (Estratégia de apagamento praticada pelos nazistas quando compreenderam que perderiam a guerra e que, portanto, não poderiam impor sua versão da história, como o relata Primo Levi.)[21] Como conceber uma narrativa que deve tentar se articular na consciência dolorosa da insuficiência inerente de qualquer relato e no balbuciar da repetição traumática? As categorias de testemunho e de atestação, desde sempre muito

---

[20] De Ricoeur, ver, sobretudo, o volume *L'histoire, la mémoire, l'oubli* (2000). Edição brasileira: *A história, a memória, o esquecimento*, Campinas, Unicamp, 2007.

[21] Primo Levi, *Os afogados e os sobreviventes*, São Paulo, Paz e Terra, 1990; particularmente, o prefácio.

presentes na tradição teológica, adquirem um sentido renovado na historiografia contemporânea. Elas levam Paul Ricoeur a afirmar que a noção usual de "representação" (*Vorstellung/représentation*) no discurso histórico deveria ser substituída pela noção, que ele cunha, de "representância" (*Vertretung/représentance*), isto é, uma atitude narrativa que segue também uma injunção ética com relação ao passado e, em particular, aos mortos do passado. Ressurge aqui, com notável insistência, a antiga ligação entre escrita e túmulo, que o *epos* homérico já materializava. A escritura da história e a relação do escritor com o passado são ambas práticas de sepultamento, como o afirma com força Michel de Certeau, que compara as obras dos historiadores aos cemitérios de nossas cidades. Esse "rito de sepultamento"[22] (*rite d'enterrement*) pode ser interpretado, de maneira clássica, como expressão da vontade humana de honrar a memória dos mortos, de respeitar os antepassados, e de opor à fragilidade da existência singular a esperança de sua conservação na memória dos vivos — de reconhecer a *dívida* que nos liga ao passado, diria Ricoeur. Ainda que secularizado, trata-se de um ritual ético e religioso, no sentido da inscrição dos vivos de hoje na continuidade reconhecida e assumida de uma temporalidade que ultrapassa o mero espaço da atualidade imediata. Mas esse rito também permite, como aliás outras práticas de sepultamento e de luto, marcar uma separação clara entre o domínio dos mortos e o dos vivos, isto é, impedir que os mortos, invejosos, raivosos, ou somente nostálgicos, possam voltar à luz do nosso (dos vivos) dia. Cito Certeau:

> "Por um lado, no sentido etnológico e quase religioso do termo, a escrita representa o papel de *um rito de sepultamento* [*un rite d'enterrement*]; ela exorciza a morte introduzindo-a no discurso. Por outro lado, tem uma função *simbolizadora*; permite a uma sociedade situar-se, dando-lhe, na linguagem, um passado, e abrin-

---

[22] Michel de Certeau, *A escrita da história*, Rio de Janeiro, Forense Universitária, 1982. O original francês, *L'écriture de l'histoire*, é de 1975.

do assim um espaço próprio para o presente. [...] A escrita não fala do passado senão para enterrá-lo. Ela é um túmulo no duplo sentido de que, através do mesmo texto, ela honra e elimina."²³

As observações agudas de Michel de Certeau me levam a uma conclusão. Escrevo, sim, para enterrar e honrar os mortos, sobretudo se eu for historiador. Escrevo também para enterrar talvez meu próprio passado, para lembrá-lo e, ao mesmo tempo, dele me livrar. Escrevo então para poder viver no presente. Escrevo, enfim, para me inscrever na linha de uma transmissão intergeracional, a despeito de suas falhas e lacunas. Assim como leio os textos dos mortos e honro seus nomes no ato imperfeito de minha leitura, também lanço um sinal ao leitor futuro, que talvez nem venha a existir, mas que minha escritura pressupõe. Lanço um sinal sobre o abismo: sinal de que eu vivi e de que vou morrer; e peço ao leitor que me enterre, isto é, que não anule totalmente minha existência, mas saiba reconhecer a fragilidade que une sua vida à minha. Talvez isso o ajude a "viver enquanto mortal e morrer enquanto vivente".²⁴

---

²³ *Idem*, p. 118.
²⁴ A frase é de Denis Vasse: "*Vivre en mortel et mourir en vivant*".

LIMIAR

1.
LIMIAR: ENTRE A VIDA E A MORTE

Inicio esta reflexão com uma citação de Walter Benjamin que nos oferece um leque de conceituações preciosas:

"Rites de passage — *so heissen in der Folklore die Zeremonien, die sich an Tod, Geburt, an Hochzeit, Mannbarwerden etc. anschliessen. In dem modernen Leben sind diese Übergänge immer unkenntlicher und unerlebter geworden. Wir sind sehr arm an Schwellenerfahrungen geworden. Das Einschlafen ist vielleicht die einzige, die uns geblieben ist. (Aber damit auch das Erwachen). Und schliesslich wogt wie der Gestaltenwandel des Traums über Schwellen auch das Auf und Nieder der Unterhaltung und der Geschlechterwandel der Liebe.* 'Qu'il plaît à l'homme', *sagt Aragon,* 'de se tenir sur le pas des portes de l'imagination!' [*Paysan de Paris*, 1926, p. 74]. *Es sind nicht nur die Schwellen dieser phantastischen Tore, es sind die Schwellen überhaupt, aus denen Liebende, Freunde, sich Kräfte zu saugen lieben. Die Huren aber lieben die Schwellen dieser Traumtore.* — *die Schwelle ist ganz scharf von der Grenze zu scheiden. Schwelle ist eine Zone. Wandel, Übergang, Fluten liegen im Wort* 'schwellen' *und diese Bedeutung hat die Etymologie nicht zu übersehen. Andererseits ist notwendig, den unmittelbaren tektonischen und zeremoniellen Zusammenhang festzustellen, der das Wort zu seiner Bedeutung gebracht. Traumhaus.*"[1]

---

[1] Walter Benjamin, *Gesammelte Schriften* (G. S.), VII-1, *Das Passagen-Werk*, Frankfurt, Suhrkamp, 1982, pp. 617-8, fragmento 02 a, 1.

É difícil traduzir com exatidão esse fragmento, logo vamos entender por quê. Cito a seguir a versão publicada na tradução brasileira:

"*Ritos de passagem* — assim se denominam no folclore as cerimônias ligadas à morte, ao nascimento, ao casamento, à puberdade etc. Na vida moderna, estas transições tornam-se cada vez mais irreconhecíveis e difíceis de vivenciar. Tornamo-nos muito pobres em experiências limiares. O adormecer talvez seja a única delas que nos restou. (E, com isso também, o despertar.) E, finalmente, tal qual as variações das figuras do sonho, oscilam também em torno de limiares os altos e baixos da conversação e as mudanças sexuais do amor. 'Como agrada ao homem', diz Aragon, 'manter-se na soleira da imaginação' (no limiar das portas da imaginação) [*Paysan de Paris*, 1926, Paris, p. 74]. Não é apenas dos limiares destas portas fantásticas, mas dos limiares em geral que os amantes, os amigos, adoram sugar as forças. As prostitutas, porém, amam os limiares das portas do sonho. — O limiar [*Schwelle*] deve ser rigorosamente diferenciado da fronteira [*Grenze*]. O limiar é uma zona. Mudança, transição, fluxo estão contidos na palavra *schwellen* [inchar, entumescer], e a etimologia não deve negligenciar estes significados. Por outro lado, é necessário determinar [manter, constatar] o contexto tectônico e cerimonial imediato que deu à palavra seu significado. Morada do sonho."[2]

Esse fragmento de Walter Benjamin, excerto do caderno "Prostituição, jogo" do livro inacabado das *Passagens*, contém vários elementos importantes de sua reflexão. A maior dificuldade,

---

[2] Walter Benjamin, *Passagens*, Willi Bolle e Olgária Matos (orgs.), Belo Horizonte/São Paulo, Editora da UFMG/Imprensa Oficial, 2007, p. 535. Tradução de Irene Aron.

que a tradução assinala sem poder resolvê-la (a versão francesa tampouco), diz respeito à distinção conceitual rigorosa que Benjamin estabelece nas últimas linhas: o conceito de "limiar" (*Schwelle*) deve ser diferenciado de maneira clara e precisa daquele de "fronteira" (*Grenze*).

No vocabulário filosófico clássico, o conceito de fronteira, de limite (*Grenze*), constitui uma metáfora essencial para tentar designar uma dupla operação de espírito e de linguagem: desenhar um traço ao redor de algo para lhe dar uma forma bem definida e, portanto, evitar que esse algo, por assim dizer, se derrame sobre suas bordas em direção a um infinito onipotente (o *apeiron* de Anaximandro) ou, mais frequentemente desde Platão, em direção a um infinito informe, vago — um "mau infinito", diria Hegel. A fronteira contém e mantém algo, evitando seu transbordar, isto é, define seus limites não só como os contornos de um território, mas também como as *limitações* do seu domínio. Esse uso crítico, sobretudo a partir de Kant, determina a tarefa do pensamento como um estabelecer de fronteiras, tanto em proveito da determinação e da diferenciação conceitual, como na intenção de proibir ultrapassagens perigosas ou falsas transcendências; trata-se de uma *ascese*, de um exercício de limitação reconhecido e aceito contra a *hybris* de um pensamento pretensamente totalizante ou contra a *Schwärmerei*, o entusiasmo ingênuo da bela alma.

Não por acaso, o conceito de *Grenze* remete a contextos jurídicos de delimitação territorial: entre a cidade e o campo, entre várias propriedades fundiárias ou ainda entre vários territórios nacionais. A fronteira (em latim *finis*, *confinium* e, no campo do direito de propriedade, *limes*) designa a linha cujo traço e cuja espessura pode variar e que não pode ser transposta impunemente. Sua transposição sem acordo prévio ou sem controle regrado significa uma transgressão, interpretada no mais das vezes como uma agressão potencial.[3]

---

[3] Ver o verbete "*Grenze*", de Rüdiger Zill, no *Wörterbuch der philosophischen Metaphern*, editado por K. Konersmann, Darmstadt, Wissenschaftliche Buchgesellschaft, 2007.

O conceito de *Schwelle*, limiar, soleira, umbral, *Seuil*, pertence igualmente ao domínio de metáforas espaciais que designam operações intelectuais e espirituais; mas ele se inscreve de antemão num registro mais amplo: registro de movimento, registro de ultrapassagem, de "passagens", justamente, de transições; em alemão, registro do *Übergang*.[4] Na arquitetura, o limiar deve preencher justamente a função de transição, isto é, permitir ao andarilho ou ao morador que transite, sem maior dificuldade, de um lugar determinado a outro lugar distinto, às vezes oposto. Seja ele simples rampa, soleira de porta, vestíbulo, corredor, escadaria, sala de espera num consultório, de recepção num palácio, pórtico, portão ou nártex numa catedral gótica, o limiar não faz só separar dois territórios (como a fronteira), mas permite a transição, de duração variável, entre esses dois territórios. Ele pertence à ordem do espaço, mas também, essencialmente, à do tempo. Assim como sua extensão espacial, sua duração temporal é flexível, e depende tanto do tamanho do limiar quanto da rapidez ou da lentidão, da agilidade, da indiferença ou do respeito do transeunte. Em palestra num colóquio de estética realizado em Belo Horizonte,[5] a filósofa Fionna Hugues comparou o limiar a uma ponte de importância e intensidade variáveis. Benjamin aproxima a palavra *Schwelle* (na qual também ecoa a palavra *Welle*, onda) do verbo *schwellen*, inchar, dilatar-se, inflar, intumescer, crescer. Trata-se certamente de uma etimologia fantasiosa, mas seu caráter de invenção a torna ainda mais interessante, uma vez que possibilita, nesse caderno consagrado à prostituição e ao jogo, uma associação entre a palavra *Schwelle* e o processo de excitação sexual: o limiar é uma *zona* (com ou sem as conotações da palavra em português do Brasil), às vezes não estritamente definida — como deve ser definida a fronteira. Ele lembra fluxos e contrafluxos, viagens e desejos.

[4] Ver no mesmo dicionário o verbete "*Übergang*", da autoria de Kurt Röttgers.

[5] "Estéticas do deslocamento", organizado por Rodrigo Duarte, Virgínia Figueiredo e Imaculada Kangussu no Departamento de Filosofia da UFMG, abril de 2007.

Num dicionário etimológico do latim,[6] encontrei uma explicação para a dificuldade, nas nossas línguas latinas do português e do francês, em estabelecer uma distinção clara entre *Grenze*, "limite", e *Schwelle*, "limiar", o que torna a tradução desse fragmento das *Passagens* tão delicada. Com efeito, "limite" (fronteira, *Grenze*) vem do latim *limes*, *limitis*, um substantivo masculino, com o sentido de "*chemin bordant un domaine*",[7] daí limitar, limitação, delimitação; enquanto "limiar" (soleira, *Schwelle*) deriva de *limen*, *liminis*, um substantivo neutro; em francês se diz "*seuil*, *linteau*", a viga ou o lintel que sustenta as paredes de uma porta. A semelhança fonética entre *limes*, *limitis* e *limen*, *liminis* explicaria, segundo os autores do dicionário em questão, por que "dans les langues romanes, *limitaris* a été confondu avec *liminaris*";[8] ou, também, por que tendemos a usar, como se fossem sinônimos, as palavras "fronteira", "limite", e "limiar", já que todos os termos aludem à separação entre dois domínios do real, muitas vezes opostos. Assim, esquece-se facilmente que o limiar não significa somente a separação, mas também aponta para um lugar e um tempo intermediários e, nesse sentido, indeterminados, que podem, portanto, ter uma extensão variável, mesmo indefinida. O limiar aponta para aquilo que Platão designou pelo advérbio *metaxu*, aquilo que se situa "entre" duas categorias, muitas vezes opostas, tal qual o demônio Eros que, no *Banquete*, impõe-se entre deuses e mortais. O limiar designa, portanto, essa zona intermediária que a filosofia ocidental — bem como o assim chamado senso comum — custa a pensar, pois que é mais afeita às oposições demarcadas e claras (masculino/feminino, público/privado, sagrado/profano etc.), mesmo que haja, em alguns casos, um esforço em dialetizar tais dicotomias.

[6] *Dictionnaire étymologique de la langue latine*, Alfred Ernout e Antoine Meillet, Paris, Klincksieck, 2001.
[7] Em português, "caminho beirando um domínio".
[8] *Dictionnaire...*, *op. cit.*, p. 359. Em português: "por que 'nas línguas romanas *limitaris* foi confundido com *liminaris*'".

A advertência de Benjamin não possui apenas um alcance terminológico e conceitual, mas aponta para sua reflexão histórica, em particular para a sua teoria da modernidade. "Na vida moderna essas transições (*Übergänge*) tornaram-se cada vez mais irreconhecíveis e difíceis de vivenciar. Tornamos-nos muito pobres em experiências liminares (*Swellenerfahrungen*)", afirma Benjamin no fragmento citado. Quando lembramos as análises de Benjamin da estrutura temporal da poesia baudelairiana, compreendemos melhor a razão dessa pobreza. Se o tempo na modernidade — em particular, no capitalismo — encolheu, ficou mais curto, reduzindo-se a uma sucessão de momentos indistintos sob o véu da novidade (como no fluxo incessante de produção de novas mercadorias), o resultado dessa contração é um embotamento drástico da perpepção dos ritmos diferenciados de transição, tanto do ponto de vista sensorial como no que diz respeito à experiência espiritual e intelectual. As transições devem ser encurtadas ao máximo para não se "perder tempo". O melhor seria poder anulá-las e passar assim o mais rapidamente possível de uma cidade a outra, de um país a outro, de um pensamento a outro, de uma atividade a outra, como passamos de um programa de televisão a outro com um mero toque na tecla do "controle remoto", sem nos demorarmos *inutilmente* no limiar e na transição. O que se perdeu com esses novos ritmos (que podem também ter qualidades positivas) é aquilo que Benjamin, citando o grande antropólogo Arnold van Gennep, chama não só de passagem, mas de "ritos de passagem".[9]

Não é por acaso que os antropólogos vão se debruçar sobre os ritos nas sociedades ditas primitivas. Esses rituais chamam a atenção justamente porque não existem mais na comunidade de origem do antropólogo observador, na vida trepidante da grande cidade moderna, tão bem descrita por Georg Simmel — que foi muito lido por Benjamin. Van Gennep[10] distingue três tipos de ritos de passagem: os de separação, aos quais pertencem a maior

---

[9] A expressão "ritos de passagem" serviu de título ao livro de Gennep, *Les rites de passage*, Paris, Émile Nourry, 1909.

[10] Tomei emprestadas da Wikipédia as informações sobre Van Gennep;

parte dos ritos funerários; os de agregação, que constituem a passagem de uma pessoa de um grupo a outro através, por exemplo, do casamento; e os ritos de "margem", ou, dirá um antropólogo posterior, Victor Turner, de *limiar*. Esses ritos de limiar designam rituais ligados a períodos de transformação. Ainda que sejam marginais com relação aos estados mais longos, tais períodos são essenciais, porque permitem *atravessar* um limiar, deixar um território estável e penetrar num outro; são ligados à puberdade e também ao nascer e ao morrer, como diz Benjamin.

No seu ensaio sobre "O narrador",[11] Benjamin já assinalava que as transformações do morrer, em particular a denegação social do processo de agonia e a solidão do moribundo, confinado ao quarto asséptico de um hospital, possuem ligação estreita com o declínio da narração tradicional (*Erzählung*) e com sua conversão ao gênero literário do romance. Gênero da solidão individual, o romance possui um herói desorientado, que não pode mais ser amparado por sua inserção em rituais coletivos simbolicamente inteligíveis. O mesmo fragmento das *Passagens* alude a duas experiências literárias contemporâneas que tentaram reintroduzir, na vida moderna, a intensidade temporal de experiências liminares: a obra de Marcel Proust e suas digressões infinitas sobre o adormecer e o acordar, esses limiares indecisos e preciosos, matrizes de outra experiência do tempo e da memória; e o movimento surrealista francês, sobretudo a obra emblemática de Louis Aragon, *Le paysan de Paris*, com suas experimentações sensoriais, oníricas e filosófico-políticas que embaralham as claras distinções cartesianas entre realidade e ficção ou mitologia, sonho e vigília.

Se as *Passagens* remetem constantemente a Freud, ao fantasma e à fantasmagoria, ao onírico e ao fantástico, ao desejo e à

---

além disso, recorri a citações de Roberto DaMatta, que escreveu a introdução à tradução para *Ritos de passagem*, Petrópolis, Vozes, 1978.

[11] "Der Erzähler. Betrachtungen zum Werk Nikolai Lesskows", *in* G. S., II-2, pp. 438 ss. Traduções de Modesto Carone (coleção Os Pensadores, *Escola de Frankfurt*, São Paulo, Abril, 1980) e de Sergio Paulo Rouanet (Walter Benjamin, *Obras escolhidas*, vol. I, São Paulo, Brasiliense, 1985).

imaginação, é porque pretendem reconquistar para o pensamento os territórios do indeterminado e do intermediário, da suspensão e da hesitação — contra as tentações de taxinomia apressada que se disfarça sob o ideal de clareza. Não se trata, então, de pensar de maneira vaga ou irracional, mas de ousar pensar, como no início da filosofia o fizeram os *Diálogos* de Platão: ousar pensar devagar, por desvio,[12] sem pressupor a necessidade de um resultado ao qual levaria uma linha reta. Trata-se, portanto, de ousar abandonar as ilusões de soberania e de controle do assim chamado sujeito do pensar e do conhecer em prol da multiplicidade e da riqueza do real, daquilo que se chama de objetos; de buscar um reconhecimento atencioso da concretude irredutível das "coisas", como deverá dizer Adorno.[13]

No pensamento de Benjamin, um outro território, ao lado da literatura, ainda resguarda experiências de limiar: o território da infância. Como W. Menninghaus o notou no seu ensaio seminal,[14] os textos da *Crônica berlinense* (primeiro esboço da *Infância em Berlim*, não traduzido no Brasil), da *Infância em Berlim por volta de 1900* e da *Rua de mão única*[15] reúnem as *passagens* pessoais, existenciais e berlinenses do autor Walter Benjamin. Desse caráter transitório nasce a beleza de tais textos, que ainda prometem um porvir, que ainda permitem uma pausa no limiar da história e da memória pessoais — antes que a catástrofe da guerra e do exílio,

---

[12] Como diz Benjamin no "Prefácio" ao livro sobre o drama barroco, "Methode ist Umweg", *G. S.*, I-1, p. 208. Em português, literalmente, "Método é desvio". Em alemão fica mais patente o trocadilho entre caminho reto do "*met-hodos*" (em grego) e o caminho torto do "*Um-weg*".

[13] Ver sobretudo "O ensaio como forma", *in* Adorno, *Notas de literatura I* (São Paulo, Duas Cidades/Editora 34, 2003, tradução de Jorge de Almeida), um texto que deve muito ao "Prefácio" de *Origem do drama barroco alemão*.

[14] W. Menninghaus, *Schwellenkunde: Walter Benjamins Passage des Mythos*, Frankfurt, Suhrkamp, 1986. Ver, sobretudo, o capítulo "Raum des Mythos, Schwellenkunde".

[15] Os dois últimos textos foram traduzidos e publicados nas *Obras escolhidas*, vol. II, de Walter Benjamin, São Paulo, Brasiliense, 1987.

sem falar no nazismo, submerja suas esperanças. A infância é, pois, o país tanto das descobertas quanto dos limiares. Ela é um tempo de indeterminação privilegiada (pelo menos para as crianças das classes abastadas), de formação e de preparação a uma outra vida, a vida adulta sexuada e profissional, que se pressente e se imagina, mas ainda não pode ser definida. Assim, na *Infância em Berlim por volta de 1900* — isto é, no limiar do século XX —, encontramos inúmeras descrições de lugares de passagem, *loggias*, corredores, escadas e ruas, pelos quais o menino se aventura em direção a destinos familiares ou desconhecidos e também, de forma simbólica mais ampla, em direção à sua futura existência, ainda por vir. O primeiro fragmento, no limiar desse livro, "Tiergarten",[16] evoca os passeios do menino não tal como foram, mas como se dão a ver na memória do adulto que lembra os lugares de sua infância. O passado já guarda o embrião de sua futura memória. Evocando a escada interna de seu prédio,[17] na qual devia de vez em quando parar para retomar fôlego — esse retomar fôlego é a forma de existência mais autêntica da contemplação, dirá o autor no "Prefácio" ao livro sobre o drama barroco[18] —, Benjamin escreve:

> *"Unten den Karyatiden und Atlanten, den Putten und Pomonen aber, die mich damals angesehen hatten, waren mir nun die liebsten jene angestaubten aus dem Geschlecht der Schwellenkundigen, die den Schritt ins Dasein oder in ein Haus behüten. Denn sie verstanden sich aufs Warten. Uns so war es ihnen eins, ob sie auf*

---

[16] Nome do jardim zoológico de Berlim, ainda hoje uma estação de trem e de metrô muito importante. Também é o nome do bairro no qual se situa o parque.

[17] Ainda há vários desses prédios burgueses do início do século XX em Berlim, nos quais uma escada senhorial leva a apartamentos de dimensões muito amplas que se elevam a cinco ou seis andares (hoje tais prédios geralmente possuem também elevador).

[18] *G. S.*, I-1, p. 208.

einen Fremden warteten, die Wiederkehr der alten Götter oder auf das Kind, das sich vor dreissig Jahren mit der Mappe an ihrem Fuss vorbeigeschoben hat."[19]

Modifico bastante a tradução existente:

"Mas entre as cariátides e os atlantes, entre os *putti* e as pomonas, que então me olhavam, prefiria agora aqueles empoeirados da linhagem dos entendidos em limiares, que protegem o passo para a existência ou em direção à entrada de uma casa. Pois eles eram peritos em esperar. E para eles dava no mesmo que esperassem por um estrangeiro, pelo retorno dos antigos deuses ou pela criança, que trinta anos atrás passara sob seus pés carregando sua pasta."[20]

Prenhe de um futuro desconhecido, a infância também é atravessada por uma temporalidade da espera e da paciência, que tem no *limiar* seu espaço privilegiado. A infância ainda sabe fruir de um tempo sem determinação, de um tempo que não possui um fim prefixado, um tempo de espera de um desconhecido que não pode ser antecipado por uma decisão precipitada, mesmo quando os adultos tentam encaixar a criança numa estratégia de previsibilidade da vida. Assim, o presente é pleno da intensidade da descoberta e, simultaneamente, pleno de angústia e de esperança com relação ao futuro, como se o tempo da espera (*Warten*) redobrasse, por sua necessária paciência, o fervor do vivido, que não voltará mais com essa abertura. Peter Szondi[21] falou com acuidade desse tempo do futuro anterior, próprio à obra "memorialística" de Walter Benjamin e, também, à sua filosofia da história: tempo

---

[19] *Berliner Kindheit um 1900*, in G. S., IV-1, p. 238.

[20] *Infância em Berlim por volta de 1900*, op. cit., p. 75.

[21] "Hoffnung im Vergangenen. Über Walter Benjamin", *in Satz und Gegensatz*, Frankfurt, Suhrkamp, 1976.

do ainda não definido e definitivo, tempo dessa estada privilegiada "*au seuil des temps et des formes*", como escreve Marcel Proust no início da *Recherche*.²²

Podemos, então, concordar com Menninghaus e ler a obra de Benjamin, notadamente as *Passagens*, como "*eine vielfach variierte Schwellenkunde*";²³ devemos, no entanto, fazer distinções entre essas variantes. Há domínios privilegiados como a literatura e a infância, e também regiões precisas, como a Paris do fim do século XIX e início do XX, que ainda tornam possível a experiência do limiar, seja ela uma transição paciente e respeitosa, ou uma transformação abrupta. Mas não só tal experiência se revela cada vez mais rara, como o mostrou de maneira emblemática a destruição da "passage de l'Opéra", fato que teria desencadeado em Aragon a escrita do *Paysan de Paris*; as experiências liminares também tendem a ser substituídas por um achatamento da superfície sensorial e psíquica que vai apagando as diferenças, outrora estruturantes da existência humana, entre profano e sagrado, vida e morte, público e privado.²⁴ A lei do capital instaura um nivelamento universal que ameaça transformar a experiência mais sublime numa nova mercadoria lucrativa.

Essa carência de experiências liminares, de *Schwellenerfahrungen*, oferece uma variante cruel que Benjamin detecta na obra de outro grande autor contemporâneo, Franz Kafka. Como se sabe, Proust e Kafka representam os dois polos paradigmáticos, segundo Benjamin, da experiência moderna: Proust pela conjuração prolixa da experiência perdida, Kafka pelas variações infinitas em redor de sua perda. A experiência do limiar, da passagem, da transição, as metáforas das portas, dos corredores, dos vestíbulos, tu-

---

²² "No limiar dos tempos e das formas", *À la recherche du temps perdu*, vol. I, Paris, Pléiade, 1987, p. 6.

²³ Em português, literalmente, "uma ciência dos limiares de múltiplas variações", Menninghaus, *op. cit.*, p. 51.

²⁴ Poderíamos pensar, por exemplo, na invasão do telefone celular nos espaços públicos.

do isso povoa a obra de Kafka — mas não leva a lugar nenhum. Pior: o limiar parece ter adquirido uma tal espessura, que dele não se consegue sair, o que acaba anulando sua função. Tenta-se atravessar uma porta escancarada sem poder sair do lugar, como encena a parábola central do *Processo*, "Diante da lei". Assim, na obra de Kafka, vagamos de limiar em limiar, de corredor em corredor, de sala de espera em sala de espera, sem nunca chegarmos ao destino almejado, que corre o risco de ser esquecido.

Em sua conhecida carta de 12 de junho de 1938 a Gershom Scholem, Benjamin critica a recém-publicada biografia de Kafka por Max Brod e propõe suas sugestões de leitura da obra tão simples e enigmática de Kafka. Para Benjamin, os textos de Kafka constituiriam inúmeras voltas em redor da "doença da tradição", sendo essa doença ao mesmo tempo a fonte e a impossibilidade da narração. Para introduzir essa interpretação, Benjamin cita um fragmento do livro de A. S. Eddington, *A imagem do mundo da física e uma tentativa de sua interpretação filosófica*.[25] Cito parte dessa carta:

> "A obra de Kafka é uma elipse cujos focos, bem afastados um do outro, são definidos de um lado pela tradição mística (que é antes de tudo a experiência da tradição), de outro pela experiência moderna do habitante moderno da grande cidade. Quando digo experiência do homem moderno da grande cidade incluo nela diversas coisas. [...] Considero como homem moderno da grande cidade, por outro lado, igualmente o contemporâneo dos físicos atuais. Quando se lê o seguinte trecho da 'Imagem do mundo oferecida pela física', de Eddington, acredita-se estar ouvindo Kafka.
>
> 'Estou em pé na soleira da porta a ponto de entrar no meu quarto. É uma empresa complicada. Primeiro

---

[25] Na tradução alemã citada por Benjamin, *Das Weltbild der Physik und ein Versuch seiner philosophischen Deutung*, 1931.

tenho que lutar contra a atmosfera que pressiona cada centímetro quadrado do meu corpo com uma força de um quilograma. Além disso preciso tentar desembarcar numa tábua que voa em torno do sol a uma velocidade de 30 quilômetros por segundo; um atraso só de uma fração de segundo e a tábua já está a milhas de distância. E essa proeza tem de ser realizada enquanto pendo de um planeta esférico com a cabeça voltada por fora, mergulhada no espaço, e um vento de éter sopra por todos os poros do meu corpo sabe Deus com que velocidade. Também a tábua não tem substância firme [...]. Em verdade é mais fácil um camelo passar pelo fundo de uma agulha do que um físico ultrapassar a soleira de uma porta. Trate-se do portão de entrada de um celeiro ou da torre de uma igreja, talvez fosse mais sábio que ele se resignasse em ser apenas um homem comum e simplesmente entrasse, ao invés de esperar que tenham se resolvido todas as dificuldades ligadas a uma entrada cientificamente irrepreensível.'

Não conheço na literatura nenhuma passagem que mostre no mesmo grau o *gesto* de Kafka. Seria possível acompanhar sem esforço quase todos os trechos desta aporia física com frases das peças em prosa de Kafka e não é menos indicativo que coubessem neste caso muitas das mais 'incompreensíveis'."[26]

Temos aqui, na reflexão de Benjamin sobre Kafka e a física moderna, uma outra apreensão do conceito de *limiar*: é um limiar inchado, caricato, que não é mais lugar de transição, mas, perversamente, lugar de detenção, zona de estancamento e de exaustão, como se o avesso da mobilidade trepidante da vida moderna fosse um não poder nunca sair do lugar. Como escreve Benjamin, mui-

---

[26] Carta de Walter Benjamin a Gershom Scholem, 12 de junho de 1938, tradução de Modesto Carone, *Novos Estudos Cebrap*, nº 35, mar. 1993, pp. 104-5.

tas dessas situações de paralisia agitada fornecem o quadro referencial das descrições de Kafka. Uma das mais dramáticas se encontra nos fragmentos reunidos sob a égide da figura do caçador Graco. Esse grande caçador da Floresta Negra, famoso por sua agilidade e destreza, morre ao cair de um rochedo quando perseguia uma camurça. Símbolo da mobilidade e da nobreza, graças a seu nome que remete à antiga estirpe dos irmãos Gracchus, o caçador não consegue mais atravessar o último limiar: aquele que os barcos sagrados devem cruzar para chegar ao Reino dos Mortos, para deixar o país dos vivos e empreender a última viagem. O que chama a atenção do leitor desses fragmentos póstumos de Kafka não é tanto a situação dramática do caçador errante, mas a total indiferença dos vivos de hoje em relação a seu destino. Poucos textos de Kafka trazem uma evocação tão idílica (ou paródica do idílio) da existência cotidiana como encontramos no início desse fragmento:

"Dois meninos estavam sentados na amurada do cais jogando dados. Um homem lia um jornal na escadaria de um monumento à sombra do herói que brandia o sabre. Uma jovem enchia o balde de água na fonte. Um vendedor de frutas estava estendido ao lado de sua mercadoria e olhava para o mar. No fundo de uma taverna viam-se dois homens tomando vinho, através dos buracos vazios da porta e da janela. O taverneiro estava sentado a uma mesa adiante e cochilava. Uma barca balançava suavemente, como se fosse levada sobre as águas ao pequeno porto. Um homem de blusão azul saltou para terra e puxou o cabo pelas argolas. Outros dois homens de casacos escuros com botões de prata transportavam atrás do barqueiro um esquife sobre o qual era evidente que jazia um ser humano, debaixo de um grande tecido de seda estampado de flores e provido de franjas.

No cais ninguém prestou atenção nos recém-chegados, mesmo quando eles depositaram o ataúde para aguardar o barqueiro, que ainda manipulava os cabos; ninguém se aproximou, ninguém perguntou nada a eles, ninguém os olhou mais detidamente."[27]

Entregue num quarto vazio que parecia esperar por essa função, o esquife do caçador é deixado sem pano, com algumas velas em redor dele. Desse velório sem amigos somente participa uma única pessoa que se apressou em chegar para cumprir esse dever desagradável, mas necessário. Trata-se do prefeito do lugar, um homem de "tarja de luto" e cartola. No estranho diálogo que se desenrola entre a autoridade administrativa e o morto-vivo, torna-se clara uma outra dimensão da indiferença dos vivos: eles estão embaraçados, constrangidos, não sabem o que fazer. Esse acanhamento — sentimento muito presente nas novelas de Kafka; veja-se a atitude do viajante da "Colônia penal" — parece ter substituído por completo a piedade e a compaixão em relação ao outro. O caçador é simplesmente um estorvo na gestão do prefeito, porque não se encaixa em nenhuma categoria administrativa. Bem-educado, o prefeito o recebe em nome da cidade, mas não o acolhe e gostaria de saber, antes de mais nada, como proceder para melhor se livrar dele. Por isso pergunta com indiferente cortesia:

"Extraordinário, extraordinário. E cogita em premanecer conosco em Riva?[28]
Não penso nisso — disse o caçador rindo [...] e para neutralizar o tom de escárnio, colocou a mão sobre o joelho do prefeito. — Estou aqui, mais do que isso não sei, mais do que isso não posso fazer. Meu barco não

[27] Franz Kafka, "O caçador Graco", in *Narrativas do espólio*, tradução de Modesto Carone, São Paulo, Companhia das Letras, 2002, p. 66.

[28] Riva é uma pequena cidade à beira do Lago de Garda, no norte da Itália, onde Kafka passou algumas semanas de férias em 1913 e teve uma breve e feliz aventura amorosa. Talvez o cenário idílico do início do fragmento remeta a essa paisagem.

tem leme, navega com o vento que sopra nas regiões inferiores da morte."[29]

Assim termina o primeiro fragmento sobre o caçador Graco, este morto que não consegue morrer, que sabe que atrapalha. Por isso, ri das questões bem-educadas do prefeito e, para abrandar o escárnio, coloca a mão em seu joelho — um gesto bem intencionado, mas que não traz nenhuma ajuda. O escárnio do caçador não visa somente a impotência burocrática e polida do prefeito; também alude à sua própria situação, a mais dramática que se possa imaginar. Seu estado de morto-vivo configura um enfrentamento entre a vida e a morte: um embate enviesado, sem nenhuma tragicidade, sem grandeza, que não comove nem toca ninguém, que somente *atrapalha* a ordem administrativa vigente. A situação do caçador Graco mais parece ser o resultado de um erro burocrático — será que ele tomou o barco errado? Ou será que o piloto do barco não é devidamente habilitado? — do que a ilustração de uma trágica escolha entre a vida e a morte, uma meditação sobre as grandes questões da humanidade. Aliás, essas grandes questões parecem já não existir, pois se transformaram em problemas administrativos de gestão sobre os vivos e os mortos.

Como Adorno notou num fragmento de *Minima moralia*,[30] o caçador Graco anuncia outros mortos-vivos que vagueiam num limiar indefinido: os prisioneiros dos campos de concentração, aqueles mortos-vivos que habitam essa *zona cinzenta*[31] entre humanidade e animalidade, entre a vida e a morte, da qual fala Primo Levi. Esses mortos-vivos, os assim chamados *Muselmänner* (isto é, "muçulmanos", uma expressão cuja origem é obscura e talvez possa remeter a um certo antissemitismo invertido da parte dos prisioneiros dos campos), são aqueles que muitos sobreviventes

[29] "O caçador Graco", *op. cit.*, p. 72.

[30] Trata-se do fragmento 148. Devo essa indicação ao livro de Werner Kraft, *Franz Kafka*, Frankfurt, Suhrkamp, 1968, p. 195.

[31] "A zona cinzenta" é o título do segundo capítulo do livro de Primo Levi, *Os afogados e os sobreviventes*, São Paulo, Paz e Terra, 1990.

nem querem nem conseguem retratar, porque sua existência e, portanto, sua figuração, são uma afronta à dignidade humana.[32] Ora, é a eles que Primo Levi dedica seu esforço maior de memória e de testemunho, mesmo que saiba o quanto é difícil descrevê-los, já que nem se pode determinar se ainda vivem ou se já morreram. Ultrapassaram o limiar das belas definições da humanidade e do humano e nos introduzem numa região que não tem nome:

> "A sua vida é curta, mas seu número é imenso; são eles, os 'muçulmanos', os submersos, são eles a força do campo: a multidão anônima, continuamente renovada e sempre igual, dos não-homens que marcham e se esforçam em silêncio; já se apagou neles a centelha divina, já estão tão vazios, que nem podem realmente sofrer. Hesita-se em chamá-los vivos; hesita-se em chamar 'morte' à sua morte, que eles já nem temem, porque estão esgotados demais para poder compreendê-la."[33]

Depois de citar Primo Levi, sempre fica difícil inventar qualquer conclusão. Podemos somente lembrar que, na esteira das reflexões de Primo Levi sobre os campos e das de Walter Benjamin sobre o estado de exceção, Giorgio Agamben se pergunta se o campo de concentração não seria a norma secreta, a lei, o *nomos* do espaço da biopolítica contemporânea: espaço em que há uma

---

[32] Giorgio Agamben cita essa declaração do escritor Jean Améry, que exclui os "muçulmanos" de maneira explícita do seu campo de reflexão: "O assim chamado *Muselmann*, como era denominado, na linguagem do Lager, o prisioneiro que havia abandonado qualquer esperança e que havia sido abandonado pelos companheiros, já não dispunha de um âmbito de conhecimento capaz de lhe permitir discernimento entre bem e mal, entre nobreza e vileza, entre espiritualidade e não espiritualidade. Era um cadáver ambulante, um feixe de funções físicas já em agonia. Devemos, por mais dolorosa que nos pareça a escolha, excluí-lo da nossa consideração". Giorgio Agamben, *O que resta de Auschwitz*, São Paulo, Boitempo, 2008, p. 49.

[33] Primo Levi, *É isto um homem?*, tradução Luigi del Re, Rio de Janeiro, Rocco, 2000, p. 91.

abundância de "zonas cinzentas", indeterminadas, onde se amontoam mortos-vivos na indiferença generalizada dos vivos ditos normais. Nossa dificuldade moderna, assinalada por Benjamin, em conhecer e viver experiências liminares (*Schwellenerfahrungen*), teria se transformado numa incapacidade muito mais aterrorizante: a de não ousar mais experimentar nem a intensidade da vida nem a dor da morte, e seguir vivendo num limiar de indiferença e de indiferenciação, como se essa existência administrada fosse a vida verdadeira.

2.
MITO E CULPA NOS ESCRITOS DE JUVENTUDE DE WALTER BENJAMIN

Uma das inúmeras dificuldades que encontramos ao ler *Dialética do Esclarecimento* de Adorno e Horkheimer não consiste tanto na ousadia dialética dos autores quanto numa concepção de "mito" e de "mitologia" pouco explicitada. Depois da antropologia estrutural, temos em geral uma apreensão mais complexa e afirmativa daquilo que se costuma chamar hoje de "racionalidade mítica", porque pressupomos nas narrativas e nos rituais ditos míticos um tipo de racionalidade específica, que deve ser reconhecida em suas instigantes diferenças em relação à nossa racionalidade lógica e argumentativa.

Ora, Adorno e Horkheimer não compartilham desse pressuposto favorável, apesar de concordarem que já há elementos da *Aufklärung* presentes no mito, como há também, segundo a famosa expressão da introdução, uma recaída da *Aufklärung* na mitologia.[1] Uma leitura atenta percebe que os autores trabalham com certa oscilação na determinação do mito e da mitologia: de um lado, seguindo uma concepção linear cronológica do desenvolvimento histórico (mesmo se também dialética!), o mito designaria para eles uma forma de pensamento anterior à racionalidade; de outro, o "mítico" assinalaria como que um fundo de crueldade

---

[1] *Dialektik der Aufklärung*, in Theodor W. Adorno, *Gesammelte Schriften*, III, Wissenschaftliche Buchgesellschaft, Darmstadt, 1997, p. 16. Edição brasileira: *Dialética do Esclarecimento*, tradução de Guido de Almeida, Rio de Janeiro, Zahar, 1985, p. 15.

ancestral que nenhum progresso histórico consegue erradicar.² Essa oscilação entre uma determinação cronológica e uma determinação que podemos chamar de metafísica (ainda que Adorno não aceite essa qualificação) não ajuda a entender melhor sua concepção de mito, tão essencial, porém, para a crítica da razão instrumental moderna e, igualmente, para a análise do antissemitismo.

Gostaria de propor aqui a seguinte hipótese de trabalho: nesse texto fundamental, Adorno e Horkheimer não retomam somente a visada messiânica da filosofia da história das famosas "teses" de Walter Benjamin,³ mas também uma concepção de mito profundamente metafísica que atravessa tanto os textos de juventude de Benjamin como seus ensaios de crítica literária, particularmente aquele sobre *As afinidades eletivas*, de Goethe, de 1922, e ressoa ainda no texto sobre Kafka, de 1934. Nessa concepção mais próxima à tradição teológica judaica do que à dialética hegeliana e marxista, o "mito" se opõe não tanto ao "logos" (como na filosofia grega retomada pelo pensamento de Hegel), mas sim à "história", como advento da responsabilidade e liberdade humanas que respondem à criação divina. Assim, minha hipótese de leitura consiste em dizer que a linhagem judaico-messiânica de Adorno e Horkheimer — ou, mais precisamente, a presença dessa linhagem na reflexão de Benjamin sobre história e mito, reflexão que eles retomam na *Dialética do Esclarecimento* —, não só atravessa a obra como também concorre com o paradigma mais genuinamente filosófico-dialético de uma história da Razão. No primeiro modelo, como já ressaltei, o "mito" se opõe à história no sentido enfático do termo, enquanto no segundo ele é muito mais o outro do "logos" ou da *Aufklärung*.

---

[2] Ver Jeanne Marie Gagnebin, *Lembrar escrever esquecer*, São Paulo, Editora 34, 2006, pp. 63 ss.

[3] *Dialektik*, *op. cit.*, p. 15: "*Nicht um die Konservierung der Vergangenheit, sondern um die Einlösung der vergangenen Hoffnung ist es zu tun*". Edição brasileira, *op. cit.*, p. 15: "Não é da conservação do passado, mas de resgatar a esperança do passado que se trata".

Não pretendo criticar com isso os projetos dos três autores, denunciando, por assim dizer, nos seus textos uma veia religiosa ou teológica que ficaria patente em Benjamin e mais encoberta em Adorno e Horkheimer. Penso, pelo contrário, que a presença dos motivos teológicos não deve ser minimizada como se fosse embaraçosa, mas decifrada como sinal da tentativa de ultrapassar as limitações do "logos" filosófico que se contenta em descrever e reafirmar o *status quo* — ou, como escrevem Adorno e Horkheimer, *das Bestehende*, isto é, aquilo que persiste existindo de maneira injusta. Também me interessa, claro, perseguir na reflexão desses dois membros da direção do Instituto de Pesquisa Social o rastro da reflexão de Walter Benjamin, esse bolsista do Instituto tantas vezes criticado e até mesmo censurado pelos seus dirigentes, como o documenta a correspondência, recém-publicada no Brasil, entre Adorno e Benjamin.[4]

Podemos distinguir duas características principais da concepção muito peculiar de "mito" em Walter Benjamin. Em alguns escritos de juventude, notadamente os consagrados à questão da tragédia (em oposição ao *Trauerspiel* ou drama barroco), Benjamin retoma a ligação entre mito e poesia grega, num sentido bastante clássico.[5] No entanto, o conceito ultrapassa rapidamente a descrição do contexto da Antiguidade grega. Em dois artigos fundamentais, "Destino e caráter" (escrito em 1919) e "Para a crítica da violência" (escrito em 1919-20),[6] Benjamin incorpora as observa-

---

[4] Theodor Adorno e Walter Benjamin, *Correspondência 1928-1940*, tradução de José M. M. Macedo (São Paulo, Unesp, 2012); ver igualmente os documentos traduzidos no volume *Benjamin e a obra de arte* (Walter Benjamin, Detlev Schöttker, Mirian Hansen e Susan Buck-Morss, tradução de Marijane Lisboa, Rio de Janeiro, Contraponto, 2012).

[5] Ver a esse respeito o livro de Antonia Birnbaum, *Bonheur, justice: Walter Benjamin* (Payot, Paris, 2008) e o verbete "Mythos", de Günter Hartung, *in Benjamins Begriffe*, Frankfurt, Suhrkamp, 2000, pp. 552 ss.

[6] Para a edição brasileira desses ensaios, ver Walter Benjamin, *Escritos sobre mito e linguagem*, tradução de Susana Lages e Ernani Chaves, São Paulo, Duas Cidades/Editora 34, 2011, pp. 89-99, 121-56, respectivamente.

ções sobre a tragédia a uma reflexão muito mais ampla, simultaneamente metafísica e política. Cabe lembrar aqui que Benjamin escreve o segundo ensaio sob o impacto da revolução alemã de novembro de 1918 (que derrubou o Império e proclamou a República) e, mais ainda, da derrota do movimento dos conselhos operários e do assassinato de Rosa Luxemburg e de Karl Liebknecht pela polícia berlinense em janeiro de 1919.

Ora, nesses dois ensaios, o mito é colocado como fundamento conceitual para entender as noções de "culpa" e "castigo", os quais, por sua vez, são analisados em relação à ideia da "mera vida" (*das blosse Leben*) — isto é, uma vida que se esgota na sua naturalidade imanente —, e em relação às instituições jurídicas que decretam a culpa e são encarregadas da punição, sendo que Benjamin opera uma distinção essencial entre o domínio do direito (*Recht*) e o domínio da justiça (*Gerechtigkeit*). Essa dupla pertença esclarece por que o conceito de "mito" será fundamental na análise literária e filosófica de várias obras de literatura, particularmente no grande ensaio de Benjamin sobre As *afinidades eletivas* — no qual o mito se revela o teor principal do romance, justamente pelo apego do escritor a um conceito enfático de Natureza em detrimento da história — e no ensaio posterior sobre Kafka, cujos textos desvelam a ressurgência do mito nas construções arbitrárias do direito.

Vejamos por partes, e de maneira bastante abreviada, essas reflexões de Benjamin, cuja escrita de juventude, altamente especulativa e nem um pouco "pedagógica", não facilita a tarefa do intérprete. Na ordem mítica do destino, o homem é culpado — e, portanto, castigado pelos deuses ou por outras forças — por definição; ou seja, pelo simples fato de estar vivo, entregue a um jogo de forças de naturezas diversas que ele pode tão só reconhecer (como Édipo no final da tragédia), mas nunca escolher livremente. Enquanto a vida humana em sua mera naturalidade for a categoria mestra de sua existência, isto é, enquanto o homem não ultrapassar, por uma decisão moral livre, esse dado primeiro e se arriscar a colocá-lo em questão; enquanto ele não se arriscar a morrer, abandonando o domínio de sua mera sobrevivência natural, o homem continua entregue às forças do mito e do destino, dois termos quase sinônimos nesse ensaio ("Destino e caráter"). Pelo simples fato de que vive — e não porque deixou um estado primitivo de inocência (por ter cometido um crime ou desobediência que acarretariam culpa e punição) — é que ele será condenado pelo destino. A mera vida nunca é suficiente para justificar a existência humana. Em franca oposição à crença contemporânea de que a vida "orgânica", por assim dizer, do homem é o valor mais alto que deve orientar a moral humana, Benjamin polemiza, no ensaio sobre a violência, com um dos primeiros teóricos dos "direitos humanos", como Kurt Hiller, e afirma: "É falsa e vil a proposição de que a existência teria um valor mais alto do que a existência justa, quando existência significar nada mais do que a mera vida".[7] Na mesma página, observa que "valeria a pena rastrear a origem do dogma da sacralidade da vida", ou seja, da mera vida, a simples existência biológica, como um valor elevado.

Não vou entrar em detalhes nessa discussão sobre "o dogma da sacralidade da vida", como diz Benjamin, porque isso nos levaria longe demais. Somente desejo assinalar aqui que a "mera vida" de Benjamin não pode ser identificada de maneira imediata com "a vida nua", como o faz Giorgio Agamben refletindo acerca da biopolítica contemporânea.[8] A discussão de Benjamin se desen-

---

[7] Walter Benjamin, *Gesammelte Schriften* (*G. S.*), II-1, Frankfurt, Suhrkamp, 1977, p. 201: "*Falsch und niedrig ist der Satz, dass Dasein höher als gerechtes Dasein stehe, wenn Dasein nichts als blosses Leben bedeuten soll*". Ver edição brasileira, *Escritos sobre mito e linguagem*, op. cit., pp. 153-4.

[8] Vale observar que "mera vida" traduz o alemão *das blosse Leben*. O adjetivo *bloss* tem o sentido de "mero", "simples", "sem nenhum suplemento". Há, assim, uma nuance entre *nackt*, que designa a nudez de uma criança que sai do corpo de sua mãe, e *bloss*, que significa "nu" no sentido de "despido", em oposição a "coberto" com roupa ou roupagem (retórica, por exemplo). Nesse contexto, é discutível a aproximação instigante, mas talvez apressada, que Giorgio Agamben estabelece entre o sentido dessa expressão empregada por Benjamin no ensaio "Para a crítica da violência" e o conceito de "vida nua", base da biopolítica contemporânea. Para uma discussão mais aprofundada a respeito, ver, de Agamben, *Homo Sacer: o poder soberano e*

rola num contexto diverso do atual sobre biopolítica. Para ele, trata-se muito mais de distinguir rigorosamente a ordem da vida natural, onde reinam as forças da Natureza e do mito, e a ordem da vida histórica, onde prevalecem as decisões tomadas e assumidas pelos homens para agir moral e historicamente, ainda que essas decisões custem sua vida. Benjamin se inscreve de maneira clássica na moral kantiana da autonomia; de maneira teológica e judaica, ele sustenta que somente a vida humana que pode ser definida como resposta do sujeito ao Sujeito supremo — uma vida que implica, portanto, responsabilidade e transcendência — constitui uma vida verdadeira, em oposição à mera vida e à mera sobrevivência natural, condenadas por sua vacuidade a ser o joguete do destino ou do mito.

A definição peremptória do destino, no ensaio "Destino e caráter", que afirma que ele "é nexo de culpa do vivente",[9] retorna *ipsis litteris* num momento central do ensaio sobre *As afinidades eletivas*, quando Benjamin comenta o nascimento do filho de Charlotte e Eduard, nascido da mentira porque nenhum dos esposos queria realmente ter o cônjuge em seus braços, mas imaginava outro/a amante. Essa criança, que morrerá afogada nas águas do lago durante uma tempestade, por um desastre natural, portanto, acarreta a lenta agonia de Ottilie, a bela virgem sofredora que não soube cuidar dela como não soube tomar nenhuma decisão. Com efeito, Benjamin desvenda o núcleo constitutivo do romance na oposição quase estrutural entre as personagens que se deixam levar por suas *afinidades* (termo tomado de empréstimo à química), mesmo quando estas são eletivas, — e as personagens da pequena "novela", narrada na segunda parte do romance por um hóspede do casal, que discorre sobre dois jovens que tomam a decisão de recusar um casamento imposto e seguir seus verdadeiros sentimen-

---

a vida nua I (São Paulo, Boitempo, 2004, pp. 71 ss.) e, de Benjamin, *Escritos sobre mito e linguagem* (*op. cit.*, pp. 121-56, particularmente a nota 76).

[9] G. S., II-1, p. 175: "*Schicksal ist der Schuldzusammenhang des Lebendigen*". Edição brasileira: *Escritos sobre mito e linguagem, op. cit.*, p. 94.

tos, embora correndo o risco de morrer. Vale notar que ambos se lançam na água, a partir de um barco, ao passo que Ottilie deixa cair a criança na água. Essa oposição entre *decisão* e *afinidade* (mesmo a escolha não é suficiente, se não for amparada na decisão) é lida por Benjamin como a chave da oposição entre o agir histórico e moral, sempre arriscado, e a passividade sacrificial, por mais sublime que pareça, como na figura de Ottilie, que faz emergir as forças míticas do destino e da catástrofe.

Segundo Benjamin, o romance de Goethe não teria como tema o desmoronamento do casamento, ou sua defesa, como a crítica geralmente interpretava o texto, mas seu "teor material" (*Sachgehalt*) seria muito mais a irrupção do "mítico" na história, apesar do alto grau de civilidade dos quatro protagonistas. Essa presença do "mítico" se deve, segundo Benjamin, à incapacidade de Goethe, que tange a repulsa, de compreensão da história, isto é, de compreender as configurações políticas concretas do Estado e da Revolução (no caso, a francesa). Essa dificuldade também se traduz, como bem o viu Schiller, citado por Benjamin, nas pesquisas de Goethe ligadas à botânica e à mineralogia: a Natureza oferece a Goethe um "refúgio" em relação à História e lhe fornece o quadro conceitual maior do seu pensamento tanto estético como político, quadro responsável por seus achados e também por suas limitações. Assim, conforme Benjamin escreveu no seu verbete sobre Goethe para a grande enciclopédia soviética, em 1926, "não foi a estética, mas sim a contemplação da natureza que reconciliou para ele literatura e política".[10]

Esse apego à natureza também explica, segundo Benjamin, o teor profundamente angustiante e "mítico" de *As afinidades eletivas*, cujo título alude a um fenômeno químico. O mítico e o mito não designam uma época da humanidade definitivamente superada pela racionalidade, mas sim um fundo de violência que sempre ameaça submergir as construções humanas, quando estas repou-

---

[10] Ver Walter Benjamin, *Ensaios reunidos: escritos sobre Goethe*, São Paulo, Duas Cidades/Editora 34, 2009, p. 146.

sam sobre a obediência às convenções sociais e não sobre decisões tomadas por sujeitos que se arriscam a agir histórica e moralmente (lembre-se que para o jovem Benjamin a moral não tem a ver com a aceitação do direito, mas sim com a busca da justiça). Assim, as edificações arquitetônicas e conjugais desmoronam em *As afinidades eletivas* porque as quatro personagens principais, justamente por excesso de educação, de obediência às convenções, por "indulgência nobre, tolerância e delicadeza", desistem de lutar por aquilo que, realmente, desejam: "Tanto sofrimento, tão pouca luta", exclama Benjamin.[11] A beleza angustiante do romance nasce em boa parte da ambiguidade do próprio narrador — por metonímia, do próprio Goethe — em relação a essas augustas convenções sociais, cuja observação passiva, ainda que bem-intencionada, não leva a uma conduta realmente moral (que, para Benjamin, é necessariamente fruto de uma decisão e, portanto, comporta um risco), mas incorre na ruína das edificações da "civilização" como belos jardins, belas casas, belos casamentos e famílias felizes.

Para Benjamin, essa ruína se deve às insuficiências de uma concepção moral e política da *Aufklärung* que perdeu seu enraizamento no desejo — desejo de emancipação e de felicidade —, e se contenta em obedecer às conveniências e às normas de uma racionalidade rasa, deixando assim as forças destrutivas do mito (que a *Aufklärung* pretendia ter derrotado) irromper no espaço esvaziado da convivência social. Adorno e Horkheimer deverão retomar esse diagnóstico. Assim, sob a aparência de uma construção ordenada — a casa, os jardins, o casamento — se perfila o pavor de Goethe diante do caos mítico, aquilo que ele chamava de "o demoníaco", mas que "sua idolatria da natureza"[12] é incapaz de realmente dominar. No ensaio sobre *As afinidades eletivas* e no verbete para a enciclopédia soviética, Benjamin ressalta o medo pânico de Goethe diante da morte (dos outros e da própria), por-

---

[11] *Idem*, p. 97.
[12] *Idem*, p. 47.

que a morte ameaça a preponderância da vida natural, da "mera vida", que é incapaz de vencer o mito.

Talvez essa concepção crítica da *Aufklärung*, esvaziada de seu potencial de emancipação e reduzida a um agregado de conveniências, possa ajudar a entender a tese tão ousada de Benjamin, nos dois ensaios de 1919-20, que estabelece o domínio do direito (*das Recht*) como sendo o sucessor da ordem do destino e do mito, embora a instituição das normas jurídicas seja geralmente concebida como um meio privilegiado de combater a arbitrariedade do mito. Essa ilusão repousa, diz Benjamin, na confusão funesta entre "o reino da justiça" e "a ordem do direito",[13] esquecendo-se de que a justiça cabe somente a Deus enquanto o direito é instauração humana de poder (*Macht*) e, portanto, sempre manifestação de violência.[14] Podemos entender essa relação de continuidade entre a ordem do mito e do destino, de um lado, e a ordem do direito, de outro, pela relação análoga que mito e direito entretêm com a culpa e com o castigo. Ambos precisam estabelecer primeiro uma culpa, a transgressão de uma lei, seja ela dita natural ou jurídica, para poder depois castigar, ou seja, para manifestar a força de seu poder. Em vez de pensar que o direito teria como tarefa punir uma culpa perpetrada por um infeliz indivíduo, Benjamin defende a ideia de que o direito cria a culpa para poder puni-la e manifestar assim sua própria força (*Gewalt*). Daí a afirmação que precede a definição já citada do destino como "nexo de culpa do vivente" — "O direito não condena ao castigo, mas à culpa".[15] A indiferença do direito em relação às circunstâncias da transgressão da lei não seria índice da imparcialidade de uma pretensa justiça, mas somente assinalaria a violência inapelável de seu poder, como na *boutade* de Anatole France, ao se queixar de que a lei proíbe da mesma maneira a pobres e ricos passar a noite debaixo das pontes

---

[13] *Escritos sobre mito e linguagem*, op. cit., p. 93.

[14] G. S., II-1, p. 198; e *Escritos sobre mito e linguagem*, op. cit., p. 148.

[15] G. S., II-1, p. 175: "*Das Recht verurteilt nicht zur Strafe, sondern zur Schuld*"; e *Escritos sobre mito e linguagem*, op. cit., p. 94.

de Paris.[16] Em outros termos, para Benjamin, a instauração do direito enquanto esfera de poder não nos redime do mito, mas, pelo contrário, perpetua sua violência sob o manto de um acordo entre os homens. Não instaura a justiça, mas dissimula e, ao mesmo tempo, consagra a gênese violenta do poder estabelecido.

Uma última observação: Benjamin lê os textos de Kafka como a elaboração literária lúcida, em sua ironia e em sua desesperança, desse enredamento fatal na ordem do direito, como se o caminho do direito pudesse levar ao reino da justiça e da liberdade. Dito de outra maneira: nos romances e nas novelas de Kafka, ressurgem as forças do mito através da descrição labiríntica dos edifícios da legalidade (ressurgem até as forças "pantanosas", segundo a expressão de Bachofen, de uma idade pré-mítica). K., no *Processo*, confunde essa legalidade com uma busca por justiça — talvez essa confusão seja sua culpa secreta que sempre recoloca em movimento a engrenagem do direito e do castigo. Com efeito, somente a abolição dessa ordem mítica, que renasce sob a roupagem enganadora do direito, ou seja, a recusa em se conformar a suas regras, permitiria a K. deixar uma vida medíocre e convencional, sem generosidade nem liberdade, e alcançar a justiça e a inocência. Nos textos de Kafka, a verdadeira liberdade está confinada a figuras tão destituídas de poder que não precisam do direito para mantê-lo. São as personagens prediletas dos tolos, dos ajudantes, dos atores do teatro de Oklahoma ou mesmo das crianças que não querem dormir e correm de noite, sem alvo, na estrada. Elas são leves e brincalhonas em oposição a tantas outras figuras curvadas sob o peso da culpabilidade e da lei, paralisadas ou mesmo lentamente mortas pela inscrição mítica da sentença em suas costas como os condenados da novela "Na colônia penal". Justamente porque não têm poder, os tolos de Kafka não conseguem liberar nem ajudar seus companheiros em apuros. Mas são o sinal inequívoco, ainda que utópico, de que o reino da liberdade — isto é, também de uma reconciliação messiânica com as forças da Natu-

---

[16] G. S., II-1, p. 198; e *Escritos sobre mito e linguagem*, *cit.*, p. 149.

reza — seria um reino sem necessidade de dominação, a possibilidade de uma felicidade humana que não precisaria de regras míticas ou jurídicas para assegurar sua permanência.[17]

---

[17] Ver a passagem de Walter Benjamin sobre o conto de fadas (*Märchen*) em seu ensaio "O narrador": "O feitiço libertador do conto de fadas não põe em cena a natureza como uma entidade mítica, mas indica a sua cumplicidade com o homem liberado. O adulto percebe essa cumplicidade apenas ocasionalmente, isto é, quando está feliz; para a criança, ela aparece pela primeira vez no conto de fadas e provoca nela uma sensação de felicidade". G. S., II-1, p. 458. Edição brasileira: *Obras escolhidas*, vol. I, tradução de Sergio Paulo Rouanet, revista por Márcio Seligmann-Silva, São Paulo, Brasiliense, 2012, p. 233.

3.
DO CONCEITO DE *DARSTELLUNG*
EM WALTER BENJAMIN
(*OU* VERDADE E BELEZA)

Neste pequeno artigo, gostaria de tentar eliminar alguns mal-entendidos frequentes na leitura das primeiras páginas do "Prefácio" ao livro sobre o drama barroco de Walter Benjamin.[1] Proponho explicitar melhor a tarefa da escrita filosófica tal como Benjamin a evoca nessas páginas densas, obscuras, assumidamente esotéricas e, no entanto, rigorosas. O ganho dessa explicitação consiste, sobretudo, em evidenciar a relação intríseca que há, segundo Benjamin, entre história, linguagem e verdade: entre a dimensão estética e a dimensão histórica do pensamento filosófico, ou ainda, entre verdade e exposição da verdade, ontologia e estética. Trata-se, fundamentalmente, da reabilitação da dimensão histórica e da dimensão estética do pensamento filosófico.

O primeiro mal-entendido a ser dirimido consiste numa questão de tradução. A palavra *Darstellung*, utilizada por Benjamin para caracterizar a escrita filosófica, não deve ser traduzida por "representação" como o faz Rouanet (que compreendeu perfeitamente o alcance do texto, como sua "Apresentação" muito esclarecedora o demonstra, mas cujas traduções são, às vezes, pouco precisas), nem o vebo *darstellen* por "representar". Mesmo que

---

[1] Trata-se da "Erkenntniskritische Vorrede" ao livro *Ursprung des deutschen Trauerspiels*, Walter Benjamin, *Gesammelte Schriften* (*G. S.*), I-1, Frankfurt, Suhrkamp, 1974, pp. 207 ss. Tradução para o português de Sergio Paulo Rouanet: "Questões introdutórias de crítica do conhecimento", prefácio ao livro *Origem do drama barroco alemão*, São Paulo, Brasiliense, 1984. Citado a partir de agora como *Origem...* e a página correspondente, muitas vezes com algumas modificações de tradução de minha autoria. Menciono também a tradução portuguesa de João Barrento (*Origem do drama trágico alemão*, Lisboa, Assírio Alvim, 2004).

essa tradução seja legítima em outro contexto, ela induz aqui a contrassensos, já que poderia levar à conclusão de que Benjamin se inscreve na linha da filosofia da representação. Mas é justamente desta corrente filosófica — que concebe a representação no sentido clássico de imagem mental de objetos exteriores ao sujeito — que Benjamin toma distância. Proponho, então, que se traduza *Darstellung* por "apresentação" ou por "exposição", e *darstellen* por "apresentar" ou "expor", tendo em vista a proximidade semântica entre as palavras *Ausstellung* (exposição de arte) e *Darstellung*, no contexto teatral (apresentação).

Benjamin retoma aqui uma antiga discussão filosófica e retórica, cujos termos transforma e desloca. Na retórica antiga já havia a distinção, no interior de um discurso, entre os momentos da *inventio* (assunto, argumento, técnicas de persuasão), da *dispositio* (ordenação das partes maiores de um discurso) e da *elocutio* (escolha e ordenação das palavras, dos detalhes).[2] Na reflexão filosófica nascente, os diálogos de Platão foram classificados por Diógenes Laercio em dois gêneros maiores: os diálogos de pesquisa (gênero *zètètikos*) e os de orientação, "mostração" ou, quase poderíamos dizer, de apresentação (gênero *huphègètikos*).[3] A famosa distinção metodológica de Marx no posfácio de 1873 à segunda edição do *Capital* também trata dessas instâncias do trabalho teórico:

> "*Die Forschung hat den Stoff sich im Detail anzueignen, seine verschiedene Entwicklungsformen zu analysieren und denen inneres Band aufzuspüren. Erst nachdem diese Arbeit vollbracht, kann die wirkliche Bewegung entsprechend* dargestellt *werden.*"

> "É, sem dúvida, necessário distinguir formalmente o método de exposição do método de pesquisa. A pes-

---

[2] Ver o verbete "Darstellung" no dicionário *Ästhetische Grundbegriffe*, vol. I, Stuttgart, Metzler Verlag, 2000.

[3] Diógenes Laercio, *Vida de Platão*, parágrafos 49 e 50.

quisa tem de captar detalhadamente a matéria, analisar as suas várias formas de desenvolvimento e rastrear sua conexão interna. Só depois de concluído esse trabalho é que se pode *expor* adequadamente o movimento efetivo."[4]

A distinção clássica entre método de pesquisa e método de exposição (imprescindível, aliás, à redação de trabalhos universitários) realça a importância decisiva da *exposição*: é na exposição/ordenação do material pesquisado que, geralmente, se manifesta a contribuição singular do autor. Em suas escolhas narrativas e argumentativas, o autor pode reinterpretar a profusão do material pesquisado e lançar nova luz sobre ele. Talvez o melhor exemplo de tal importância seja a própria *exposição* da crítica da economia empreendida por Marx: trata-se, em vez de uma descrição cronológica ou pretensamente histórica — na qual o capitalismo seria apresentado como fruto orgânico e bem-vindo de um desenvolvimento natural da sociedade humana —, de uma apresentação crítica do sistema capitalista a partir da estrutura contraditória da mercadoria.

O "Prefácio" ao livro sobre o drama barroco avança nesta reflexão sobre o valor retórico e heurístico da "exposição" na filosofia; elabora uma teoria da *escrita* filosófica, em particular da forma do "tratado", que Adorno deverá retomar mais tarde nas suas famosas reflexões, muito ligadas às de Benjamin, sobre "O ensaio como forma".[5] As reflexões de Benjamin, porém, visam a um alcance especulativo determinado. Para o autor, não se trata somente de insistir no papel essencial da ordenação dos diversos elementos pesquisados à disposição do escritor. Trata-se, antes, de elaborar e defender um certo modo de *aproximação* contemplati-

[4] Karl Marx, *Das Kapital*, vol. I, MEW, 1962, tomo 23, p. 27. Ressaltei o verbo *"darstellen"* na citação de Marx. Modifiquei ligeiramente a tradução de Flávio R. Kothe, *O Capital*, vol. I, São Paulo, Abril, 1983, p. 20.

[5] Theodor W. Adorno, "O ensaio como forma", *in Notas de literatura I*, São Paulo, Duas Cidades/Editora 34, 2003.

va da verdade. Em outras palavras: não estamos apenas diante de uma questão retórica ou de metodologia, mas também de uma defesa da especificidade especulativa do itinerário de pensamento filosófico. A exposição vai além da ordenação de elementos já escolhidos, pois consiste também no próprio recolher e acolher desses elementos pelo pensar. Para Benjamin, portanto, não se trata somente de analisar as várias formas de exposição que pode adotar o *conhecimento* filosófico; mais radicalmente, trata-se de resguardar uma outra dimensão do pensamento *e* da escrita filosóficos: não levar a conhecimento(s), mas expor/apresentar a verdade.[6]

> "*Will die Philosophie nicht als vermittelnde Anleitung zum Erkennen, sondern als Darstellung der Wahrheit das Gesetz ihrer Form bewahren, so ist der Übung dieser ihrer Form, nicht aber ihrer Antizipation im System Gewicht beizulegen.*"[7]

"Se a filosofia quiser permanecer fiel à lei de sua forma, não como orientação mediadora para o conhecer, mas como exposição da verdade, então deve-se atribuir peso ao exercício desta sua forma, e não à sua antecipação dentro do sistema."[8]

Proponho algumas observações preliminares sobre essa estranha afirmação, antes de tentar compreender melhor o que seria essa "exposição da verdade".

Como mais tarde faria Adorno em seu "O ensaio como forma", Benjamin reivindica a possibilidade de definir a atividade filosófica de uma maneira distinta, que não se curve às regras do

---

[6] Tenta-se explicitar a seguir por que Benjamin ousa ainda falar da "verdade" num singular que não indicaria necessariamente sua crença numa verdade única, absoluta, mas sim sua referência em relação a uma dimensão distinta daquela definida pela relação entre sujeito e objeto do conhecimento.

[7] *G. S.*, I-1, pp. 207-8.

[8] *Origem...*, p. 50, tradução modificada.

método cartesiano. Não contesta, porém, a grandeza do empreendimento cartesiano, não polemiza contra Descartes como o fará Adorno, mas relembra a existência de uma outra tarefa para a filosofia — tarefa deixada de lado ou condenada pela maior parte da filosofia moderna desde Descartes: o pensamento filosófico deve ir além da reflexão sobre as condições e possibilidades do conhecimento humano. O "Prefácio" marca a despedida de Benjamin do ideal de sistema do idealismo alemão, em particular do sistema kantiano, perfazendo assim o movimento de afastamento progressivo de Kant que Benjamin iniciou no seu ensaio de 1917, "Sobre o programa da filosofia vindoura". Isso não significa, mais uma vez, a rejeição da filosofia kantiana; significa, muito mais, a reivindicação de uma outra possibilidade de fazer filosofia, ela também legítima.

Esse progressivo afastamento em relação a Kant se deve, em boa parte, ao aprofundamento da reflexão sobre o caráter *"sprachlich"* (isto é, linguístico, lingual, de linguagem) da atividade filosófica. Para Benjamin, uma vez que as línguas são históricas, há um caráter essencialmente histórico no filosofar. Nesse contexto, as primeiras páginas do "Prefácio" retomam as últimas do ensaio "Sobre o programa da filosofia vindoura", nas quais Benjamin pedia uma "transformação [*Umbildung*] e correção do conceito [kantiano] de conhecimento que segue de maneira unilateral a orientação matemático-mecânica". Tal transformação só poderia advir de "uma relação do conhecimento com a linguagem como, na época de Kant, Hamann já a tentou".[9]

Talvez o conceito-chave dessa outra forma de filosofar seja o de *Übung*, de exercício, conceito comum tanto aos exercícios espirituais da mística e dos tratados medievais como às práticas estéticas e às *performances* das vanguardas. Não se trata de um conceito novo, mas de uma tradução possível e bem-vinda da antiga palavra *askèsis*, como ressaltou Michel Foucault ao unir, talvez

---

[9] Walter Benjamin, "Zum Programm der kommenden Philosophie", *in* G. S., II, p. 168. Tradução de J. M. G.

sem o saber, as categorias de "ensaio" em Adorno e a de "exercício" em Benjamin:

> "O 'ensaio' — que é necessário entender como experiência modificadora de si no jogo da verdade, e não como apropriação simplificadora de outrem para fins de comunicação — é o corpo vivo da filosofia, se, pelo menos, ela for ainda hoje o que era outrora, ou seja, uma 'ascese', um exercício de si no pensamento."[10]

Pretendo agora lançar luz sobre a expressão "*Darstellung der Wahrheit*", "exposição da verdade". Parto da hipótese de que tal sintagma apenas se tornará inteligível se for reconhecido o duplo valor do genitivo "da verdade". A expressão "exposição da verdade" indica, por um lado, que a filosofia tem por tarefa expor, mostrar, apresentar a verdade; mas significa também, por outro lado, que a verdade só pode existir quando exposta, quando se apresenta e se mostra a si mesma. No primeiro momento, a filosofia é a força expositiva e apresentadora; no segundo, é a própria verdade que guarda um movimento essencial de exposição de si mesma. Esses dois momentos são complementares e indissociáveis. A filosofia só é capaz de mostrar, expor, apresentar a verdade, se respeitar a indissociabilidade desta última com a linguagem — e, nesse sentido, somente consegue expor a verdade ao mostrar a insuficiência da linguagem que tenta dizê-la, como Platão já afirmava na famosa "digressão filosófica" de sua *Sétima carta*. E também a verdade deve, essencialmente, expor-se a si mesma; ou, no

---

[10] Michel Foucault, *História da sexualidade II. O uso dos prazeres*, tradução de Maria Thereza da Costa Albuquerque, revisão técnica de José Augusto Guilhon Albuquerque, Rio de Janeiro, Graal, 5ª edição, 1988, p. 13. No original: "*L'essai — qu'il faut entendre comme une épreuve modificatrice de soi-même dans le jeu de la vérité et non comme une appropriation simplificatrice d'autrui à des fins de communication — est le corps vivant de la philosophie, si du moins celle-ci est encore maintenant ce qu'elle était autrefois, c'est à dire une 'ascèse', un exercice de soi de la pensée*". Histoire de la sexualité, vol. II, Paris, Gallimard, 1984, p. 15.

limite, a verdade não pode exisitir em si mesma como autoridade soberana e inefável, mas se realiza apenas por meio de sua autoexposição, sobretudo em sua autoexposição nas artes e na linguagem (mas não na história universal, como quis Hegel). Esse copertencimento essencial entre verdade e linguagem ajuda a entender por que Benjamin aproxima a filosofia da teologia e da arte e por que constrói uma oposição entre conhecimento (*Erkenntnis*) e exposição (*Darstellung*) na filosofia. Cito as famosas frases do "Prefácio", bastante sibilinas, que consagram o conceito de "exposição" filosófica:

> "*Darstellung ist der Inbegriff ihrer (der Philosophie) Methode. Methode ist Umweg. Darstellung als Umweg — das ist der methodische Charakter des Traktats. Verzicht auf den unabgesetzten Lauf der Intention ist sein erstes Kennzeichen. Ausdauernd hebt das Denken stets von neuem an, umständlich geht es auf die Sache selbst zurück. Dies unablässige Atemholen ist die eigenste Form der Kontemplation.*"[11]

> "Exposição é o princípio conceitual de seu (da filosofia) método. Método é desvio. Exposição como desvio — eis então o caráter metódico do tratado. Renúncia ao curso ininterrupto da intenção é sua primeira caraterística. Incansavelmente o pensamento começa sempre de novo, minuciosamente ele retorna à coisa mesma. Esse incessante tomar fôlego é a forma de existência mais própria da contemplação."[12]

Um rápido comentário pode ajudar a entender melhor como Benjamin opõe o conceito de "exposição" ao de "conhecimento" na filosofia. A forma filosófica do tratado — a forma do ensaio,

[11] *G. S.*, I-1, p. 208.
[12] *Origem...*, p. 50, tradução modificada.

dirá mais tarde Adorno —, que Benjamin elege como paradigmática da exposição filosófica, possui sim um método. Mas esse método consiste, num belo oximoro, na renúncia ao caminho seguro e bem traçado (a palavra alemã *Umweg* — desvio, descaminho — subverte a palavra grega *methodos*, que significa "com caminho"). Dupla renúncia: ao ideal do caminho reto e direto em proveito dos desvios, da errância; e renúncia também ao "curso ininterrupto da intenção", isto é, renúncia à obediência aos mandamentos da vontade subjetiva do autor. Em proveito de quê? De um recomeçar e de um retomar fôlego incessantes em redor da *"Sache selbst"*, da coisa mesma (*to on ontôs*), daquilo que, apesar de inacessível, constitui o centro ordenador do pensar e do dizer. A enunciação filosófica se ordena em redor desse centro, presença indizível que provoca e impulsiona a linguagem, justamente porque sempre lhe escapa. Essa figura de ausência atuante remete, naturalmente, aos meandros da teologia negativa; mas também pode ser pensada, de maneira profana, como o centro indizível de fundamentação da própria linguagem, uma espécie de imanência radical que se furta à expressão.

Vejamos como Benjamin opõe essa definição do método de exposição filosófica à definição da filosofia como método de conhecimento:

> "*Erkenntnis ist ein Haben. Ihr Gegenstand selbst bestimmt sich dadurch, dass er im Bewusstsein — und sei es transzendental — innegehabt werden muss. Ihm bleibt der Besitzcharakter. Diesem Besitztum ist Darstellung sekundär. Es existiert nicht bereits als ein Sich-Darstellendes. Gerade dies aber gilt von der Wahrheit. Methode, für die Erkenntnis ein Weg, den Gegenstand des Innehabens — und sei's durch die Erzeugung im Bewusstsein — zu gewinnen, ist für die Wahrheit die Darstellung ihrer selbst und daher als Form mit ihr gegeben.*"[13]

---

[13] G. S., I-1, p. 209.

"O conhecimento é um ter. Seu objeto se determina a si mesmo pelo fato de que a consciência — seja ela a transcendental ou não — deve dele tomar posse. O caráter de posse lhe é imanente. Para essa posse a exposição é secundária. Ela não existe já como algo que se apresenta a si mesmo. Justamente isso vale para a verdade. Método, para o conhecimento, é um caminho para obter o objeto a possuir — mesmo que pela sua produção na consciência. Para a verdade, o método é a exposição de si mesma, a qual se dá simultaneamente a ela, como forma."[14]

A *démarche* do conhecimento, diz Benjamin, caracteriza-se pelo seu alvo: possuir ("dar conta de", "dominar", dirá Adorno) o objeto, mesmo que esse último seja reconhecido como produto da consciência. Trata-se sempre de saber qual é o caminho correto, qual *método* permite ao sujeito apoderar-se do objeto. O método é, portanto, definido pelo rigor da trajetória (Descartes) e/ou pelas condições transcendentais de apreensão do sujeito do conhecimento (Kant). Nesse sentido, as qualidades do objeto não influem sobre o caminho de sua aquisição, mas somente delimitam seu pertencimento ou não ao domínio do conhecível.

Na esteira de Platão (e, igualmente, na da crítica hegeliana a Kant), Benjamin insiste na legitimidade de uma outra prática do pensar filosófico: a de acompanhar pelo pensar e pela *Vernunft* a autoexposição da verdade. Ou ainda: Benjamin recorre a filosofemas pré-kantianos, sim, mas não porque teria uma recaída fatal na ontologia realista. Devemos nos abster de interpretar as ideias de Benjamin como seres suprassensíveis e ontologicamente primeiros como em Platão. Se retomarmos a leitura muito peculiar que Benjamin faz do *Banquete* nesse "Prefácio", podemos entender o modo como ele recorre a conceitos platônicos sem postular a mesma ontologia. Segundo as interpretações correntes, o Eros platônico aspira ao belo (moço!) e à beleza. A beleza representaria a

[14] *Origem...*, pp. 51-2.

Verdade, existiria como um reflexo sensível do Bom e Verdadeiro em si, que é puramente inteligível. Há, em Platão, uma hierarquia ontológica: em seu início estaria o belo moço e, em seu cume, a beleza em si, passando pela pluralidade dos belos corpos e das belas almas. A beleza seria o último degrau antes de chegar à inteligibilidade pura da ideia *tou agathou*, ou seja, ao Bem/Belo em si. Essa interpretação mais corrente, que a própria filosofia platônica pode reforçar em vários momentos, tem um ganho moral instigante. Num certo sentido, o impulso erótico é justificado — e até mesmo desculpado — pelo seu fim último. É este fim, ignorado pela maioria dos amantes, que a dialética platônica tem por tarefa revelar.

Benjamin lê o *Banquete* de maneira muito mais ousada. Se se pode dizer da verdade que ela é o "teor essencial da beleza"[15] (*"Wesensgehalt der Schönheit"*),[16] isso também significa que o *Banquete* "declara que a verdade é bela" (*"erklärt die Wahrheit für schön"*).[17] A beleza não é apenas redimida — pela sua última ligação à verdade — de sua tendência a somente pertencer ao domínio do brilho (*Schein*) e da aparência (*Erscheinung, Schein*); mas é também evocada como critério imprescindível à verdade, que precisa da beleza para ser verdadeira: a verdade não pode realmente existir sem se apresentar, se mostrar e, portanto, aparecer na história e na linguagem. Não há, então, sujeição da beleza à verdade numa hierarquia ontológica que submete o sensível ao inteligível e o aparecer ao ser. Entre verdade e beleza haveria uma relação de copertencimento constitutivo como entre essência e forma: como forma da verdade, a beleza não pode se contentar em brilhar e aparecer, se quiser ser fiel à sua essência, à verdade. Reciprocamente, como essência da beleza, a verdade não pode ser uma abstração inteligível "em si", sob pena de desaparecer, de perder sua *Wirklichkeit*, sua realidade efetiva. A verdade, por-

---

[15] *Idem*, p. 52.
[16] G. S., I-1, p. 210.
[17] *Idem, ibidem*.

tanto, somente pode ser real enquanto exposição e apresentação de si através da beleza: "No interior da verdade, esse momento de exposição é o refúgio da beleza em geral"[18] ("*In der Wahrheit ist jenes darstellendes Moment das Refugium der Schönheit überhaupt*").[19]

Essa releitura dialética, quase hegeliana, da filosofia de Platão concede beleza à verdade e, igualmente, verdade à beleza, fundamentando assim a legitimidade e nobreza do empreendimento filosófico e artístico. Como em Platão, a linguagem filosófica sabe de suas deficiências, mas, simultaneamente, descobre sua força; ao rastrear incansavelmente os diversos caminhos e descaminhos da exposição da verdade, a filosofia desenha as figuras conceituais possíveis nas quais a verdade se dá a ver e a entender — como a arte o faz na figuração sensível. Filosofia e arte, cada uma a seu modo, elaboram e inventam as formas linguísticas e históricas nas quais essa "verdade" imanente ao sensível nasce, aparece e desaparece.

---

[18] *Origem...*, p. 53.
[19] *G. S.*, I-1, p. 211.

4.
COMENTÁRIO FILOLÓGICO
E CRÍTICA MATERIALISTA

> Aos *"meninos"* de Belém que me obrigaram a ler conjuntamente Benjamin e Nietzsche: Ernani Chaves, Henry Burnett e Márcio Benchimol. E em homenagem ao mestre de Belém, desaparecido: Benedito Nunes.

O título proposto acima alude a dois tipos de figuras que habitam nossas faculdades de ciências humanas, literatura e filosofia: os críticos engajados, geralmente de origem marxista, e os cientistas dedicados e pacientes, debruçados sobre textos na língua original. Os primeiros, os críticos, tendem a julgar os últimos aborrecidos e pouco relevantes socialmente, mesmo que não ousem contestar sua seriedade; os filólogos tendem a considerar os primeiros dogmáticos e sem importância para a verdadeira pesquisa acadêmica, ainda que reconheçam sua eventual coragem. Às vezes, a discrepância aparece de maneira pouco nuançada no debate jornalístico, como ocorreu recentemente na discussão acerca da nomeação do novo presidente da Casa de Rui Barbosa no Rio de Janeiro.[1] Por trás dessa dicotomia, dois tipos de temporalidade se perfilam: à paciência e à lentidão da filologia, que também seriam indício do estatuto privilegiado do pesquisador alheio ao combate pela vida, opõe-se a rapidez da crítica conjuntural, resultado da urgência exigida pela atualidade do momento.

Nesse texto, gostaria de refletir sobre tais dicotomias. Ao relativizar e nuançar essas oposições, não pretendo chegar a uma conciliação, mas propor, na esteira de Walter Benjamin, e, igualmente, na de Nietzsche, uma hipótese — que é também uma apos-

---

[1] Ver artigo sobre a eventual nomeação do sociólogo Emir Sader para a presidência da Casa de Rui Barbosa no caderno "Ilustríssima" da *Folha de S. Paulo*, 27 de fevereiro de 2011.

ta metodológica *na* filologia e *na* crítica. A atitude filológica autêntica se demora, antes de tudo, na historicidade da linguagem, oferecendo assim uma porta de entrada privilegiada para uma crítica histórica e até mesmo materialista, que considera a *materialidade* das palavras. Dito em termos temporais: paciência e atenção poderiam servir não de pretextos para se opor à necessidade de intervenção na urgência da situação, mas, pelo contrário, configurar um exercício de precisão que permite reconhecer o momento oportuno da ação.

Esse confronto entre filologia e crítica marca desde cedo as discussões e querelas entre Walter Benjamin e seus diversos amigos marxistas, mesmo que sejam eles pessoas tão diferentes como Adorno e Brecht (que não se suportavam). Asja Lacis, a bela "comunista letã", como diz Scholem, era um membro convicto do Partido Comunista e uma diretora ativa de teatro proletário infantil quando conheceu Benjamin, em 1924, em Capri. Atração e conflito parecem ter sido recíprocos. Asja Lacis nos deixou uma descrição muito esclarecedora dessas primeiras discussões, tanto por seu entusiasmo militante, que beira a ingenuidade, quanto pela tenacidade metodológica que Benjamin manifesta, mesmo quando não consegue se defender ideologicamente. Escreve Asja:

> "Falava muito sobre Goethe, com especial entusiasmo sobre *As afinidades eletivas*. Achava que essa obra fosse muito moderna na sua psicologia e problemática e disse que estava trabalhando num ensaio sobre *As afinidades eletivas*.[2] Ele estava mergulhado no trabalho *Origem do drama barroco alemão*. Quando me explicou

---

[2] Parece haver aqui uma imprecisão nas lembranças de Asja Lacis, pois o ensaio sobre *As afinidades eletivas* foi redigido em 1922, sendo publicado, isso sim, em duas partes, na revista dirigida por Hugo von Hofmannsthal, *Neue Deutsche Beiträge* em 1924 e 1925. A esse respeito, ver o verbete de Burkhardt Lindner sobre o ensaio de Walter Benjamin no volume *Benjamin-Handbuch*, organizado por Lindner (Stuttgart, Metzler Verlag, 2006, pp. 472 ss.).

que se tratava de uma análise da tragédia alemã do século XVII; que essa literatura só era conhecida por alguns raros especialistas e que essas tragédias jamais haviam sido encenadas, eu fiz uma careta: para que se ocupar de literatura morta? Ele se calou por um momento e depois disse: 'Primeiramente, eu introduzo uma nova terminologia na ciência, na estética. No que diz respeito ao drama moderno, se usam as palavras *Tragödie*, *Trauerspiel* [tragédia, drama barroco] indiferentemente, somente como palavras. Eu mostro a diferença de princípio entre tragédia e drama barroco. Os dramas do Barroco exprimem desespero e desprezo pelo mundo — são, realmente, jogos tristes [*traurige Spiele*]. [...]

Em segundo lugar, disse, esse estudo não consiste numa simples pesquisa acadêmica, mas liga-se de maneira imediata a problemas muito atuais da literatura contemporânea. Ele enfatizou expressamente que caracterizava no seu trabalho a dramática do Barroco como uma aparição análoga ao Expressionismo na busca de uma linguagem formal [*Formsprache*]. Por essa razão, disse, tratei tão detalhadamente a problemática artística da alegoria, dos emblemas e do ritual. [...]

Na época suas respostas não me satisfizeram. Perguntei-lhe se também via analogias entre a visão de mundo dos dramaturgos do barroco e a dos expressionistas, e quais interesses de classe elas exprimiam. Ele respondeu de maneira vaga, acrescentando em seguida que estava lendo Lukács e apenas começava a se interessar por uma estética materialista. Nessa ocasião, em Capri, eu não compreendi bem a conexão entre alegoria e poética moderna. Retrospectivamente, entendo agora com que acuidade Benjamin penetrou nos problemas modernos da forma."[3]

[3] Asja Lacis, *Revolutionär im Beruf*, Munique, Rogner & Bernhard, 1976, pp. 47-8.

Com candura, Asja relata também uma incompreensão sua em relação ao interesse de Benjamin pelos sonhos, os próprios e os dos outros, como se o sonho fosse, assim afirma ele no ensaio "Experiência e pobreza", um tipo de "ressarcimento" pelas fadigas e dificuldades do dia. Pensando tal interesse em retrospecto, Asja diz entendê-lo.[4] As incompreensões de Asja iluminam os aspectos redutores de uma certa estética marxista (aspectos que Benjamin deveria mais tarde condenar), a qual somente aceita a relevância de uma obra quando consegue estabelecer clara e racionalmente uma dupla relação: a do autor com a luta de classes e a da obra com a atualidade, entendida como contemporaneidade imediata. Benjamin resiste a essas exigências de funcionabilidade direta, insistindo na necessidade do *desvio* pela diferenciação linguística e conceitual, e procurando na explicitação da diferença e do detalhe uma historicidade própria que pode ser — ou não — colocada em relação com o presente, mas que sempre especifica um momento singular do passado. Assim, a literatura "morta", como diz Asja, se transforma num manancial de singularidades que pode esclarecer a literatura "viva" justamente porque dela difere. Esse esclarecimento recíproco, porém, tem por condição que se cumpra um movimento complexo: reconhecer a distância histórica que separa o passado do presente, antes de buscar supostas semelhanças, e reconhecer que essa distância também é apreendida de várias maneiras segundo o modo nada inocente de sua transmissão. Distância e transmissão. Esses dois conceitos percorrem a obra inteira de Benjamin, desde sua tese de doutorado *Sobre o conceito de crítica de arte no Romantismo alemão*,[5] até as teses "Sobre o conceito de história", seu último texto, escrito em 1940.

Nesse contexto, o ensaio de Benjamin sobre *As afinidades eletivas* de Goethe, ao qual aludem as conversas com Asja Lacis, é, com efeito, um marco decisivo. Trata-se de um texto denso e

---

[4] *Idem*, p. 54. Uso a tradução feita no meu livrinho *Walter Benjamin: os cacos da história*, São Paulo, Brasiliense, 1982.

[5] Traduzido no Brasil por Márcio Seligmann-Silva (São Paulo, Iluminuras, 1993).

difícil, com pressupostos profundamente metafísicos, que fornece um elo privilegiado de ligação entre seu doutorado sobre o conceito de crítica no Romantismo alemão, ainda marcado pelo estilo da tese acadêmica, e o livro muito mais ousado e pessoal sobre o drama barroco.[6] No ensaio de 1922, Benjamin critica a interpretação hagiográfica de Goethe presente na biografia de Friedrich Gundolf (*Goethe*, 1916) — uma interpretação que realça a figuração olímpica do poeta — e, por tabela, a solene reconfiguração classicista da República de Weimar. Aponta igualmente para o esforço do próprio Goethe de construir, em Weimar, uma autoimagem oposta à de sua juventude conturbada e entusiasta da época do *Sturm und Drang*.[7] A escrita de *As afinidades eletivas* marcaria o início da velhice do escritor (então com sessenta anos) e o ápice desse processo de construção clássica, de que a frágil República de Weimar quis se tornar herdeira. A grandeza do romance consiste, segundo a interpretação de Benjamin, no fracasso dessa tentativa: Goethe não conseguiria, justamente porque é um grande escritor (atento às contradições, mesmo não explicitadas, que o atravessam como a seu tempo), forjar uma imagem paradigmática da instituição do casamento e da *Aufklärung* civilizadora que leva as personagens a edificar monumentos e jardins.

Para nosso propósito, é suficiente um breve resumo da obra de Goethe. O livro conta o desmoronamento do casamento de Charlotte e Eduard, dois membros da aristocracia culta, tolerante e delicada, figuras de uma nobreza idealizada pelo escritor. A união se desfaz, apesar do amor primevo e da recíproca estima, pela introdução de duas personagens, dois amigos do casal que, por diversas razões, são convidados a morar com eles durante algum tempo.

---

[6] Retomo aqui algumas hipóteses desenvolvidas na resenha que escrevi a respeito da tradução brasileira desse ensaio, no *Jornal de Resenhas*, Discurso Editorial, USP, nº 9, mar. 2010.

[7] Literalmente, "tempestade e ímpeto", movimento literário do fim dos anos 1760.

O romance foi recebido com desconfiança, porque a figura da Ottilie, a bela jovem pela qual Eduard se apaixona, não é negativa, mas, pelo contrário, uma sublime encarnação da beleza e da melancolia. Mais tarde, interpretou-se a obra — de maneira conivente com o crescente culto à figura olímpica do escritor — como a afirmação da necessidade do casamento e a condenação do adultério. Benjamin destrói reiteradamente essa monumentalização. Relendo o romance, descobrimos, então, outra beleza, muito mais contraditória que a do estilo clássico e a da descrição da paixão (infeliz, naturalmente). Dentro da própria trama, as hesitações perpassam a construção da temática explícita: gostar-se-ia de acreditar no casamento harmonioso entre Eduard e Charlotte, mas ele desmorona por forças "naturais" (a metáfora do título provém da química) que colocam em questão uma ética da decisão consciente. Ademais, a personagem que mais defende o casamento como instituição, Mittler, é um ex-pastor insuportavelmente tagarela e trivial. Quanto à Ottilie, encarnação da beleza, é incapaz de ir além de uma passividade sofredora, e acaba por matar (involuntariamente) o filho de Eduard e de Charlotte e por se deixar morrer. Sua morte, interpretada como martírio de uma santa pelo povo, é também evocada como ápice perigoso de manifestações supersticiosas e mágicas.

Goethe nutria uma admiração entusiasta pela Natureza, por suas leis e perfeições, em oposição à sua clara desconfiança em relação à História. No entanto, esse romance expõe com uma lucidez impressionante, à revelia das convicções do próprio escritor, como desmoronam juntos os edifícios naturais (o casal transforma sua propriedade num belíssimo parque) e culturais: a construção do jardim e da casa e a desconstrução do casamento progridem juntas. A maior beleza do romance consiste, então, nessa luta — inerente à própria escrita da obra — entre uma vontade de construção de um modelo clássico de harmonia e a confissão corajosa e desolada de sua impossibilidade. Poder-se-ia traçar um paralelo profético com a infeliz reapropriação desse pseudoclassicismo pelos ideólogos da República de Weimar que, sob o manto da civilização da *Aufklärung*, deverá também sucumbir às forças do *mito*, uma categoria-chave no ensaio de Benjamin.[8] Contra a construção dessa tradição clássica e harmonizante, Benjamin estabelece, nas primeiras páginas do ensaio, alguns princípios hermenêuticos — em sua acepção mais ampla de *interpretação* — muito rigorosos. Vale a pena citar esse longo parágrafo metodológico:

> "A literatura atual sobre obras literárias [*Dichtungen*] dá a impressão de que o cuidado com o detalhe [*Ausführlichkeit*] em tais estudos deve-se mais a um interesse filológico do que crítico. É por isso que o estudo que segue, também uma exposição [*Darlegung*] detalhada de *As afinidades eletivas*, poderia facilmente enganar sobre a intenção com que é apresentado. Poderia parecer um comentário; ele se pretende, contudo, crítica. A crítica busca o teor de verdade [*Wahrheitsgehalt*] de uma obra de arte, o comentário, seu teor 'de coisa' [*Sachgehalt*]. A relação entre os dois determina esta lei fundamental da escrita literária: quanto mais o teor de verdade de uma obra é significativo, mais o seu laço [*gebunden*] com o teor coisal é imperceptível e interior. Se, portanto, as obras que se revelam como duradouras são precisamente aquelas cujo teor de verdade está mais profundamente imerso no seu teor coisal, por sua vez os materiais de realidade histórica [*Realien*] da obra aparecem, para quem a considera no curso desta duração, de maneira tanto mais clara, quanto mais eles tendem a morrer no mundo. Com isso, teor de coisa e teor de verdade, unidos em seu modo de aparecer nos primeiros tempos [*Frühzeit*] da obra, aparecem, com seu perdurar, disjuntos, porque o último se mantém oculto sempre da mesma maneira, quando o primeiro vem à luz. Assim, a

---

[8] Ver, a esse respeito, o ensaio "Mito e culpa nos escritos de juventude de Walter Benjamin", neste volume.

interpretação dos elementos que sobressaem e causam estranheza [*des Befremdenden*], ou seja, do teor de coisa, torna-se cada vez mais a condição preliminar da atividade crítica posterior. Pode-se comparar o crítico com o paleógrafo diante de um pergaminho, cujo texto, empalidecido, está recoberto pelos traços de uma escrita mais vigorosa, que a ele se refere. Assim como o paleógrafo deveria começar pela leitura desta última escrita, da mesma maneira o crítico deve começar pelo comentário. E, de repente, surge um critério inapreciável para seu juízo: é somente então que ele pode colocar a questão crítica fundamental, a saber, se a aparência [*Schein*] do teor de verdade se deve ao teor de coisa ou se a vida do teor de coisa, ao teor de verdade. Pois na medida em que se dissociam na obra, decidem de sua imortalidade. Nesse sentido a história das obras prepara sua crítica e, por conseguinte, a distância histórica aumenta sua força [*Gewalt*]. Recorrendo a uma comparação, poderia considerar-se a obra no seu crescimento [*das wachsende Werk*] como um monte de lenha em chamas diante do qual o comentador se postaria como um químico, e o químico, como um alquimista. Enquanto que para o primeiro a madeira e a cinza são os únicos objetos de sua análise, para o segundo somente a chama conserva um enigma [*Rätsel*]: o do vivente [*des Lebendigen*]. Assim, o crítico pergunta pela verdade, cuja chama viva continua a queimar sobre as pesadas achas do que foi [*des Gewesenen*] e a leve cinza do que foi vivenciado [*des Erlebten*]."[9]

---

[9] Walter Benjamin, "*As afinidades eletivas* de Goethe", ensaio de 1922. Tradução de J. M. G. com empréstimos da tradução de Mônica Krausz Bornebusch, *in Ensaios reunidos: escritos sobre Goethe*, São Paulo, Duas Cidades/Editora 34, 2009, pp. 11-4. Edição alemã: *Gesammelte Schriften* (*G. S.*), I-1, Frankfurt, Suhrkamp, 1974, pp. 125-6. Remeto a meu artigo "A propó-

Esse famoso parágrafo marca a passagem de uma concepção romântica da crítica de arte, tal qual Benjamin a elucidou em seu doutorado, para uma concepção mais radicalmente histórica e temporal, que ele adotaria desde o livro sobre o drama barroco, até suas últimas reflexões mais "materialistas". Com efeito, se Benjamin retoma a concepção do Romantismo de Iena segundo a qual a obra continua a crescer (*wachsen*) em sua vida ulterior através da suas traduções e críticas (e, portanto, que a história de uma obra engloba a de sua *recepção*, diríamos hoje), essas metáforas naturais são atravessadas pela afirmação da força, do poder e da violência (*Gewalt*) da distância histórica. A palavra "*Gewalt*", ao retornar no título do ensaio "*Zur Kritik der Gewalt*" ("Para uma crítica da violência"), afasta-se do campo da Natureza e da problemática da *dynamis* e da *energeia*, assinalando um campo de forças históricas em luta — que será aprofundado nos textos da época "materialista". Ao mesmo tempo, o domínio da vida consiste mais na exuberância do "vivido" (*des Erlebten*), mas reúne, inseparavelmente, destruição e (re)construção, a presença da morte e o enigma do vivo (*das Lebendige*), como o diz a metáfora final do fogo e da chama.[10]

Dito de maneira mais precisa: a distância histórica não é simplesmente um intervalo de tempo sempre maior entre o tempo de produção da obra, seu primeiro período de recepção e os períodos posteriores, entre as épocas que os Românticos de Iena chamam de *Frühzeit* e de *Spätzeit*; tampouco é um modelo que implica o paradigma organicista de crescimento, amadurecimento e florescimento — mas que não parece, estranhamente, desembocar na morte. A distância histórica é a configuração da inelutabilidade do caráter passado (*vergangen*) daquilo que foi (*das Gewesene*): o passado morreu, mesmo que continue a "passar" no presente. Por

sito do conceito de crítica em Walter Benjamin", revista *Discurso*, nº 13, USP, 1983.

[10] Valeria a pena mapear essas metáforas de chama, fogo e incêndio na obra de Benjamin, elementos que destroem, queimam, purificam, iluminam e trazem calor.

isso o trabalho fundamental do crítico não é um revitalizar do passado, mas o reconhecimento das dimensões perecíveis da obra, dimensões de *Vergänglichkeit*, do caráter passageiro e efêmero das criações humanas históricas. "Crítica é mortificação das obras", dirá Benjamin no capítulo sobre a alegoria da *Origem do drama barroco alemão*. O autor explicita: "Mortificação das obras: por consequência, não — romanticamente — um despertar da consciência nas que estão vivas, mas uma instalação do saber nas que estão mortas".[11] Por isso, conclui Benjamin nesse parágrafo denso do mesmo capítulo, as obras somente podem ser "salvas" pela crítica quando a obra se transformou em ruína.

É essa discussão sobre vida e morte das obras que dá à distinção entre "comentário" filológico e "crítica" filosófica sua importância decisiva. A grande tentação da crítica literária e filosófica, segundo Benjamin, consiste em querer salvar uma verdade sempre viva nas obras do passado, um teor de verdade (*Wahrheitsgehalt*) pressuposto, poupando-se o exercício, muitas vezes demorado e mesmo ingrato, do comentário que analisa o *Sachgehalt*, o teor de coisa ou o teor material.[12] Ora, a verdade assume na obra uma figuração histórica e linguística (*sprachlich*) que é condição de sua exposição (*Darstellung*) e de sua nomeação. Ela só pode ser apreendida nesses elementos temporais e transitórios que são língua e história, mesmo que, para Benjamin, a dimensão da verdade sempre remeta a algo de atemporal — reconhecível somente no tempo. Essa imbricação cerrada entre verdade e história (que se verifica, por exemplo, em palavras históricas que se transformam e mudam de sentido) impede a descrição da obra em termos de forma e de conteúdo (*Form-Inhalt*), como se houvesse uma verda-

---

[11] Tradução de Sergio Paulo Rouanet, ligeiramente modificada, de *Origem do drama barroco alemão*, São Paulo, Brasiliense, pp. 203-4. Edição alemã: G. S., I-1, p. 357.

[12] A tradução por "teor factual", tanto em Rouanet (*idem*, p. 204) como na tradução do ensaio sobre *As afinidades eletivas* por Mônica Krausz Bornebusch, *op. cit.*, p. 12, parece aludir a uma dimensão de factualidade totalmente ausente no pensamento de Benjamin.

de eterna que assume formas variáveis e indiferentes a ela. Por isso, na esteira de Hegel e de Goethe,[13] Benjamin usa a palavra *Gehalt*, teor, e não conteúdo (*Inhalt*). O termo *Gehalt* seria posteriormente adotado por Adorno. Somente o reconhecimento e a análise demorada do *Sachgehalt*, isto é, daquilo que pertence à especificidade do passado, de elementos que não compreendemos mais, que nos são estranhos — *fremd* —, e que são os indícios da historicidade transitória tanto do passado da obra quanto da leitura do presente, somente tal análise filológica nos impede de cair nas armadilhas de uma interpretação acrítica. Geralmente, a interpretação se resume a uma projeção retrospectiva do presente sobre o passado, a uma confirmação das certezas do presente pelo apelo a uma pretensa autoridade do passado e da tradição (e ali vemos o interesse na construção de figuras ditas *clássicas*, como a de Goethe, para que o intérprete presente possa delas se proclamar herdeiro).

O ensaio de 1922 sobre *As afinidades eletivas* prefigura a crítica de Benjamin ao conceito de *Einfühlung* (identificação afetiva, empatia) do historicismo, tal como ele viria a expor nas teses "Sobre o conceito de história" de 1940. Pretender alcançar o verdadeiro sem se deter no estranhamento da distância histórica é

---

[13] O tradutor de Benjamin para o francês, Pierre Rusch (*Oeuvres*, I, Paris, Folio Essais, 2000, p. 91, nota 2), remete à seguinte passagem de Goethe, que meu colega Marcus Mazzari teve a gentileza de localizar no original: "*Streit zwischen Form und Formlosem. Vorzug dem formlosen Gehalt vor der leeren Form. Gehalt bringt die Form mit. Form ist nie ohne Gehalt. Diese Widersprüche statt sie zu vereinigen disparater zu machen. Helles kaltes wissensch. Streben Wagner. Dumpfes warmes wissensch. Streben Schüler. Lebens Thaten Wesen. Lebens Genuß der Person von aussen gesehn*". Goethe, *Weimarer Ausgabe*, vol. XIV, p. 287, destaque meu. "Disputa entre a forma e o sem forma. Preferência pelo teor sem forma à forma vazia. *O teor traz junto a forma. A forma nunca existe sem teor.* Em vez de conciliar essas contradições, torná-las mais disparatadas. Clara e fria [é] a aspiração científica de Wagner. Turva e quente [é] a aspiração científica de Schüler. Ações, essência da vida. O gozo da pessoa o viver, visto de fora." Tradução de J. M. G. Trata-se de um *paralipomenon* à cena "Quarto de trabalho II", no *Fausto I*, segundo Mazzari.

uma estratégia pseudocrítica que, sob o manto do respeito pelo passado, no fundo serve à manutenção das convicções do presente, porque evita o aprofundamento do caráter histórico e, portanto, transitório, de ambos: tanto do passado, às vezes tão estranho para nós, quanto do presente, que poderia — e deveria — se tornar menos familiar.

O comentário filológico será sempre para Benjamin a condição prévia da crítica. Se essa última não se apoiar no primeiro, mas sair sem preâmbulos em busca da "verdade", corre o risco de fracassar na idealização da "grande tradição" e, ao mesmo tempo, na afirmação do *status quo*; ou, pelo contrário, numa denúncia materialista vazia, não amparada numa análise pormenorizada do "material" histórico que pode ajudar a vislumbrar linhas de resistência possível. A defesa da filologia em Benjamin acontece, portanto, em duas frentes: contra a *Literaturwissenschaft* (ciência da literatura) dominante e suas construções monumentais;[14] e também, como Asja Lacis já o suspeitava, contra uma certa crítica materialista militante que busca separar o joio (aquilo que fortalece o domínio da burguesia) do trigo (o que trabalha a favor do proletariado e da revolução) e que vê nessa separação o critério de verdade das obras de arte. Adorno, que não incorre nessa posição simplista, pede-lhe uma posição teórica mais abrangente e dialética sobre Baudelaire: deseja que Benjamin interprete a obra do poeta "através do *processo global*", como diz, em vez de se perder em "conteúdos pragmáticos da poesia de Baudelaire" e "traços vizinhos da história social".[15] A essa exigência teórica compreensível, ainda que discutível, Benjamin não responde diretamente. Em vez disso, como se ainda não fosse o momento da elaboração crítica e teórica cobrada por Adorno, ele apela para a "atitude fi-

---

[14] A esse respeito, ver o pequeno texto de 1931, "*Literaturwissenschaft und Literaturgeschichte*", G. S., III, pp. 283 ss.

[15] Os trechos assinalados constam da carta aniquiladora enviada por Adorno, em 10 de novembro de 1938, sobre a primeira versão do livro sobre Baudelaire, intitulada "A Paris do Segundo Império em Baudelaire", *in* Adorno/Benjamin, *Briefwechsel*, Frankfurt, Suhrkamp, 1994, p. 367.

lológica" e cita, nessa discussão sobre paradigmas da crítica materialista, as diferenciações elaboradas no ensaio de juventude:

"Se pensar retrospectivamente em outros trabalhos meus, você verá que a crítica da atitude filológica é uma antiga preocupação minha — e profundamente idêntica à crítica do mito. Ela provoca, a cada vez, a operação filológica mesma. Para dizê-lo na linguagem de *As afinidades eletivas*,[16] ela visa ao destaque dos teores materiais nos quais o teor de verdade é historicamente folheado."[17]

O comentário filológico se atém à espessura contingente e histórica das "coisas" e sempre incorre no risco, denunciado por Adorno, de se reduzir a uma mera "exposição admirada da facticidade",[18] próxima do positivismo, o que Benjamin reconhece quando fala de uma espécie de encanto "mágico" exercido pela materialidade analisada sobre o pesquisador. Ele, no entanto, prefere

---

[16] Adorno conhecia e apreciava muito o ensaio de 1922 sobre *As afinidades eletivas*. Essa recorrência a escritos anteriores, menos "materialistas" e muito admirados por Adorno, é um gesto frequente na *Correspondência* tardia por parte de Benjamin, quando tenta se defender contra acusações de insuficiência teórica, em particular contra as suspeitas de Adorno (e, atrás dele, de Horkheimer, isto é, do chefe do Instituto de Pesquisa Social que, não esqueçamos, lhe concedia uma bolsa) de que sofria em demasia a influência de Brecht.

[17] No original: "*Wenn Sie an andere meiner Arbeiten zurückdenken, so werden Sie finden, dass die Kritik an der Haltung der Philologen bei mir ein altes Anliegen — und zuinnerst identisch mit der am Mythos — ist. Sie provoziert jeweils die philologische Leistung selbst. Sie dringt, um in der Sprache der Wahlverwandschaften zu reden, auf die Herstellungr der Sachgehalte, in denen der Wahreheitsgehalt historisch entblättert wird*". *Adorno und Benjamin, op. cit.*, p. 381. Tradução de J. M. G. Retomo aqui algumas considerações expostas num artigo em francês, "Philologie et actualité", *in Topographies du souvenir "Le livre des passages" de Walter Benjamin*, organizado por Bernd Witte, Paris, Presses Sorbonne Nouvelle, 2007.

[18] Adorno/Benjamin, *Briefwechsel, op. cit.*, p. 368.

assumir esse risco para não cair na armadilha inversa, a saber, a elaboração de uma ampla teoria dialética que permite reencontrar no passado aquilo que o pesquisador do presente quer tanto nele descobrir. Ressoam nesse trecho da *Correspondência* várias polêmicas da teoria da cultura desenvolvida por teóricos marxistas da época como Lukács e Ernst Bloch, a respeito dos bons usos das obras do passado cultural para as vanguardas de esquerda.[19] Benjamin se detém muito mais na reafirmação da disciplina filológica como pressuposto imprescindível para uma crítica histórica. Essa estreita relação entre *filologia* e *história crítica* se inscreve na linhagem do jovem Nietzsche, outro filólogo impenitente e polêmico, que Benjamin conhecia muito bem.

Cabe aqui um breve parêntese sobre a concepção nietzschiana da filologia.[20] Depois da publicação de *O nascimento da tragédia* (1872) e da polêmica por ela provocada, em particular por parte de Willamowitz, Nietzsche aprimora sua crítica da prática vigente desta disciplina acadêmica chamada de "filologia", a qual ele mesmo lecionava na Universidade da Basileia. Vários dos fragmentos póstumos o testemunham. Três linhas centrais de reflexão se destacam: a prática filológica em vigor, diz Nietzsche, é inseparável da defesa de sua influência e de sua autoridade pelos professores de filologia — defesa que estaria ligada a um privilégio corporativista e a uma estrutura autoritária de ensino (o jovem Benjamin da *Jugendbewegung* provavelmente não era insensível a esses acentos de crítico e de reformador do ensino no pensamento de

---

[19] Tomo a liberdade de remeter a meu artigo sobre a questão da "herança" (*Erbetheorie*) e da crítica radical de Benjamin a seus pressupostos historiográficos, no volume *Pensamento alemão no século XX*, Jorge de Almeida e Wolfgang Bader (orgs.), São Paulo, Cosac Naify/Instituto Goethe, 2009.

[20] Sigo aqui o excelente artigo de Diego Sanchez-Meca, "Généalogie et critique de la philologie aux sources de *choses humaines, trop humaines*", in *Nietzsche: philosophie de l'esprit libre*, Paris, Rue d'Ulm, 2004. Agradeço a Ernani Chaves pela indicação.

Nietzsche).²¹ Ademais, a imagem de uma Antiguidade dita clássica, imutável e eterna, não é estranha a essa estratégia de manutenção do poder. Enfim, a resistência do corpo docente tradicional a uma concepção não só nova da tragédia grega, mas que também ressalta sua irremediável historicidade, tampouco é neutra. Explicitar como a tragédia pode nascer, florescer e morrer num contexto histórico muito preciso, definitivamente encerrado, que nenhuma boa vontade clássica saberia ressuscitar, constitui uma ameaça à corporação dos professores de filologia, porque implica que eles não são os herdeiros de valores eternos, mas os representantes efêmeros de uma configuração temporal também determinada, igualmente entregue ao desaparecimento: a universidade alemã do século XIX. "Se compreendermos a cultura grega em sua totalidade, perceberemos, então, que ela passou. Por isso, o filólogo é o grande cético de nossa cultura e de nossa educação: eis aí sua missão", escreve Nietzsche.²²

Essa concepção radicalmente crítica e histórica é evocada por Nietzsche no fim do prefácio à *Segunda consideração extemporânea: da utilidade e da desvantagem da história para a vida*, o que não deixa de provocar estranheza no leitor. Como esse texto é uma das primeiras críticas da historiografia do historicismo, poder-se-ia pensar que Nietzsche se apresenta como um teórico ou um filósofo da história, mas é a partir da filologia como ciência crítica que ele se situa. Cito brevemente as últimas frases, tão conhecidas, da

---

²¹ Ver, em particular, Nietzsche, *Über die Zukunft unserer Bildungsanstalten*, Kritische Studienausgabe (KSA), vol. I, editado por G. Colli e M. Montinari (Munique/Berlim, DTV/De Gruyter, 1988). A respeito do entusiasmo da *Jugendbewegung* por Nietzsche, ver Ernani Chaves, "Considerações extemporâneas acerca das 'Teses'", in *No limiar do moderno: estudos sobre Friedrich Nietzsche e Walter Benjamin*, Belém, Paka-Tatu, 2003.

²² Tradução de J. M. G. Para o texto em alemão, ver Nietzsche citado por Sanchez-Meca, *op. cit.*, p. 88, nota 3. Trata-se do fragmento póstumo de 1875, 3 (76), KSA VIII, p. 38: "*Die griechische Cultur vollständig begreifend sehen wir also ein, dass es vorbei ist. So ist der Philologe der grosse Skeptiker in unseren Zuständen der Bildung und Erziehung: das ist seine Mission*".

introdução: "[...] Pois eu não saberia qual sentido a filologia clássica poderia ter em nosso tempo afora aquele de agir sobre ele de maneira extemporânea [*unzeitgemäss*], isto é, agir contra o tempo, portanto, sobre o tempo, e, esperemos, em proveito de um tempo por vir".[23]

É essa *Unzeitgemässheit*, literalmente, essa não-conformidade ao tempo, que serve de fermento filológico na crítica histórica. Trata-se de uma declaração de guerra contra as pretensões historicistas de "objetividade", um amálgama de opiniões triviais que confortam as convicções do presente, como define Nietzsche: "Esses historiadores ingênuos chamam de objetividade ao modo de apreciar os atos e as ideias do passado de acordo com as opiniões correntes do momento; aqui, eles encontram o cânon de todas as verdades; seu trabalho é ajustar o passado às trivialidades do presente".[24]

Há, por assim dizer, um "anacronismo" produtivo na preocupação filológica com a singularidade histórica, anacronismo que não é a marca idiossincrática de uma erudição inútil, mas um indício do distanciamento histórico que proíbe uma leitura imediata do passado a partir do presente. Mais ainda, que permite, às vezes, lançar uma nova luz, nascida do estranhamento, tanto sobre o passado como sobre o presente.[25] Não se trata nem para Nietzsche nem para Benjamin de reclamar privilégios para tranquilos cien-

---

[23] Tradução de J. M. G. No original: "*[...] denn ich wüsste nicht, was die classische Philologie in unserer Zeit für einen Sinn hätte, wenn nicht den, in ihr unzeitgemäss — das heisst gegen die Zeit und dadurch auf die Zeit und hoffentlich zu Gunsten einer kommenden Zeit — zu wirken*". Nietzsche, *Zweite Unzeitgemässe Batrachtung. Vom Nutzen und Nachteil der Geschichte für das Leben*, KSA, I, p. 247.

[24] Tradução de Ernani Chaves, a quem devo a lembrança dessa citação (*op. cit.*, p. 56). No original: "*Jene naiven Historiker nennen 'Objektivität' das Messen vergangener Meinungen und Thaten an den Allerwelts-Meinungen des Augenblicks: hier finden sie den Kanon aller Wahrheiten; ihre Arbeit ist, die Vergangenheit der zeitgemässen Tivialitäten anzupassen*". Nietzsche, *op. cit.*, p. 289.

[25] Sobre o anacronismo como fator de revelação e de legibilidade his-

tistas eruditos, mas de liberar a pesquisa filológica de sua gaiola empoeirada e de torná-la um instrumento de diferenciação temporal e, portanto, um instrumento crítico de análise histórica — do passado e, igualmente, do presente.

Nesse contexto, ganha importância a afirmação de Nietzsche colocada por Benjamin como epígrafe da tese XII — sobretudo quando se leva em conta que as "Teses" foram escritas em 1940, num esforço teórico tenso de luta contra o nazismo vitorioso, que se apropriou do pensamento de Nietzsche, aproveitando o espólio de sua irmã (nazista) Elizabeth Förster-Nietzsche. Deixo de lado a questão muito controvertida dos possíveis momentos conceituais e das possíveis figuras que podem ou não encorajar, na obra do filósofo, tal apropriação vergonhosa. Importa ressaltar aqui que Nietzsche, nesse momento crucial da Segunda Guerra, não pode ser citado, apesar de ter sido um autor de primeira importância para escritores e filósofos inimigos do nazismo e por ele exilados, como Benjamin, Adorno ou Horkheimer.

A epígrafe, oriunda da *Segunda consideração extemporânea*, é a seguinte: "Precisamos da história, mas precisamos dela de outra maneira que aquela do mimado caminhante ocioso no jardim do saber".[26] Chama a atenção nessas palavras a imagem do "caminhante ocioso", uma prefiguração nietzschiana do *flâneur* benjaminiano. Os eruditos cientistas do historicismo e os "caminhantes ociosos" (*Müssiggänger*) que passeiam nas "passagens" parisienses (ou que erram nos *shopping centers* contemporâneos) são figuras do mesmo individualismo de consumo e vítimas de mecanismos de identificação parecidos. Uns se identificam com o passado, com a "massa dos fatos", diz Benjamin na tese XVII, outros com a mercadoria, com essa "monstruosa coleção de mercadorias"

---

tórica, ver Georges Didi-Huberman, "L'anachronisme fabrique l'histoire: sur l'actualité de Carl Einstein", revista *Études Germaniques*, jan.-mar. 1998.

[26] No original: "*Wir brauchen Historie, aber wir brauchen sie anders, als sie der verwöhnte Müssiggänger im Gartendes Wissens braucht*". Nietzsche, *op. cit.*, p. 247.

(*Ungeheuere Warensammlung*) da qual fala Marx no início do *Capital*. À vontade no labirinto das vitrines ou das civilizações passadas, historiadores e *flâneurs* podem assim passear durante a sua vida inteira, à procura de algumas descobertas interessantes, ditas científicas, ou de boas compras, ditas "ocasiões". *Flânerie* científica e *flânerie* de *shopping* têm em comum essa atitude de profunda identificação com o valor de troca das mercadorias ou dos assim chamados "bens culturais", esses *Kulturgüter* denunciados por Benjamin como valores fetiches da cultura.

É claro que nem Benjamin nem Nietzsche defendem a austeridade do trabalho capitalista contra as alegrias do ócio e do passeio! Os dois foram, pelo contrário, "andarilhos" convictos — nenhum deles acadêmico sério exemplar. Mas ambos defendem uma relação crítica com o passado e, particularmente, com a *transmissão* do passado. E o fazem sem falso respeito e com uma atenção tenaz, numa atitude simultaneamente terna e irreverente como a de Benjamin para com Goethe. No caso de Benjamin, essa reflexão sobre a transmissão (*Überlieferung*) se torna essencial nos últimos escritos mais "materialistas" (o adjetivo é dele) em oposição a uma concepção da tradição (*Tradition*) como uma continuidade canônica. Benjamin tenta se distanciar, novamente, de duas concepções opostas de tradição cultural: tanto aquela que subjaz à historiografia "burguesa" do historicismo[27] quanto a que constrói uma narrativa materialista épica. Ambas esquecem que o processo de transmissão faz parte da "tradição", que esta deve ser consequentemente desconstruída e interrogada para permitir não o encontro com "a imagem eterna do passado", mas sim com a fulguração efêmera da "imagem histórica autêntica que lampeja veloz" (tese VII), porque sempre oriunda de um encontro entre dois tempos específicos e únicos: o presente no "instante do peri-

---

[27] Podemos observar aqui, em compensação, que Benjamin compartilha com o historicismo o cuidado pelo detalhe, em oposição a uma historiografia de cunho hegeliano que desconsidera páginas inteiras da "história universal".

go" e um momento reencontrado do passado,[28] antes esquecido ou negligenciado.

Em suas anotações ligadas à redação do livro sobre Baudelaire — de que só temos capítulos avulsos e em várias versões, "censuradas" ou aceitas por Adorno —, Benjamin retoma a questão da verdade da crítica, sobretudo da crítica materialista. Denuncia claramente o elemento "fetichista" que continua a sustentar uma escrita materialista pouco propensa a questionamentos heurísticos e centrada exclusivamente na historia da *produção* das obras da cultura e na posição de classe de seus autores.

"A separação [*Scheidung*] do verdadeiro e do falso não é para o método materialista o ponto de partida, mas o alvo. [...] O método só diminuiria muito suas chances se tivesse a pretensão de abordar a coisa como ela é 'de verdade'; e ele as aumenta consideravelmente, quando desiste dessa pretensão na sua sequência e assim se dispõe a entender que 'a coisa em si' não existe 'de verdade'.

Ir atrás da 'coisa em si' é, de fato, atraente. Ela se oferece, no caso de um Baudelaire, copiosamente. As fontes fluem a bel-prazer e, ali onde se reúnem na corrente da tradição [*Überlieferung*], abrem-se colinas já traçadas entre as quais ela transcorre até onde a vista alcançar. O materialismo histórico não se perde na contemplação desse espetáculo. Ele não procura pelas imagens das nuvens nessa corrente. E muito menos se vira para trás para beber 'na fonte', na 'coisa em si', atrás das costas dos homens. De quem são os moinhos que essa corrente alimenta? Quem a represa — assim pergunta o materialismo histórico, que assim transforma a imagem

---

[28] Esse modelo historiográfico tem sua origem explícita em Proust, como o afirma Benjamin. Não é lugar aqui de apontar para suas riquezas e dificuldades, das quais, aliás, Benjamin é consciente. Remeto ao verbete de minha autoria sobre as "teses" no já citado *Benjamin-Handbuch*.

da paisagem, ao nomear as forças que nela estiveram em ação.
Parece ser um procedimento complicado; e o é, de fato. Será que não há um mais imediato? Que fosse ao mesmo tempo um mais decidido. O que fala contra a tentativa de simplesmente confrontar o poeta Baudelaire com a sociedade de hoje e de responder à pergunta, na base de sua obra, acerca do que ele ainda tem a dizer a seus quadros avançados; decerto sem esquecer de perguntar se ele tem de fato algo a lhes dizer. O que fala contra isso, é [que] fomos instruídos justamente pela sociedade burguesa na leitura de Baudelaire, durante uma aprendizagem histórica. Essa aprendizagem nunca pode ser ignorada. Uma leitura crítica de Baudelaire e uma revisão crítica dessa aprendizagem são, no fundo, uma e a mesma coisa. Pois é uma ilusão do marxismo vulgar pensar poder determinar a função social seja de um produto material, seja de um espiritual, fazendo abstração das circunstâncias e dos portadores de sua transmissão [Überlieferung]. 'Quando o conceito de cultura é considerado como um conjunto de formações que são independentes, não do processo de produção no qual vieram à luz, mas sim daquele no qual elas continuam a durar, então esse conceito carrega... um traço fetichista'.[29] A transmissão [Überlieferung] da poesia baudelairiana ainda é muito curta. Mas já comporta incisões [Einkerbungen] históricas pelas quais a consideração crítica deve se interessar."[30]

Ao ler em conjunto esse fragmento metodológico e o primeiro parágrafo do ensaio sobre *As afinidades eletivas*, várias diferenças podem ser constatadas. A maior delas talvez seja a mudança

---

[29] Autocitação. Benjamin retoma aqui as reflexões desenvolvidas no ensaio "*Eduard Fuchs. Der Sammler und Historiker*", G. S., II-2, pp. 465 ss.
[30] Tradução de J. M. G. Para texto original, ver G. S., I-3, pp. 1.160-1.

do paradigma predominantemente metafísico e *filológico* para uma reflexão crítica e hermenêutica, no sentido amplo desta palavra, a respeito do processo de *transmissão* descrito como um palco de cortes, de usos, de desvios, de lutas, enfim. No entanto, continua clara uma convicção: a saber, que a tarefa crítica é a busca por um "teor de verdade" que se diz historicamente na obra. Abdicar da concepção "idealista" de uma verdade eterna e afirmar que a verdade é histórica não significa, portanto, cair num relativismo preguiçoso, que se disfarça de tolerante e no qual a rigor não há mais verdade, mas somente opiniões. Tampouco significa naturalizar um processo histórico como se fosse um desenvolvimento semelhante à corrente de um rio ou ao desabrochar do gênio (em Goethe). Nos dois textos, Benjamin sustenta um conceito ao mesmo tempo enfático e totalmente histórico de verdade que orienta a busca do crítico, quando visa não só a uma renovação da imagem do passado, mas também a uma transformação da apreensão do presente. Verdade histórica e crítica do presente coincidem.

AURA

5.
ATENÇÃO E DISPERSÃO:
ELEMENTOS PARA UMA DISCUSSÃO
SOBRE ARTE CONTEMPORÂNEA
A PARTIR DE ADORNO E BENJAMIN

Este ensaio nasceu de uma tentativa de esclarecer um mal-estar que sinto muitas vezes, quando surge uma discussão sobre as diferentes avaliações de Adorno e Benjamin acerca da arte contemporânea. Esse mal-estar já se instaura durante a leitura da correspondência entre ambos, que evoca a perda da aura, a reprodutibilidade técnica das obras de arte, o papel do cinema, o lazer de massa e as transformações da arte moderna. Parece que estamos assistindo a um diálogo de surdos ou, mais precisamente, a um diálogo no qual cada interlocutor procura ouvir o eco de suas próprias preocupações nas palavras do outro, privando-se assim de um entendimento mais fino das questões colocadas pelo parceiro.

Temo não conseguir ir muito além da oposição, que já se tornou um clichê, entre um Walter Benjamin otimista, que se esforçaria em ser materialista e em pensar as artes de massa como o cinema e a arquitetura enquanto possibilidades de emancipação, e um Adorno pessimista, que sempre denuncia a força avassaladora da indústria cultural na pretensa cultura de massa e defende tenazmente uma arte autônoma, sem dúvida crítica, mas ligada aos modos de produção e de recepção estéticos burgueses, isto é, individualistas e inseparáveis de privilégios sociais. Gostaria, na verdade, de permanecer *aquém* dessa oposição esquemática e de colocar a seguinte hipótese: o que está em jogo nesse confronto não é meramente uma divergência de avaliação das possibilidades críticas e emancipatórias da arte moderna ou contemporânea; trata-se também de um questionamento a respeito da concepção de sujeito, em particular de suas possibilidades de resistência e subversão.

Ambos os pensadores reconhecem, mesmo que de forma diferente, o esgotamento tanto das formas burguesas de produção e de recepção estéticas quanto das formas burguesas tradicionais de definição da subjetividade. A sociedade burguesa clássica, ancorada nos valores do capitalismo liberal e da concorrência individual, desapareceu e cedeu lugar a uma sociedade de massa e a um capitalismo de monopólio. Tal transformação acarreta, entre outras, duas consequências essenciais: no plano político, novas formas de totalitarismo, muito mais eficazes e onipresentes, tornam-se possíveis e mesmo reais. Muito mais eficazes porque não repousam mais sobre a autoridade de uma única instância soberana, derivada da figura tradicional do rei, mas se enraízam numa organização simultaneamente coercitiva e anônima do corpo social, na sua totalidade difusa, cega e determinante, como nos romances de Kafka: é o mundo administrado (*verwaltete Welt*) de Adorno. Assim, no plano subjetivo, as formas tradicionais de resistência e de luta pela liberdade — assentadas no mérito, na coragem, na audácia e na iniciativa de indivíduos excepcionais, heróis, pensadores, artistas, generais ou rebeldes — tendem a sucumbir, pois a própria figura histórica do indivíduo enquanto entidade autônoma é destruída, *liquidada*, diz Adorno em *Minima moralia*, pelo desenvolvimento do capitalismo.

Parece-me cada vez mais essencial entendermos o questionamento, no pensamento de Adorno, da figura de "indivíduo" como forma histórica de subjetividade. Essa questão, de origem marxista, é analisada por Horkheimer em *Eclipse da razão*, sobretudo no capítulo intitulado justamente "O indivíduo"; e está igualmente no cerne de *Minima moralia*, de Adorno, essa coletânea de aforismos sobre a vida cotidiana e a experiência individual *danificada*. Tal questionamento permite distinguir com rigor as críticas de Adorno (e de Benjamin) à cultura e sociedade contemporâneas de outras críticas, oriundas do pensamento existencial ou, então, de tradições conservadoras, que defendem um fortalecimento dos valores individuais clássicos. Não há, no pensamento de Adorno e de Benjamin, nenhuma tentativa de resguardar uma "autenticidade" ou uma "interioridade" perdidas. A crítica à "interioridade", particularmente, é desde cedo um tema comum a ambos, que será desenvolvido por Adorno em seu livro sobre Kierkegaard e por Benjamin nos ensaios sobre a Paris do século XIX. Quanto à noção de autenticidade, as reflexões de Benjamin sobre a reprodutibilidade técnica e o declínio da aura ganhariam força ao serem lidas também como tentativas de pensar os fenômenos estéticos sem recorrer ao pressuposto de uma origem substancial, única e autêntica. A crítica do conceito de autenticidade ocupa um lugar central em *Minima moralia*, de maneira notável no aforismo 99, "*Goldprobe*" ("À prova de ouro"). Escreve Adorno:

> "Entre os conceitos a que se reduziu a moral burguesa após a dissolução de suas normas religiosas e a formalização de suas normas autônomas, o conceito de autenticidade [*Echtheit*][1] ocupa o primeiro lugar. [...] Na identidade de cada indivíduo consigo mesmo, tanto o postulado de verdade incorruptível quanto a glorificação do factual são transferidos pelo saber esclarecido para a ética. [...] A inverdade está alojada no substrato mesmo da autenticidade, no indivíduo. [...] A equivalência da autenticidade e da verdade não se sustenta. Precisamente a imperturbável autorreflexão — aquele comportamento que Nietzsche chamava de psicologia —, isto é, a insistência na verdade acerca de si mesmo, mostra constantemente, já nas primeiras experiências conscientes da infância, que os impulsos sobre os quais se reflete não são lá muito 'autênticos'. Eles contêm sempre um pouco de imitação, de jogo, de vontade de ser diferente. [...] O que é humano está preso [*haftet*] à imita-

---

[1] O termo "*Echtheit*" é mais amplo que "*Eigentlichkeit*", conceito usado por Heidegger e criticado por Adorno em *Jargon der Eigentlichkeit: Zur deutschen Ideologie, in Gesammelte Schriften*, vol. 6, Darmstadt, Wissenschaftliche Buchgesellschaft, 1997.

ção: um ser humano só se torna um ser humano na medida em que imita outros seres humanos."[2]

Essa citação evidencia o seguinte: em sua reflexão ética e estética mais radical, Adorno não cai na armadilha do assim chamado "resgate" de valores autênticos, como tendem a fazê-lo vários de seus comentadores bem-intencionados. Na esteira de Aristóteles — e, quem sabe, também de Walter Benjamin —, define o humano pelo impulso *mimético* e não por uma substancialidade autêntica, escondida sob as vicissitudes da história como o ouro na ganga (ver o título do aforismo: "À prova de ouro"). Aliás, é a relevância do mimético que esclarece também a relevância do estético na filosofia de Adorno — e não só a esperança de que as obras de arte autônomas apresentem um teor emancipatório.

Agora, como pensar práticas estéticas, produção e recepção da arte, sem recorrer aos "valores seguros" de autenticidade e de indivíduo, denunciados por Adorno como sendo não só ilusórios mas também enganadores, valores fetiches propagados pela exploração capitalista? Como pensar práticas de resistência subjetivas, estéticas ou políticas contra essa organização capitalista — que defende a emancipação de uma totalidade falsa — sem recorrer aos fetiches "indivíduo" e "autenticidade"? Eis uma questão complexa: trata-se de tentar pensar novas formas de subjetividade, capazes de resistência e de crítica, mas não nos moldes do individualismo clássico, liquidado pelo desenvolvimento do capitalismo tardio. Se o "indivíduo" enquanto tal não é, pois, nenhuma substância eterna, mas sim uma forma histórica de subjetivação (hoje objetivamente destruída, mesmo que simultaneamente idolatrada pela ideologia do consumo e pela indústria cultural), isso, porém, não implica que devamos desistir da ideia de *sujeitos* capazes de resistência e de liberdade.

É dentro desse quadro bastante amplo e complexo que gostaria de situar melhor os conceitos que indiquei acima: *atenção* e

---

[2] Theodor W. Adorno, *Minima moralia*, São Paulo, Ática, 1992, pp. 134-6, tradução de Luís Bicca.

dispersão. Num primeiro momento, entendo por atenção e dispersão um duplo movimento do sujeito em relação ao mundo. Movimento de concentração, de recolhimento, de tensão/atenção, de cuidado — e movimento de entrega, de distração, de diversão, de disseminação. Na tradição filosófica, ambos os movimentos acompanham as definições clássicas das atividades do lembrar e do esquecer. O lembrar é descrito como um retesamento psíquico, um esforço de reunião de imagens dispersas, de recolhimento e interiorização espirituais que a palavra alemã *Erinnerung* traduz bem. O esquecer, pelo contrário, remete a um afrouxamento da tensão intelectual, mero relaxamento despreocupado ou, numa aproximação mais penetrante como a de Nietzsche, desistência feliz do espírito inquieto e entrega sábia ao fluxo de uma vida maior do que ele. A metafísica clássica, de Platão a Hegel, passando por Agostinho e Descartes, privilegia a aproximação do pensamento aos termos próprios da atividade do lembrar: memória, recoleção, junção, em oposição à dispersão e ao esquecimento. Assim o faz a passagem paradigmática de Santo Agostinho que reflete sobre a semelhança entre a atividade do pensamento e a atividade da memória:

> "E assim [...] é necessário pensar [...] nesses conhecimentos existentes na memória [...] e juntá-los [*cogenda*] novamente, para que se possa saber. Quer dizer, precisamos de os coligir [*colligenda*], subtraindo-os a uma espécie de dispersão. E daqui [*cogenda, cogo*] é que vem *cogitare*; pois *cogo* e *cogito* são como *ago* e *agito*, *facio* e *facito* [isto é: não são só semelhantes no significante, mas também no significado!]. Porém a inteligência reinvindicou como próprio este verbo [*cogito*], de tal maneira que só ao ato de coligir [*colligere*], isto é, ao ato de juntar [*cogere*] no espírito, e não em qualquer parte, é que propriamente se chama 'pensar' [*cogitare*]."[3]

---

[3] Santo Agostinho, *Confissões*, Livro X, 11, 18, p. 180, tradução de J.

Assim se posicionou Agostinho e toda a tradição depois dele, até Heidegger,[4] acerca da íntima relação entre essas duas atividades do espírito: pensar e recolher ou juntar.

A partir de Nietzsche, a filosofia contemporânea vai questionar essa exclusividade da atividade recolhedora para definir o pensamento; haverá uma crescente valorização desse segundo conjunto de fenômenos psíquicos, até então pouco estudados, que esquecimento, dispersão, distração, disseminação, lapso ou falha configuram. Ora, essa problematização remete a um outro questionamento — precisamente o questionamento do conceito clássico de indivíduo como paradigma do sujeito consciente, soberano e autônomo. Tento explicitar melhor essa hipótese. Haveria uma relação necessária entre duas interrogações que acompanham o devir da filosofia contemporânea: como não cabe restringir o conceito de sujeito e o de liberdade subjetiva à clausura do indivíduo burguês, também a atividade espiritual e intelectual do pensamento não pode ser restrita ao movimento psíquico do recolher e do lembrar, mas deve incluir os movimentos opostos da perda, do esquecimento, da dispersão e da distração. Cada uma à sua maneira, as obras de Nietzsche, Freud e Proust testemunham essa dupla tentativa de redefinição, do sujeito e do pensamento.

Após esse longo excurso gostaria de voltar às reflexões estéticas de Adorno e de Benjamin. Poderíamos, desde já, afirmar o seguinte: Adorno não é unicamente aquele pensador elitista que, contra a distração e o divertimento, quer resguardar os valores da atenção e do recolhimento; há na sua filosofia muitas tentativas de pensar também o motivo nietzschiano e dionisíaco da entrega e do esquecimento feliz (particularmente em suas inúmeras reflexões sobre a música). Reciprocamente, Benjamin não é somente o arauto ingênuo da distração e do hábito, mas também o teórico do recolher e do colecionar (*sammeln*), o mestre de uma atenção que,

---

Oliveira Santos e A. Ambrósio de Pina, coleção Os Pensadores, São Paulo, Abril, 1979.

[4] Nas suas famosas análises do verbo grego *legein*, por exemplo.

flutuante ou não, é extraordinariamente presente em sua leveza. Ambos os pensadores parecem nos legar não tanto soluções e definições, mas formas novas e precisas de interrogação sobre as práticas artísticas contemporâneas. Voltemos, num primeiro momento, ao episódio paradigmático do encontro de Ulisses com as Sereias. Em sua conhecida interpretação na *Dialética do Esclarecimento*, Adorno[5] esboça uma hipótese sobre as origens da arte e da fruição estética — que também é uma hipótese sobre a constituição do *eu* como indivíduo determinado. Mais tarde, em particular na *Teoria estética*, Adorno diz querer evitar essas especulações filosófico-históricas sobre as origens da arte. Na *Dialética do Esclarecimento*, porém, os ecos do Freud de *O mal-estar na civilização* e do Nietzsche de *O nascimento da tragédia* vão se reforçar mutuamente, numa tentativa de descrição do surgimento da arte, que seria herdeira da magia mítica ou, mais precisamente, uma herdeira destituída do poder da magia. Tal descrição é, simultaneamente, a evocação do surgimento do *si* (*selbst*), um *si* capaz de fruição estética, isto é, capaz também de renunciar ao gozo total da indiferenciação com o outro, renúncia tão necessária quanto dolorosa, pois o preço da autoconservação (*Selbst-Erhaltung*) é a autorrepressão. Vejamos mais de perto como se desenrola esse duplo processo de emergência da arte e de surgimento do *si*.

Enquanto monstros imemoriais, aquáticos e femininos, as Sereias encarnam os poderes mágicos anteriores ao surgimento do sujeito como identidade racional e determinada. Sua força mágica de sedução provém da atração ou da saudade que a representação de uma indistinção feliz entre o *si* (*selbst*) e o mundo continua exercendo — lembrança da indistinção entre o recém-nascido e sua mãe, segundo Freud. Sucumbir, porém, à sedução dessa felicidade também significa desistir da individuação e, portanto, arriscar

---

[5] Como se sabe, a interpretação da *Odisseia* na *Dialética do Esclarecimento* é muito mais da autoria de Adorno que de Horkheimer.

a própria existência: os viajantes que se entregaram às Sereias foram por elas devorados. Ulisses resiste às Sereias, mas não abdica do gozo (incompleto) de escutar seu canto: reconhece o encanto, mas não cede ao encantamento. Neste gesto, os poderes da magia são condenados à ineficácia e, simultaneamente, reconhecidos e conservados como expressão da beleza e da transcendência. São transformados em expressão artística. Se a arte surge, então, da magia como sua forma mais racional e mais pura, ela também emerge como beleza impotente, sem eficácia, uma expressão sem consequências práticas, uma mera forma separada da ação. Adorno e Horkheimer enfatizam tanto a beleza quanto a impotência da arte. O que a estética clássica caracterizou como sua grandeza, a saber, sua relação com o nobre exercício da contemplação (em grego, *theoria*), ou seu caráter de "finalidade sem fim" (Kant), também é sinônimo de sua maior fraqueza: a de não ter mais poder de ação. Somente assim, aliás, a arte é tolerada numa sociedade fundada sobre a dominação.

Da mesma maneira, o amante de arte é condenado a um gozo impotente. Ulisses amarrado a seu mastro é a imagem exata da autorrepressão, condição necessária e desastrosa da transformação do *si* indiferenciado em *eu*, em sujeito determinado e identitário. Como em Freud, o sujeito deve, na interpretação de Adorno e Horkheimer, reprimir suas pulsões de vida mais originais e autênticas para se constituir a si mesmo e, especificamente, para conseguir ter acesso ao reino da liberdade e da beleza, à fruição estética. Ulisses, o chefe, só pode escutar o canto das Sereias porque tapou os ouvidos de sua tripulação, condenada a trabalhar sem nenhum gozo, e porque pediu para ser atado ao mastro, isto é, escolheu sua própria prisão. Mas essa dupla repressão — do dominador sobre os dominados e do dominador sobre si mesmo — não marca somente com uma melancolia incurável o sujeito burguês adulto e "bem-sucedido". Assinala também uma tristeza infinita na origem da própria possibilidade da experiência artística: Ulisses "escuta, mas amarrado impotente ao mastro", "o que ele escuta não tem consequências para ele", "amarrado, Ulisses assiste a um concerto, a escutar imóvel como os futuros frequentadores de concertos, e seu brado de libertação cheio de entusiasmo já ecoa como um aplauso".[6] Essa evocação do sofrimento e do gozo de Ulisses possui uma significação clara. A obra de arte, definida como objeto de contemplação, pode até ser uma promessa de felicidade, mas só a promete se confessa, simultaneamente, que não pode cumprir a promessa. Impotência artística e beleza estética são irmãs que impedem a ilusão (tão cara a vários comentadores de Adorno) de uma redenção possível através da arte. Da mesma maneira, a "contemplação", talvez a forma mais elevada de *atenção*, não produz libertação. Pode suscitar, isso sim, uma consciência cada vez mais aguda das cadeias que aprisionam o sujeito. Contemplação, atenção, recolhimento não têm, porém, nenhuma força concreta de libertação; ademais, são como que corroídos internamente pelo ácido da autorrepressão do sujeito estético que, para poder escutar, deve permanecer imóvel, imobilizado, amarrado ao mastro. Para desfazer os nós e romper as cadeias, se faz necessário um outro processo que somente poderia ter início se a separação entre Ulisses e sua tripulação fosse abolida ou, em termos marxistas, se a divisão de classes fosse suprimida. Na leitura de Adorno, a solidão de Ulisses e a alienação do trabalho coletivo são complementares. O chefe, privilegiado, pode ter acesso à beleza, mas essa experiência é sempre incompleta, pois marcada pela incapacidade de se transformar em práxis. Quanto aos remadores, resta-lhes uma prática muda e surda, coletiva e anônima, desprovida de consequências emancipatórias, já que seu trabalho não lhes possibilita a articulação de uma exigência de transformação; os trabalhadores são proibidos de escutar, de "poder ouvir o inaudito com os próprios ouvidos, de poder tocar o intocado com as próprias mãos".[7] Nes-

---

[6] *Dialética do Esclarecimento*, tradução de Guido de Almeida, Rio de Janeiro, Zahar, 1985, p. 45. Agradeço a Márcio Benchimol por ter chamado a minha atenção para essa descrição da impotência tensa de Ulisses.

[7] *Idem*, p. 47. Na tradução para o português, em vez de "inaudito" ("*das Ungehörte*"), há um erro de tipografia e se lê a palavra "o imediato". Restabeleci a palavra correta.

Atenção e dispersão

sa releitura adorniana da dialética hegeliana do senhor e do servo (*Herr und Knecht*), senhores e trabalhadores são as duas faces complementares de uma práxis emancipatória bloqueada.

A resolução do bloqueio só poderia advir, pelo menos na leitura marxista da dialética hegeliana, de uma inciativa (revolucionária) própria aos trabalhadores/servos/escravos, ao proletariado — hipótese que Adorno e Horkheimer não conseguem mais vislumbrar como solução possível no estágio atual da sociedade capitalista totalitária. Aliás, na *Dialética do Esclarecimento*, a função principal da *indústria cultural* consiste justamente em impedir eficazmente qualquer desejo de transformação, qualquer esboço de iniciativa por parte dos trabalhadores. O engodo da indústria cultural será duplo. Ela mantém as massas surdas, não as encoraja a recuperar a audição; reforça ainda mais essa enfermidade ao fazer acreditar que não há problema nenhum, que todos escutam muito bem. Produz, então, uma série sonora ininterrupta e sempre repetitiva que preenche constantemente ouvidos e cabeças como se não houvesse nem possibilidade de silêncio nem possibilidade de outros sons. A indústria cultural não só mascara a violência social que separa a classe privilegiada (que pode ter sensibilidade artística) da massa dos trabalhadores; em vez de denunciar a surdez destes últimos, os acostuma a ouvir sempre o mesmo disfarçado de novo, leva-os, portanto, àquilo que Adorno chama, em outros textos, de "regressão da audição".

Nessa obra de Adorno e de Horkheimer, o poder da indústria cultural é de tal maneira avassalador, que esta se transforma numa versão moderna da antiga coerção mítica. Parece não haver, nesse poder devastador, nenhuma possibilidade de brecha, de ruptura. Adorno não mantém essa posição tão unívoca no decorrer de sua filosofia. As obras mais tardias, em particular *Dialética negativa* e *Teoria estética*, tendem a pensar de maneira mais nuançada, no fundo de maneira mais *dialética*, esse novo poder mítico, e a lhe contrapor figuras de resistência possível, sobretudo nas artes (nunca, porém, a partir da ação do proletariado).

Devemos ressaltar aqui um detalhe importante para nossa temática da atenção e da dispersão. No episódio das Sereias, os remadores são, simultaneamente, impedidos de distrair-se e obrigados a uma distração, a um divertimento imposto. Escreve Adorno: "Alertas e concentrados, os trabalhadores têm que olhar para a frente e esquecer o que foi posto de lado. A tendência que impele à distração (*Ablenkung*), eles têm que se encarniçar em sublimá-la num esforço suplementar".[8]

Essa observação sobre o adestramento suplementar dos trabalhadores/remadores é instigante; parece haver, segundo Adorno, um impulso (*Trieb*) primeiro, mimético e lúdico, que impele à distração no sentido do desvio e da brincadeira, que incita a uma distração fértil, imaginativa e oposta à disciplina do trabalho. Tal impulso deve ser domado na organização social do trabalho em vista de um único alvo, a produção de lucro, objetivo que impede qualquer relaxamento ou qualquer desvio, quando não são restringidos à esfera bem controlada do "lazer". De maneira semelhante, o pensamento dito sério, científico e filosófico segue a linha reta do raciocínio conclusivo, e baniu do reino do pensar os descaminhos do ensaio, que Adorno, na linhagem de Benjamin, reabilita em "O ensaio como forma".[9] Esse impulso lúdico, infantil, mimético e artístico caracteriza uma compreensão positiva da *Ablenkung* como desvio, distração ou dispersão, como um ousar olhar para o lado em vez de seguir a linha reta imposta; esse impulso deve ser domado, canalizado e sublimado, mas ressurgirá, deformado e alienado, na distração/entretenimento (*Zerstreuung, Unterhaltung*) — que a indústria cultural impõe como única fruição

---

[8] *Idem*, p. 45. Cito o texto original em alemão, já que essa observação de Adorno fornece um argumento decisivo para este texto: "*Frisch und konzentriert müssen die Arbeitenden nach vorwäts blicken und liegenlassen, was zur Seite liegt. Dem Trieb, der zur Ablenkung drängt, müssen sie verbissen in zusätzliche Anstrengung sublimieren*" (destaque meu).

[9] Theodor W. Adorno, "O ensaio como forma", *Notas de literatura I*, tradução de Jorge de Almeida, São Paulo, Duas Cidades/Editora 34, 2003. A famosa frase de Walter Benjamin, no "Prefácio" ao livro sobre o drama barroco, "*Methode ist Umweg*", adquire, neste contexto, uma notável força de subversão.

permitida. A pulsão mimética e lúdica originária, uma pulsão ativa e inventiva justamente porque indeterminada, reaparece transformada e alienada, passiva e obediente, na propensão induzida a consumir mercadorias compensatórias de relaxamento e distração, produzidas pela indústria cultural.

Essa distinção analítica entre dois conceitos de "distração" inscreve-se no quadro mais amplo de uma teoria adorniana da mímesis, ela também dupla: uma mímesis originária, artística e, quando não se reduz à magia, inventiva, e uma mímesis segunda, perversa e perigosa, que se constrói sobre o recalque da primeira e acarreta processos de identificação em massa, como acontece no antissemitismo.[10] Ora, se essa distinção for pertinente, ela também revela uma diferenciação no conceito de *atenção*. O impulso lúdico e mimético não é, pois, definido como uma *falta* de atenção, mas sim como um outro tipo, um outro desempenho da atenção. Em vez de "olhar para a frente" e de seguir um caminho imposto, os remadores poderiam demorar-se e prestar atenção "àquilo que foi posto de lado". O que no processo de trabalho capitalista é denunciado como distração, falta danosa de atenção, falha na disciplina que deve ser censurada e castigada, revela-se agora muito mais como uma atenção dirigida para outras coisas, notadamente para as coisas deixadas de lado. Em termos benjaminianos, trata-se da atenção dirigida para o esquecido e o recalcado, que pode guardar dentro de si as sementes de outros caminhos e de outras histórias. O processo de disciplinarização dos trabalhadores não visa somente à melhoria do rendimento e ao acréscimo de lucro; impede, igualmente, a descoberta de outros caminhos e de outros horizontes possíveis.

A partir dessas distinções conceituais podemos concluir que a oposição principal talvez não seja aquela entre atenção e distra-

---

[10] A esse respeito, ver o parágrafo V dos "Elementos do antissemitismo", na parte final da *Dialética do Esclarecimento*. Tomo a liberdade de remeter a meu artigo "Do conceito de *mimesis* em Adorno e Benjamin", no livro *Sete aulas sobre linguagem, memória e história*, Rio de Janeiro, Imago, 1997.

ção/dispersão. A noção de atenção também pode implicar uma repressão dolorosa, uma tensão imposta pelo trabalho alienado; reciprocamente, a distração/dispersão não precisa se reduzir a um relaxamento passivo e consumista. Poderia, igualmente, significar uma estratégia impertinente de *desatenção* pelo caminho já traçado e de *atenção* por descaminhos que permitiriam, quem sabe, vislumbrar outras viagens, "ouvir o inaudito", "tocar o intocado"; não mais uma distração passiva e manipulada, mas uma dispersão ardilosa e ativa: uma tática de desobediência, uma invenção de rotas de fuga.

Nas figuras alegóricas de Ulisses e dos remadores, Adorno denuncia a tensão e a repressão imanentes ao esforço de autoconservação e ao trabalho alienado. O princípio de autoconservação (*Selbst-Erhaltung*), tão necessário quanto fatal, determinou o enclausuramento do sujeito na prisão da individualidade particular burguesa, como tentei demonstrar rapidamente com a citação de *Minima moralia*. Ora, tanto a acumulação das riquezas no estágio atual do capitalismo como o desenvolvimento vertiginoso da técnica permitiriam — através de uma transformação fundamental da ordem política, claro! — uma reorganização radical dessa necessidade antropológica de *Selbsterhaltung*, isto é, uma reorganização revolucionária do trabalho. Essa "utopia" de uma sociedade cuja ordem não segue mais os imperativos da produção e da autoconservação poderia se tornar realidade. A função da arte e, particularmente, da música, era e ainda é apontar para essa utopia. Mais do que isso: tornar concretas as possibilidades de *entrega*, de *dissolução* e de *dispersão* que não levam à morte, mas a uma ampliação dionisíaca da subjetividade.[11]

---

[11] Cito essa bela passagem da *Philosophie der neuen Musik* para a qual Rolf Wiggershaus (*Die Frankfurter Schule*, DTV, 1993, p. 340) chama a atenção: "Como seu fim, a origem da música vai além do reino das intenções, do domínio do sentido e da subjetividade. Esta origem é de espécie gestual e tem um parentesco próximo ao choro. É o gesto do dissolver. A tensão da musculatura facial cede, essa tensão que, ao dirigir a face na ação sobre o mundo circundante, ao mesmo tempo dela a separa. Música e choro abrem os lábios e entregam o homem até então contido... O homem que se deixa fluir no

Há, portanto, no pensamento de Adorno, tanto uma denúncia da rigidez individual derivada do esforço de autoconservação quanto a evocação, na linhagem do pensamento do jovem Nietzsche de *O nascimento da tragédia*, de uma entrega feliz, de uma dissolução (*Auf-lösung*, palavra com o mesmo radical que a ação dionisíaca do *luein/lösen*) do indivíduo reprimido e rígido numa totalidade não ameaçadora. Nesse sentido, o lugar privilegiado da resistência estética continua sendo, pelo menos por enquanto, o da atenção consciente e concentrada do indivíduo crítico e solitário. Dito de maneira provocativa: parece haver mais esperanças, na filosofia estética de Adorno, para o lado de Ulisses, ainda que ele esteja amarrado, do que para o lado da tripulação! Ou ainda: existiria no pensamento de Adorno um secreto paradoxo[12] entre, de um lado, a crítica à autoconservação e a ideia de uma entrega feliz, e, do outro, a ênfase no retesamento da atenção consciente individual.

Ainda na *Teoria estética*, publicada em 1970, portanto, cerca de trinta anos após as discussões com Walter Benjamin, Adorno retoma os temas da tensão, da atenção e da distração, e o faz justamente no contexto da descrição da *Erschütterung*, isto é, desse abalo, dessa comoção profunda que a verdadeira arte produz na alma do indivíduo (e que, portanto, abala os *limites* do indivíduo). Cito essa passagem:

> "O abalo intenso, brutalmente contraposto ao conceito usual de vivência, não é uma satisfação particular do eu, e é diferente do prazer. É antes um momento de choro e numa música, que não lhe é parecida em nada mais, esse homem deixa ao mesmo tempo voltar para si a corrente daquilo que ele mesmo não é e que estava represado atrás do dique do mundo dos objetos". Tradução de J. M. G.

[12] Nota para os amigos adornianos: a presença de paradoxos, ou mesmo contradições, no pensamento de um autor revela uma grandeza: a de ousar pensar perguntas que não consegue resolver, pois estas são maiores do que a faculdade filosófica de resolução.

liquidação do eu que, enquanto abalado, percebe os próprios limites e finitude. Esta experiência é contrária ao enfraquecimento do eu, que a indústria cultural promove. A ideia de um abalo profundo seria para ela uma loucura vã; eis a motivação mais íntima da *Entkünstung* da arte. A fim de olhar apenas um pouquinho para lá da prisão, que ele próprio é, o eu precisa, não de dispersão, mas da mais extrema tensão; isso preserva o abalo profundo, de resto, um comportamento involuntário, da regressão."[13]

Essa bela descrição conjuga o apelo dionisíaco de Nietzsche e a dimensão proustiana da verdade do involuntário. Somente tal conciliação permite ao eu tomar consciência de sua própria prisão e, assim, dela tentar se emancipar. Mas, segundo Adorno, esse movimento está sempre ameaçado de recair na regressão mítica — que a indústria cultural renova e repete — se não for acompanhado "da mais extrema tensão" individual, em oposição à "dispersão" (*Zerstreuung*) ou à distração, rejeitada por sua ligação exclusiva com a indústria cultural. Em outras palavras: para Adorno, parece não haver a possibilidade de uma *Zerstreuung* autenticamente estética, mas apenas a de uma nociva, que é armadilha alienante da indústria cultural.

---

[13] No original: "*Erschütterung, dem üblichen Erlebnisbegriff schroff entgegengesetzt, ist keine partikulare Befriedigung des Ichs, der Lust nicht ähnlich. Eher ist sie ein Momento der Liquidation des Ichs, das als erschüttetes der eigenen Beschränktheit und Endlichkeit innewird. Diese Erfahrung ist konträr zur Schwächung des Ichs, welche die Kulturindustrie betreibt. Ihr wäre die Idee von Erschütterung eitel Torheit; das wohl ist die innerste Motivation der Entkünstung der Kunst. Das Ich bedarf, damit es nur um ein Winziges über das Gefängnis hinausschaue, das es selbst ist, nicht der Zerstreuung sondern der äussersten Anspannung; das bewahrt Erschütterung, übrigens ein unwillkürliches Verhalten, von der Regression*" (Adorno, *Gesammelte Werke*, vol. 7, Darmstadt, Wissenschaftliche Buchgesellschaft, 1998, p. 364). No texto, citei a edição portuguesa da *Teoria estética*, tradução de Artur Mourão, Lisboa, Edições 70, 1993, p. 274.

Não será possível explicitar de maneira detalhada, neste ensaio, as concepções de Walter Benjamin a respeito desses mesmos conceitos de atenção e de distração ou dispersão. Mas pretendo tornar claro que aquilo que Benjamin tenta pensar (sem poder decidir se ele o conseguiu ou não) seria, justamente, uma concepção positiva de *Zerstreuung*, seja como produção artística, seja como percepção estética. Antes de qualquer análise das suas tentativas de pensar a arte contemporânea com uma abordagem, digamos, mais acentuadamente "materialista" — empreendidas particularmente em seus textos sobre fotografia e cinema —, gostaria de ressaltar dois pontos importantes.

Em primeiro lugar, deve-se lembrar que as reflexões de Benjamin sobre arte de massa, cinema e distração não são muito originais, mas remetem ao pensamento de Simmel e, antes de tudo, aos ensaios de Kracauer, autor que, no fim dos anos 1920, escreveu um famoso pequeno artigo sobre o "Culto da distração".[14] Benjamin retoma a constatação de Kracauer sobre o fato de que o acesso às formas tradicionais de arte é vetado à grande massa dos trabalhadores, não porque eles seriam incapazes de entendê-las nem porque tais formas são difíceis demais, mas porque as condições de trabalho e de vida da massa[15] impedem, por definição, esse contato. Uma política cultural de esquerda não pode, nem deve, querer transpor esse abismo e levar as massas até as formas superiores de arte — essa tentativa só reforçaria o sentimento de inferioridade das primeiras —, mas, ao contrário, deve partir de suas condições reais de vida. Walter Benjamin escreveu uma nota

---

[14] Siegfried Kracauer, "Kult der Zerstreuung", *in Das Ornament der Masse*, Frankfurt, Suhrkamp, 1977. Devemos lembrar o papel fundamental de Kracauer para o jovem Adorno; mais tarde, Adorno se distanciará do seu mestre. Uma análise mais demorada das relações entre Kracauer, Adorno, Bloch e Benjamin ajudaria, sem dúvida, a entender muitos temas comuns à reflexão desses autores, bem como muitos conflitos hoje silenciados.

[15] Tanto Kracauer como Benjamin distinguem "massa" de "povo", acentuando o caráter de multidão numerosa e urbana da massa (como em Simmel) em oposição ao caráter nacional de povo.

sobre essa questão no *Passagen-Werk*, a qual Adorno não chegou a ler:

> "A respeito da significação política do cinema. O socialismo nunca teria vindo à luz, se se tivesse querido somente entusiasmar os trabalhadores por uma ordem melhor das coisas. O que fez a força e a autoridade do movimento foi que Marx soube interessar os trabalhadores por uma ordem na qual eles ficariam numa situação melhor, e lhes mostrar que essa ordem era a justa. Acontece exatamente o mesmo com a arte. Em nenhuma época, por mais utópica que possa ser, vai-se conseguir ganhar as massas para uma arte superior, mas sempre para uma que lhes é mais próxima. E a dificuldade consiste justamente em dar a essa arte uma forma tal que se possa afirmar, com a melhor consciência, que ela seja uma arte superior."[16]

Nessa tentativa de entender práticas artísticas "mais próximas" das massas, sem que sejam necessariamente práticas exclusivas de alienação, o conceito de *Zerstreuung* ocupa um lugar central. Kracauer analisa sua ambiguidade da seguinte maneira: a *Zerstreuung* como mera distração (*Unterhaltung*) pode ser, sem dúvida, um divertimento compensatório ao trabalho alienado; nesse aspecto, a distração reforça o caráter artificial da aura, por

---

[16] "Tradução de J. M. G. No original: *"Zur politischen Bedeutung des Films. Nie wäre der Sozialismus in die Welt getreten, hätte man die Arbeiterschaft nur einfach für eine bessere Ordnung der Dinge begeistern wollen. Dass es Marx verstand, sie für eine zu interessieren, in der sie es besser hätten und ihnen die als die gerechte zeigte machte die Gewalt und die Autorität der Bewegung aus. Mit der Kunst steht es aber genau so. Zu keinem, wenn auch noch so utopischen Zeitpunkte, wird man die Massen für eine höhere Kunst sondern immer nur für eine gewinnen, die ihnen näher ist. Und die Schwierigkeit, die besteht gerade darin, diese so zu gestalten, dass man mit dem besten Gewissen behaupten könne, die sei eine höhere"*. Walter Benjamin, G. S., V-1, *Passagen-Werk*, Frankfurt, Suhrkamp, 1982, p. 499.

exemplo no *"starsistem"*, e visa a reintegrar o trabalhador na sua rotina alienada através de uma arte pretensamente superior, cujas formas são repetidas sem inovação. Mas a *Zerstreuung* também pode significar um jogo irônico com a fragmentação e a descontinuidade próprias da vida moderna, seja no processo de trabalho (numa linha de montagem), seja na grande cidade anônima, caracterizada pelo trânsito rápido e pelos inúmeros choques com desconhecidos na multidão, motivos que Benjamin já analisara na poesia de Baudelaire. Nesse sentido, que é retomado também por Benjamin, a *Zerstreuung* aponta para a dispersão, o desmanche, a desagregação (*Zerfall*). A figuração emblemática dessa desagregação é Charlie Chaplin e seus filmes cômicos e críticos, como *Tempos modernos*. Em termos estéticos, a hipótese dialética consiste em apostar na exposição cômica da desagregação gestual, na caricatura da ausência total de interioridade, na mecanização grotesca do corpo, para que os espectadores, rindo de Chaplin e de si mesmos, possam perceber sua própria alienação e reivindicar outras formas de organização social. Kracauer, Benjamin e, talvez, Brecht, apostam na força do riso e no seu efeito emancipatório de autorrevelação da própria condição alienada. Miriam B. Hansen escreveu a este respeito:

> "O Chaplin de Kracauer não é nem tão barroco, nem tão vanguardista quanto o de Benjamin. Enquanto este último procura dar ênfase à mortificação e à 'autoalienação' alegórica, Kracauer situa o apelo da figura de Chaplin em um 'eu' já ausente... Seja por falta de identidade, seja pela incapacidade de estabelecer uma distinção entre o eu e suas imagens multiplicadas (como observa Kracauer fazendo referência à cena da sala de espelhos em *O circo*), Chaplin encena uma visão 'esquizofrênica' em que as relações habituais entre pessoas e coisas estão estilhaçadas, e diferentes configurações parecem possíveis... O centro ausente da *persona* de Chaplin dá margens à reconstrução da humanidade em condições de alienação ('a partir desse vazio o puramente huma-

no irradia-se de forma descontínua... É sempre descontínuo, fragmentário, intercalado no organismo')."[17]

Nesse contexto, poderíamos dizer, dando continuidade à interpretação alegórica do episódio fundante de Ulisses e das Sereias: Chaplin, Kracauer, Benjamin e Brecht apostam ainda, e também, numa iniciativa da tripulação que, por meio do riso, consiga talvez destapar minimamente os ouvidos...

Em segundo lugar, gostaria de lembrar que uma nova leitura do famoso texto de Benjamin "A obra de arte na época de sua reprodutibilidade técnica" se faz urgente e necessária, já que a verdadeira "segunda versão" deste ensaio, que os editores de seus "escritos reunidos" [*Gesammelte Schriften*] davam por desaparecida, foi finalmente reencontrada (no Arquivo Max Horkheimer em Frankfurt) e publicada somente no último volume de *Schriften*, em 1989.[18] Escrita em 1935-36, essa versão forneceu certamente a base para a versão francesa, redigida por Benjamin com a ajuda

---

[17] Miriam Bratu Hansen, "Estados Unidos, Paris, Alpes: Kracauer (e Benjamin) sobre o cinema e a modernidade", *in O cinema e a invenção da vida moderna*, organização de Leo Charney e Vanessa R. Schwartz, São Paulo, Cosac Naify, 2001, p. 514.

[18] Existem quatro versões diferentes deste texto tão conhecido: em *G. S.* da editora Suhrkamp, constam três versões em alemão e uma em francês. A única versão publicada durante a vida de Benjamin foi a francesa, traduzida por ele e por Pierre Klossowski a partir de duas versões em alemão escritas em fins de 1935 e início de 1936. A versão francesa foi publicada em 1936 na *Zeitschrift für Sozialforschung*, em Paris. Em alemão, a primeira e a terceira versões foram publicadas no volume I-1 das *G. S.*; a segunda, tida por desaparecida, mas reencontrada no Arquivo Horkheimer, só foi publicada no volume VII de *G. S.* No Brasil, Sergio Paulo Rouanet traduziu a primeira versão alemã no volume I das *Obras escolhidas* de Benjamin na editora Brasiliense; José Lino Grünewald, por sua vez, traduziu no volume da coleção Os Pensadores, da editora Abril, a terceira versão alemã. Enfim, em 2012, Francisco de Ambrósio Pinheiro Machado traduziu e publicou a segunda versão alemã (a reencontrada) pela editora Zouk de Porto Alegre; essa mesma segunda versão ganhou uma nova tradução, de Gabriel Valladão Silva, em 2013, pela L&PM, também de Porto Alegre.

de Klossowski, a qual não foi, porém, nem aceita nem publicada pela *Revista de Pesquisa Social*. Segundo pesquisas recentes, que ressaltam sua importância, essa segunda versão seria "brechtiana" demais para poder agradar a Adorno e a Horkheimer.[19] Benjamin retoma a oposição entre valor de culto e valor de exposição da obra de arte, ou seja, entre contemplação e desauratização, mas a inscreve num contexto mais amplo — numa teoria antropológica da mímesis e do lúdico, que contrapõe a uma teoria de cunho, digamos, mais ontológico sobre essência e aparência na teoria estética. Transformaria, então, a questão da "arte autêntica" ou "verdadeira" numa outra: a das formas estéticas de experimentação, de jogo, de exercício lúdico, formas de percepção (*aisthèsis*) ampliada e mutante, antes de serem formas artísticas determinadas. Arrisco aqui uma tradução preliminar da versão francesa desse texto, produzida por Benjamin e Klossowski:

> "Aquele que imita só faz na aparência [*nur scheinbar*] o que faz... Aquele que imita só faz a coisa na aparência. Também se pode dizer: essa coisa, ele a brinca/ representa [*joue/spielt*]. Assim se descobre a polaridade que reina na mímesis. Os dois lados da arte: a aparência e o jogo [*jeu*] estão como que dormindo dentro da mímesis, estreitamente dobrados um no outro, tal qual as duas membranas da semente vegetal... Nem o conceito de aparência nem o conceito de jogo são alheios à estética tradicional; e o par conceitual valor de culto/valor de exposição, na medida em que se disfarça no par conceitual evocado acima, não diz nada de novo. Porém, isso muda subitamente quando esses conceitos cessam de ser indiferentes em relação à História. Eles conduzem, nesse sentido, a uma inteligência prática. Dito de outra maneira: nas obras de arte, o que é acarretado pelo mur-

---

[19] Ver a respeito o instigante livro de Bruno Tackels, *L'oeuvre d'art à l'époque de Walter Benjamin: histoire d'aura*, Paris, Harmattan, 1999.

char da aparência, pelo declínio da aura, é um ganho formidável para o espaço do jogo [*Spiel-Raum*]. O espaço de jogo mais vasto se instaurou no cinema."[20]

Um único comentário sobre essa instigante passagem: para Benjamin, o que poderia constituir uma possibilidade de emancipação na arte desauratizada não é o fato de ela ser "menos elitista". O que o fim da aura poderia propiciar é, muito mais, a criação de um "espaço de jogo" inédito: práticas de experimentação lúdica que poderiam dar o gosto de outras experimentações sociais e políticas.

[20] Tradução de J. M. G. No original francês: "*Celui qui imite ne fait qu'en apparence [nur scheinbar] ce qu'il fait... Celui qui imite ne fait la chose qu'en apparence. On peut dire aussi: cette chose, il la joue. Ainsi découvre-t-on la polarité qui règne dans la mimésis. Les deux versants de l'art: l'apparence et le jeu, sont comme en sommeil dans la mimésis, étroitement pliés l'un dans l'autre, telles les deux membranes du germe végétal... Ni le concept d'apparence ni le concept de jeu ne sont étrangers à l'esthétique traditionnelle; et le couple conceptuel valeur de culte/valeur d'exposition dans la mesure où il est déguisé dans le couple conceptuel évoqué ci-dessus ne dit rien de neuf. Pourtant, cela change d'un seul coup, dès que ces concepts cessent d'être indifférents à l'égard de l'histoire. Ils conduisent par là-même à une intelligence pratique. Autrement dit: dans les oeuvres d'art, ce qui est entraîné par le flétrissement de l'apparence, par le déclin de l'aura, est un gain formidable pour l'espace du jeu [Spiel-Raum]. L'espace de jeu le plus vaste s'est instauré dans le cinéma*". Walter Benjamin, *Écrits français*, textos reunidos e organizados por Jean-Maurice Monnoyer, Paris, Gallimard, 1991, pp. 188-9.

6.
O OLHAR CONTIDO E O PASSO EM FALSO

Gostaria de reunir aqui alguns elementos que podem ajudar a compreender melhor as transformações sofridas pela *imagem* na idade moderna. Refiro-me à imagem tanto no sentido daquilo que se apresenta ao olhar, que é por ele apreendido enquanto "representação", como no sentido mais específico de composição artística, de quadro (*"Bild"*). Minha hipótese de trabalho consiste em afirmar uma relação recíproca entre as transformações histórico-sociais da percepção humana, transformações estéticas no sentido amplo e etimológico de *aisthèsis*, as transformações das concepções estéticas no sentido restrito de doutrinas sobre a(s) arte(s) e as transformações das práticas artísticas. A lembrança do sentido múltiplo de *aisthèsis* tem por objetivo colocar a reflexão estética na encruzilhada entre filosofia sociopolítica e filosofia das artes. Nas obras de Theodor W. Adorno e de Walter Benjamin, as reflexões sobre artes e práticas artísticas e as análises críticas da sociedade capitalista contemporânea são inseparáveis: seu pensamento estético não pode ser reduzido a uma doutrina do belo ou do gosto, mas alude sempre a uma crítica de alcance ético e político.

Tal ampliação da concepção clássica de "estética" remete, naturalmente, à crítica da cultura de Nietzsche e, igualmente, à reflexão sociológica alemã do século XIX e do início do século XX sobre as mutações das "comunidades" tradicionais e sua transformação num grupo muito maior, numa "sociedade" anônima regida pelas leis do mercado capitalista. No capítulo nove de *Sociologia* (1908), Simmel, filósofo e sociólogo muito estudado por Benjamin e Adorno, descreve tanto as mudanças da *percepção — ais-*

thèsis — quanto as mudanças nas relações entre os homens na grande cidade moderna. Ele analisa as transformações do espaço social na grande cidade, tanto no plano dito objetivo quanto no plano psíquico da percepção humana, pois que o espaço social é uma "divisão e apreensão pela alma das diversas partes"[1] do espaço objetivo. Trata-se, portanto, de uma teoria *estética* no sentido duplo da palavra: no sentido etimológico amplo de uma teoria da percepção (*aisthèsis*) e no sentido moderno, mais específico, de uma teoria das artes e das práticas artísticas. Essa teoria estética também é, necessariamente, uma teoria da *vida em comum*, uma reflexão sociopolítica, já que percepção e história humanas se transformam mutuamente.

Simmel divide seu capítulo sobre as mudanças do espaço social em cinco subcapítulos e três "excursos", ou digressões, menos sistemáticos e muito instigantes. Tratarei aqui mais especificamente do segundo excurso, que se intitula "Para uma sociologia dos sentidos". Tais descrições continuam na trilha da distinção fundamental elaborada por Ferdinand Tönnies entre os conceitos de comunidade, *Gemeinschaft*, e de sociedade, *Gesellschaft*; Simmel não questiona essa distinção (o que é feito hoje), mas a torna mais precisa por meio de suas análises sobre as relações entre o sistema mercantil capitalista e a constituição da grande cidade moderna. Podemos resumir essas análises em dois pontos-chave. A grande cidade representa a vitória do *racionalismo* e do *individualismo* em detrimento de relações sociais mais orgânicas, afetivas e *comunitárias*, que pertencem ao passado e que, apesar do seu encanto, também representavam uma ordem coercitiva e autoritária. A racionalidade moderna tem sua fonte na racionalidade abstrata da economia monetária onipotente, afirma Simmel.

Não discuto aqui as várias objeções possíveis, sobretudo as de cunho marxista, a essa teoria já exposta no livro anterior de

---

[1] Georg Simmel, *Soziologie. Untersuchungen über die Formen der Vergesellschaftung*. Cito a partir da *Gesamtausgabe* das obras de Simmel, editada por Otthein Ramstedt, Frankfurt, Suhrkamp, 1994, vol. 11, p. 688.

Simmel, *Filosofia do dinheiro*.² Em compensação, gostaria de ressaltar que, para Simmel, despersonalização das relações humanas e individualismo crescente andam juntos — só que o *indivíduo* não pode ser confundido com uma *pessoa* específica, singular, com sua carga de afetos e de histórias. O indivíduo é, agora, um elemento único, mas indistinto, entre outros vários elementos, no grande edifício das trocas mercantis. Mesmo que pareçam à primeira vista opostos, individualismo exacerbado e anonimato irreversível são complementares. O citadino moderno é um indivíduo isolado, entregue à multidão no trabalho, na rua, em casa. Essa situação, que Walter Benjamin deverá descobrir mais tarde no centro da poesia de Baudelaire, ou que Chaplin colocará no cerne dos *Tempos modernos*, leva Simmel a uma hipótese precisa acerca das transformações da *percepção* na contemporaneidade. Submetido a um excesso de estímulos sensoriais e intelectuais tanto no trabalho quanto na rua ou no lar, o habitante das grandes cidades deve se proteger por uma carapaça de indiferença e de frieza, a fim de não sucumbir a um esgotamento físico e intelectual. Ele deve, portanto, abdicar daqueles sentimentos que Rousseau julgava serem naturais no ser humano: o interesse e a compaixão pelo próximo — aliás, parece não haver mais o próximo, mas somente uma multidão de outros, muitas vezes concorrentes, em que cada um esbarra. Tampouco pode esse citadino se interessar por todas as "mercadorias" culturais que a grande cidade oferece; ele se torna um *blasé* sem curiosidade verdadeira.

A percepção sensível se torna, portanto, mais *pobre* justamente por ser submetida a um *excesso* de estímulos sensoriais, e essa combinação de saturação e de embotamento terá inúmeras consequências sobre as práticas estéticas contemporâneas. Simmel se contenta em ressaltar o lado positivo dessa indiferença: ela é uma reação necessária numa estratégia de sobrevivência na selva das grandes cidades capitalistas, mesmo que se possa ter naturalmente saudades de relações humanas mais diferenciadas e atenciosas,

---

² Georg Simmel, *Philosophie des Geldes*, Leipzig, Duncker & Humblot, 1900; a 2ª edição, definitiva, é de 1907.

mais calorosas e comunitárias — sem que se pretenda resolver a questão se tais relações realmente existiram nesses grupos que pertencem ao passado e são, portanto, facilmente idealizados. A indiferença em relação ao outro é, no mais das vezes, o primeiro grau de uma hostilidade latente, "uma fase preliminar de um antagonismo de fato"[3] que pode vir a se manifestar rapidamente quando esse outro invade meu território, já bastante restrito. O que, com efeito, muda drasticamente na organização espacial da grande cidade moderna, são as relações de distância e de proximidade. Enquanto as distâncias muitas vezes são encurtadas, as proximidades tendem a aumentar perigosamente. Um dos méritos das descrições sociológicas de Simmel é o de ter chamado a atenção para essa dimensão arriscada e crítica das relações de proximidade. Se um excesso de distância impede o estabelecimento de verdadeiras relações sociais, um excesso de proximidade também as ameaça, porque a proximidade pode ser "tanto a base da mais elevada felicidade quanto da extrema coerção",[4] escreve o autor. A partir dessas reflexões, poderíamos talvez afirmar que o maior perigo da vida em comum na modernidade e na contemporaneidade jaz, curiosamente, muito mais numa destruição da intimidade por excesso de proximidades invasoras do que num isolamento espacial e social por excesso de distâncias. As análises de Adorno e Horkheimer da indústria cultural deverão confirmar essa hipótese.

O excesso de proximidade que caracteriza o cotidiano do citadino moderno reforça, paradoxalmente, os sentimentos de solidão, de incompreensão e mesmo de hostilidade entre os indivíduos: torna as pessoas cada vez mais estranhas e distantes umas das outras. Simmel analisa esse paradoxo no domínio da *percepção sensível*, na própria *aisthèsis*, na transformação histórica dos sentidos. Em seu excurso "Para uma sociologia dos sentidos", ele analisa em particular as mutações do olhar humano. Como para toda a tradição clássica, o sentido da visão é, também para Simmel,

[3] Ver Georg Simmel, "Les grandes villes et la vie de l'esprit", *Philosophie de la modernité*, Paris, Payot, 1999, p. 242.

[4] Georg Simmel, *Soziologie, op. cit.*, p. 720.

o sentido preponderante na organização sensível e intelectual do ser humano; mas, contrariamente à tradição metafísica que, desde Platão até Descartes, enfatiza as virtudes de clareza e evidência da vista ou suas pretensões sintéticas e analíticas, Simmel ressalta um outro aspecto do sentido da visão: sua capacidade de reciprocidade. O sociólogo usa várias vezes a palavra alemã *Antlitz* para enfatizar essa dimensão, palavra que pode ser traduzida tanto por "olhar" como por "rosto", "face" (*"visage"*, dirá mais tarde Levinas). A vista humana, diz Simmel, encontra sua plenitude na reciprocidade do olhar compartilhado, quando o olhar do outro responde à atenção de um olhar. Essa afirmação, sem dúvida discutível, extrai sua força e pertinência do contexto social que Simmel se propõe a apreender e, especificamente, da seguinte questão: o que acontece quando a visão humana fica submetida a uma nova organização sócio-sensorial que obriga os indivíduos a uma visão constante de seus semelhantes, sem que seja possível esperar por uma reciprocidade feliz? Essa espera confiante caracterizava o olhar contemplativo tanto na teoria estética clássica quanto na devoção religiosa. Hegel, por exemplo, vê no olhar da personagem retratada na imagem, que responde ao olhar do espectador, um diálogo espiritual, um diálogo de duas almas, e critica a falta de olhar — a *Blicklosigkeit* — das estátuas gregas.[5] Walter Benjamin deverá mostrar a partir daí que a arte tradicional aurática era in-

---

[5] Remeto à introdução do parágrafo dedicado por Hegel à arte romântica: "*Die höschsten Werke der schönen Skulptur sind blicklos, ihr Inneres schaut nicht als sich wissende Innerlichkeit in dieser geistigen Konzentration, welche das Auge kundgibt, aus ihnen heraus. Dies Licht der Seele fällt ausserhalb ihrer und gehört dem Zuschauer an, der den Gestalten nicht Seele in Seele, Auge ins Auge zu blicken vermag*". G. W. Hegel, *Ästhetik*, Berlim, Aufbau Verlag, 1965, vol. I, pp. 501-2. Na edição brasileira: "As obras supremas da bela escultura são destituídas de visão, seu interior não olha para fora enquanto interioridade que se sabe a si mesma nesta concentração espiritual que o olho dá a conhecer. Esta luz da alma recai fora delas e pertence ao espectador, que nas formas não é capaz de olhar alma na alma, olho no olho". Hegel, *Cursos de Estética*, tradução Marco Aurélio Werle e Oliver Tolle, São Paulo, Edusp, 2000, vol. II, p. 255. Hegel não podia saber que sua crítica dos olhares vazios da estatuária grega clássica repousava sobre uma

trinsecamente ligada à ideia de culto e transcendência, mesmo quando não era mais religiosa.

Ora, escreve Simmel, o desenvolvimento da grande cidade moderna acarretou mudanças essenciais para o sentido da visão, especificamente no que diz respeito a essa comunhão (e comunidade) de olhares recíprocos. Em primeiro lugar, a vista é submetida a um excesso de estímulos — em detrimento dos outros sentidos, que não conseguem mais acompanhar e explicitar o que foi visto; ela se torna um olhar sempre à espreita. Em segundo lugar, o olhar recíproco e confiante, base da atitude contemplativa, é ameaçado de extinção, justamente por esse excesso de visão. Antes do desenvolvimento dos transportes públicos modernos, nota Simmel em 1908, nem se podia imaginar a possibilidade de ficar longos minutos, talvez longas horas, perto de outro indivíduo, de poder olhá-lo o tempo todo sem que esse olhar seja respondido e correspondido, ou que dê início a uma conversa, a um diálogo recíproco, ainda que anódino. Esse excesso de visão sem possibilidade de revezamento discursivo e comunicativo reforça, escreve Simmel, "o sentimento de desorientação no meio da vida coletiva, o sentimento de isolamento e a sensação de ser rodeado de todos os lados por portas fechadas",[6] como se todos os habitantes das grandes cidades fossem caminhantes surdos-mudos que não podem mais nem se falar nem se ouvir nem se tocar, como acontece num pequeno filme de Samuel Beckett feito para a televisão (*Quadrat I + II*, 1981).

Detenho-me a seguir em algumas anotações esparsas suscitadas pelas reflexões de Simmel. A famosa desauratização da arte contemporânea, na hipótese de Walter Benjamin, remete a essa transformação de um olhar recíproco numa visão simultaneamente saturada e sempre ameaçada, sempre à espreita. A "aura" significaria, pois, não só a auréola do poeta, agora caída no chão como no conhecido poema em prosa de Baudelaire "Perte d'auréole" ["A

---

ignorância histórica: a saber, que os olhos das estátuas eram pintados, e que tais pinturas desapareceram no decorrer do tempo.

[6] *Idem*, p. 727.

perda da auréola"], mas também a expectativa de um horizonte transcendente no qual meu olhar e o do outro possam se encontrar, unindo-se na pequena eternidade da comunicação feliz, da comunhão feliz, da comunidade feliz. A arte aurática era caracterizada por um modo de aparição do objeto no qual este, mesmo que próximo, se mostrava como imagem aurática, isto é, se mostrava como uma imagem emoldurada ou aureolada pela presença do longínquo. O objeto se destaca sobre um fundo insondável e, ao mesmo tempo, transforma-se numa imagem aurática — enquanto os objetos manipuláveis se alinham uns ao lado dos outros num espaço mensurável, sem nenhuma profundidade. A aura é, sem dúvida, um tipo de auréola; mas é também uma espécie de moldura, que empresta à imagem um campo de perceptibilidade próprio, uma abertura sobre uma outra dimensão que aquela da superfície habitual das percepções cotidianas — daí se entende melhor a radicalidade do gesto de Maliévitch, que, ao abolir a moldura que separa a tela pintada da parede na qual é colocada, abole também o "quadro" (*Bild*).

Nas artes plásticas contemporâneas, chama a atenção a ausência tanto de horizonte transcendente quanto de possibilidade de um olhar recíproco, orientado pela expectativa feliz de uma resposta — aquilo que Simmel chamava de *Antlitz*. A perda da transcendência também parece significar a perda de uma possibilidade de reconciliação entre os homens, que antigamente podiam se comunicar e se encontrar dentro de um "quadro" maior que o de suas pequenas individualidades particulares.

Há uma imagem bastante eloquente do fotógrafo contemporâneo canadense Jeff Wall que exemplifica bem essa mutação do olhar e da comunicação. Trata-se de uma paródia da *Olympia* de Manet, essa bela mulher branca, nua, com a mão escondendo o sexo, que olha para a frente do quadro, para o olhar do espectador, sendo ela mesma olhada com admiração (presume-se) por outra mulher no segundo plano, uma doméstica negra com ramalhetes de flores. A *Olympia* de Manet é, aliás, uma retomada do motivo da Vênus, adormecida (Giorgione) ou convidativa (Ticiano), isto é, das promessas de felicidade e beleza da deusa do amor. Jeff Wall intitula *Stereo* a fotografia de um homem nu, deitado de perfil num sofá vermelho, não só com o sexo à vista, mas sobretudo com um olhar inatingível, perdido num exterior hipotético da fotografia. O jovem está absorvido pela audição de um som tocado num *discman* cujos fones estão grudados em seus ouvidos. Ele, portanto, nem olha nem ouve seu eventual espectador. Não pode haver, aliás, nenhum espectador contemplativo dessa fotografia, mas somente um observador que a examinará com frieza e curiosidade, talvez com o deleite do *voyeur*, mas sem esperança de comunicação.

A fotografia de Jeff Wall é forte porque alude não só à transformação do olhar mas também à transformação correlata do erotismo na modernidade. Parece que hoje somente numa situação amorosa é possível olhar longamente nos olhos de alguém e ser correspondido. A comunhão amorosa, porém, também fica ameaçada em sua esperada plenitude, pois ela tampouco escapa dessa mutação do olhar e da percepção que afeta tanto as relações humanas coletivas quanto as privadas. A ligação entre o olhar compartilhado e a intimidade erótica não fica incólume à preponderância dessa visão objetiva, fria e rápida que é condição necessária de sobrevivência na modernidade. Na mesma época em que Simmel ainda afirmava que "as relações entre os homens, sua compreensão e sua aversão recíprocas, sua intimidade e sua frieza, tudo isso seria transformado de maneira incalculável, se o olhar olhos nos olhos não mais existisse",[7] um outro grande observador das transformações sociais, Marcel Proust, desenvolvia uma análise sobre as afinidades entre erotismo e voyeurismo, talvez tão convincente quanto a do sociólogo alemão. Conclusão provisória: ambos retratam, mesmo que de maneira oposta, uma transformação radical nas relações sociais e sensoriais entre os homens, na vida em comum e na *aisthèsis* humanas.

Talvez seja interessante reler muitos motivos do pensamento contemporâneo à luz dessas análises histórico-sociais. Reler, em particular, um motivo filosófico essencial que, de Buber a Levinas, passando por Heidegger, procura por uma nova definição do diá-

---

[7] *Idem*, p. 724.

logo e do encontro autênticos. Essa busca poderia ser explicitada como uma tentativa conceitual de elaboração das faltas e falhas na comunicação humana que o desenvolvimento acelerado da economia mercantil capitalista exacerba. Devemos observar que o próprio Simmel hesita na descrição dessa assim chamada "desumanização" das relações sociais. Ele oscila entre uma apreciação positiva das estratégias de sobrevivência na grande cidade, que acarretam necessariamente indiferença, frieza, até hostilidade em relação aos outros, e uma nostalgia de relações mais íntimas e calorosas, que encontrariam sua expressão privilegiada numa palavra e num olhar compartilhados. Essa oscilação continua determinante na nossa modernidade e na nossa assim chamada pós-modernidade — pelo menos se não quisermos nos resignar a ser robôs desalmados que só correm atrás de vãos negócios. Essa oscilação também caracteriza a ambivalência de Walter Benjamin em relação à questão da aura e da perda da aura; quero insistir aqui no fato de que uma leitura mais atenta dos textos de Benjamin evidencia que ele nunca foi e não é nenhum defensor entusiasta da mera "desauratização" nas artes contemporâneas, como diria uma interpretação que o oporia de maneira simplista às críticas de Adorno da indústria cultural.

O que Benjamin tenta fazer, parece-me, é elaborar teoricamente essas transformações da *aisthèsis* moderna e contemporânea pela hipótese da passagem de uma estética do olhar e da contemplação para uma estética da tatilidade e do gesto, tão essenciais no teatro épico de Brecht (mas também nos romances de Kafka) e, naturalmente, no cinema. Essa estética também é uma estética do choque e da grande cidade. Ela é inaugurada pelo passo em falso do poeta baudelairiano que perde sua auréola quando, na tentativa de esquivar-se a um carro ao atravessar um bulevar, tropeça no asfalto. Ora, outras imagens surgirão nessas experiências citadinas modernas do choque e do tropeço — não são mais as imagens da contemplação, imagens estáveis e duráveis, imagens do sagrado e da beleza. São imagens frágeis, fugazes, que escapam do controle consciente do sujeito, mas revelam, justamente por isso, uma verdade esquecida e preciosa. Aludo aqui, claro, às imagens mnêmicas, às imagens do inconsciente, dirá Freud, às imagens da memória involuntária, dirá Proust. O narrador da *Recherche*, outro grande paradigma da *aisthèsis* contemporânea, subitamente as percebe quando as migalhas da *madeleine*, misturadas ao chá, *tocam* seu palato, ou quando dá um passo em falso e tropeça, ele também, na calçada desigual diante da mansão dos Guermantes. Essas imagens involuntárias, inconscientes, efêmeras e fulgurantes irrompem no texto por meio de sensações táteis ou olfativas, isto é, são oriundas dos sentidos ditos "primitivos", dos sentidos presentes na criança antes da construção do visível, antes da organização da visão; por isso também remetem, segundo Freud, ao território arcaico do inconsciente, anterior às *evidências* da consciência. Podemos, aliás, observar que tais imagens, mesmo que encerradas na esfera privada do sujeito singular, abrem-se para uma nova dimensão do infinito: não mais um infinito transcendente e universal, mas um infinito imanente e singular, um infinito ligado à memória e ao inconsciente que reintroduz — na temporalidade truncada da vida pós-moderna — a dimensão abissal do tempo.

Gostaria de concluir com a seguinte indagação: acaso essa estética da tatilidade, do choque, da interrupção, do gesto e da imagem inconsciente não ofereceria, para além dos debates polêmicos entre "heideggerianos", "adornianos" e "benjaminianos", vários elementos preciosos para uma compreensão mais justa das práticas estéticas contemporâneas? Talvez ela nos permita ir além da saudade da arte clássica e da queixa sobre a vacuidade da arte atual para não só entender melhor as transformações da *aisthèsis* contemporânea, mas também ajudar a nelas vislumbrar suas possibilidades críticas e subversivas.

7.
EROS DA DISTÂNCIA

Se existe um território pouco explorado pelos comentadores da tão estudada obra de Walter Benjamin é aquele que se organiza em torno da temática do Eros. Responsável pelo verbete "Eros" no volume *Benjamins Begriffe*,[1] Sigrid Weigel observa que essa (relativa) carência talvez se deva à falta de uma teoria explícita do erótico em Benjamin — que poderia ter se manifestado, por exemplo, sob a forma de um ensaio intitulado "O Eros na época de sua reprodutibilidade técnica"! O motivo do Eros e do erótico, no entanto, percorre toda a obra de Benjamin, desde seus escritos de juventude, com a defesa do amor livre e a reabilitação da prostituição, às análises das *Passagens* de Paris, sendo que um dos cadernos desse trabalho inacabado é consagrado à figura da prostituta.

Certamente uma das dificuldades da recepção da obra de Walter Benjamin consiste na ânsia de leitores de nela encontrar reflexões claras, críticas e engajadas, nitidamente progressistas. Ora, quem se confronta mais demoradamente com os textos de Benjamin, em particular os da juventude, não tarda a descobrir importantes resquícios de uma tradição de pensamento não só idealista, mas também conservadora, assinalada pela recorrência de pensadores que seriam mais tarde apropriados pela ideologia nazista — com ou sem sua anuência —, como Carl Schmitt, Ludwig Klages, Carl Gustav Jung ou mesmo Nietzsche. Sua presença está clara nos escritos dos anos 1918-1925, principalmente nos fragmentos intitulados "Schemata zum psychophysischen Problem"

[1] *Benjamins Begriffe*, dois volumes organizados por Michael Opitz e Erdmut Wizisla, Frankfurt, Suhrkamp, 2000.

["Esquemas para o problema psicofísico"],[2] que gravitam em torno de questões estéticas e eróticas. Nesse período, são citados não apenas Goethe e Platão, mas também Ludwig Klages, em particular seu ensaio "Vom Traumbewusstsein" ["Da consciência do sonho", 1914] e seu livro *Vom kosmogonischen Eros* [*Do Eros cosmogônico*, 1922]. Walter Benjamin foi um leitor assíduo de Klages, sobretudo durante seu período de estudos em Munique, e lhe escreveu várias vezes. Se mais tardiamente Benjamin já não cita esses autores sulfurosos (à exceção de Nietzsche), em sua fase dita marxista o autor não renega essas leituras de juventude e continuará usando alguns dos seus conceitos, como o observa criticamente Adorno.

Gostaria de analisar mais de perto um fragmento de Benjamin intitulado "Nähe und Ferne", "Proximidade e distância" ou "Proximidade e afastamento", que data provavelmente dos anos 1922-25, isto é, depois de sua leitura do livro de Klages. Segundo Rolf Wiggershaus, cujo excelente livro me orienta aqui,[3] o que mais interessa a Benjamin na obra de Klages é a relação que este estabelece entre uma teoria do sonho, da imagem onírica e da imagem em geral, com a dialética da distância e da proximidade. Benjamin, por sua parte, traça um paralelo entre a dialética do próximo e do distante na experiência estética e na experiência erótica. Cito o início desse fragmento:

> "*Das Leben des Eros entzündet sich an der Ferne. Andererseits findet eine Verwandtschaft zwischen Nähe und Sexualität statt. [...] Nähe (und Ferne) sind übrigens für den Traum nicht weniger bestimmend als für die Erotik.*"[4]

---

[2] Walter Benjamin, *Gesammelte Schriften* (*G. S.*), VI, Frankfurt, Suhrkamp, 1985, pp. 78 ss.

[3] Rolf Wiggershaus, *Die Frankfurter Schule*, Munique, DTV, 1993.

[4] *G. S.*, VI, pp. 83 e 85.

"A vida de Eros se acende graças ao longínquo. Mas de outro lado existe um parentesco entre proximidade e sexualidade. [...] Proximidade e distância são, aliás, não menos determinantes para o sonho quanto para a erótica."[5]

Devemos fazer aqui uma observação filológica. Como a maior parte das línguas indo-europeias, o alemão parece ter poucas palavras para dizer "o próximo" e "a proximidade", mas suas expressões de distância são numerosas. Entre elas, há, por exemplo, *Distanz*, que vem do francês *distance*; *Abstand*, recuo; *Ferne*, o longínquo, o afastado; *Entfernung*, afastamento. A raiz *fern* indica a distância, mas tem uma conotação que distingue tal afastamento de uma simples distância objetiva e mensurável. Enquanto vários procedimentos podem aproximar um objeto distante e colocá-lo à disposição do sujeito, o longínquo (*fern*) conserva uma certa independência que torna o espaço até ele intransponível, ao menos no domínio das operações funcionais. Posso me aproximar de um objeto distante que desejo possuir, mas não posso apropriar-me do *fern* porque o longínquo, em seu afastamento essencial, ultrapassa o campo das ações teleológicas: trata-se de uma distância que a ação instrumental do sujeito não consegue abolir. Esse caráter de independência e de inatingível transforma o longínquo em símbolo do sagrado, mas também do aspecto cósmico e do infinito do tempo. Assim acontece com as estrelas (exemplo privilegiado de *Ferne* na poesia alemã), mas também com o oceano infinito e com o passado imemorial, na poesia de Baudelaire.

A relação de Eros com o longínquo já estava presente em Platão, que a declarou pela boca de Diotima no *Banquete*, um diálogo citado várias vezes por Benjamin nesse texto (e, depois, no "Prefácio" da *Origem do drama barroco alemão*). Como as estrelas, em particular como a estrela cadente que passa sobre os amantes n'*As afinidades eletivas* de Goethe, a mulher amada não pode, portanto, pertencer a uma proximidade excessiva, mas deve esca-

---

[5] Tradução literal de J. M. G.

par do domínio daquilo que está sempre disponível, do espaço familiar e doméstico. Se ela se aproximar é porque escolheu transpor essa distância graças à força do seu desejo. Essa dialética — que em *A prisioneira* Proust levaria a seu ápice de delícias e, talvez, também de perversões — encontrou inúmeros exemplos na literatura. O exemplo privilegiado de um Eros feliz são os versos de Goethe que Benjamin cita reiteradas vezes, nesse fragmento de juventude e também, mais tarde, nos seus ensaios sobre Baudelaire. Esses versos dizem, segundo Benjamin, "o perfeito equilíbrio entre a proximidade e o longínquo no perfeito amor".[6] Escreve Goethe:

"*Keine Ferne macht dich schwierig
Kommst geflogen und gebannt.*"[7]

"Nenhum afastamento te torna difícil
Tu vens voando e enfeitiçada."[8]

Com efeito, esses versos expressam o equilíbrio paradoxal de um longínquo que se torna leve, que já não é pesado nem difícil, e a ambiguidade de um movimento de aproximação livre como o voo de um pássaro e, no entanto, cativo, preso, enfeitiçado (*gebannt*). O fato de esses versos se endereçarem a um "tu" implícito também reforça a ideia de que Eros, o desejo, se nutre da liberdade do outro e da possibilidade de sua captura pelo eu.

Se, por um lado, Eros se nutre do longínquo e da distância, por outro, não há sexo nem sexualidade sem proximidade, como o ressaltava Benjamin no início desse fragmento. Assim, dois perigos ameaçam o delicado equilíbrio de Eros e do sexo: uma distância ou uma proximidade demasiado grandes, seja sob a forma

---

[6] G. S., VI, p. 86.

[7] Goethe, "Selige Sehnsucht", *Westöstlicher divan*, Hamburger Ausgabe, vol. 2, p. 19.

[8] Tradução literal de J. M. G.

da idealização platônica, seja sob a da promiscuidade, conjugal ou não. Após citar Goethe, Benjamin escreve:

"*Denn in der Geliebten erscheinen dem Manne die Kräfte der Ferne nah. Dergestalt sind Nähe und Ferne die Pole im Leben des Eros: daher ist Gegenwart und Trennung in der Liebe entscheidend.*"[9]

"Pois, na mulher amada, as forças do longínquo aparecem próximas ao homem. Dessa maneira, proximidade e distância são os polos na vida de Eros: por isso presença e separação são decisivas no amor."[10]

Abstraio-me de comentar o que pode haver de prepotência masculina nessa formulação, mas gostaria de realçar a expressão "*Kräfte der Ferne*", ou seja, as forças do longínquo, da distância, que se mostram, brilham (*erscheinen*) na mulher amada. A vida de Eros é, pois, um campo de forças organizado pela tensão entre proximidade e distância: o próximo já não é uma vizinhança costumeira e o longínquo, uma distância inacessível. Eles se transformam reciprocamente e se intensificam quando a proximidade se torna o lugar privilegiado da manifestação do longínquo.

Essa dialética do Eros também é, desde sua origem, uma teoria da percepção e, portanto, uma teoria estética, como lembra Benjamin no início do seguinte fragmento:

"*Diese sind zwei Verhältnisse die im Bau und Leben des Körpers ähnlich bestimmend sein mögen wie andere räumliche (oben und unten, rechts und links usw.).*"[11]

---

[9] G. S., VI, p. 86.
[10] Tradução literal de J. M. G.
[11] G. S., VI, p. 83.

"Estas são [proximidade e distância] duas relações que devem ser tão determinantes na construção e na vida do corpo como outras relações espaciais (cima e baixo, direita e esquerda etc.)."[12]

Em outros termos: se percepção sensível e dinâmica do Eros são ambas tributárias da dialética do próximo e do distante, as mutações profundas que afetam tal dialética na sociedade moderna também devem afetar tanto a vida de Eros quanto a vida da arte. A teoria da aura e da perda da aura em Benjamin ressaltará essa transformação, seja numa tipologia dos gêneros literários, na qual o narrador que vem de longe é substituído pelo jornalista que traz tudo para o curto prazo de tempo das últimas notícias; seja numa teoria das artes plásticas, na qual a contemplação do belo cede lugar à multidão de reproduções na fotografia e no cinema.

Antes de diagnosticar essas transformações estéticas e eróticas na poesia de Baudelaire, Walter Benjamin talvez tenha encontrado em Klages uma teoria da imagem e do olhar que possivelmente lhe forneceu elementos importantes para sua própria teoria da aura. Em seu livro *Vom kosmogonischen Eros* (*Do Eros cosmogônico*), Klages distingue dois tipos de olhar e de visão. A primeira visão, aquela de "um observador que quer estabelecer distinções", trata "do distante como se fosse algo de próximo", estabelecendo uma "sequência de locais" que pode então percorrer; a segunda pertence ao espectador que contempla até mesmo o objeto mais próximo numa "imersão desprovida de fim", porque está fascinado pela "*imagem*" do objeto e pelas "imagens vizinhas que a cercam". A primeira visão transforma tudo em *objetos* próximos, a segunda confere até aos mais próximos objetos "a imageidade do caráter do longínquo".[13] Ao comentar esse texto, Rolf Wiggershaus escreve: "Esse longínquo que se apega aos objetos

---

[12] Tradução literal de J. M. G.

[13] Cito o texto de Klages segundo Wiggershaus, *Die Frankfurter Schule*, Munique, DTV Verlag, 1993, 4ª edição, p. 225.

olhados como imagens originárias, Klages o chama sua 'aura' ou seu 'nimbus'".[14] Pode existir, portanto, um modo de aparição do objeto no qual ele se mostra como uma imagem aurática, isto é, que se constitui pela presença do longínquo no próximo. O longínquo, porém, tende cada vez mais a desaparecer na modernidade, segundo Benjamin — no que diz respeito ao tempo, com a redução da temporalidade a uma sucessão cada vez mais acelerada de momentos semelhantes, e ao espaço, com as técnicas cada vez mais rápidas de aproximação do distante.

Essa transformação da imagem aurática em objeto próximo e manipulável terá consequências essenciais para as práticas artísticas contemporâneas, sobretudo com o advento da famosa "reprodutibilidade técnica", processo que democratiza o acesso às obras de arte, que perdem, no entanto, sua relação com o distante e o transcendente. Benjamin deverá estudar essas transformações de maneira mais precisa, e sempre ambivalente, desde seu ensaio sobre "Uma pequena história da fotografia" até as várias versões do texto sobre a reprodutibilidade técnica e em "O autor como produtor". Não quero me alongar aqui sobre tais reflexões, de cunho preponderantemente estético. Acrescento apenas que a perda da aura também acarreta mutações importantes na vida contemporânea do Eros. Dois escritores fornecem testemunhos exemplares dessa mutação: Baudelaire e Proust.

Benjamin observa um detalhe essencial da poesia baudelairiana que atesta essa perda: "Baudelaire descreve olhos dos quais poder-se-ia dizer que perderam a faculdade de olhar de volta".[15] Na experiência aurática de Eros, a pessoa amada respondia ao olhar do amante, bem como na arte aurática a imagem parece olhar para o espectador que a contempla e responder à sua demanda de beleza e de sentido. Os olhos da mulher desejada, em Baudelaire, são fixos, frios, exercendo sobre o poeta uma atração se-

---

[14] Wiggershaus, *op. cit.*, p. 225.

[15] G. S., I-2, p. 648. Tradução de J. M. G.

xual da qual Eros — e seu apelo ao distante — se ausentou. É notável que Benjamin, no contexto de seus estudos sobre Baudelaire, portanto em sua maturidade, retome os versos de Goethe para lhes opor a experiência evocada na poesia baudelairiana:

> "[Baudelaire] descreve olhos que perderam, por assim dizer, sua capacidade de olhar. Como tais, porém, são dotados de uma atração [*Reiz*] que provê grande parte, se não a maior parte, das necessidades pulsionais do poeta. Encantado por esses olhos, o sexo, em Baudelaire, se dissocia de Eros. Se os versos de Goethe em 'Selige Sehnsucht' ('Nenhum afastamento te torna difícil/ Tu vens voando e enfeitiçada') podem ser considerados como a descrição clássica do amor saturado pela experiência da aura, então dificilmente haverá na poesia lírica versos que tão decididamente se lhes opõem quanto os baudelairianos:
>
> *'Je t'adore à l'égal de la voûte nocturne,*
> *O vase de tristesse, ô grande taciturne,*
> *Et t'aime d'autant plus que tu me fuis...'*
>
> 'Eu te adoro como igualmente à abóbada noturna
> Ô vaso de tristeza, ô grande taciturna,
> E te amo quanto mais de mim foges...'
> [...]
>
> Um olhar teria efeito mais fascinante quanto mais profunda fosse a ausência daquele que contempla, ausência que é superada em tal olhar. Em olhos que refletem como espelhos essa ausência continua intacta. Por isso esses olhos não conhecem nada da distância longínqua [*Ferne*]."[16]

---

[16] *G. S.*, I-2, p. 648. A tradução brasileira é bastante deficiente (Walter

Em oposição à experiência aurática e erótica evocada por Goethe, Baudelaire descreve olhos que nada sabem do longínquo, que brilham como as vitrines das lojas (*"illuminés ainsi que des boutiques"*) e são "fixos", não respondem ao olhar do outro. Estamos diante da reificação e da fetichização do objeto sexual, cujo emblema é a prostituta, que remete também à recusa baudelairiana do amor burguês, tanto sob a forma romântica quanto sob a forma conjugal e familiar. Eros e sexo se separam.

Uma separação semelhante acontece na *Busca do tempo perdido*, ainda que de maneira inversa, como se o *eu* narrador preferisse sacrificar a proximidade do sexo à distância do Eros e da experiência aurática. Assim, as experiências eróticas privilegiadas sempre remetem à emergência de uma imagem aurática, que é também uma imagem ligada à memória involuntária, à primeira aparição de uma figura singular que se destacou de um fundo infinito, como as moças de Balbec que, tal como estátuas gregas, sobressaem no fundo luminoso, infinito e aurático do mar. O *eu* se apaixona não por Albertine em sua concretude material, mas por Albertine aureolada por esse fundo marítimo luminoso. Se a proximidade doméstica torna o sexo possível, ela destrói a apreensão erótica e transforma a moça numa presença simultaneamente apaziguadora e chata, presença contrária à dinâmica erótica. Ao mesmo tempo, se a sexualidade se afirma é, muitas vezes, a custo da reciprocidade, como se evidencia nas múltiplas descrições de voyeurismo tão importantes na *Recherche*.

O que concluir de tais considerações? No mínimo, o seguinte: a perda da aura, a famigerada "desauratização", é um fenômeno que não pode ser reduzido a uma transformação do estatuto contemporâneo da arte. Trata-se de um fenômeno estético no sentido etimológico amplo de uma transformação da *percepção* humana, isto é, da percepção do mundo, do(s) outro(s) e de si mesmo. O poeta não é mais o mensageiro dos deuses, mas um produtor de

Benjamin, "Sobre alguns temas em Baudelaire", *Obras escolhidas*, vol. III, São Paulo, Brasiliense, 1989, p. 141). Retraduzi a passagem de maneira mais literal.

mercadorias (poéticas!). Eros não é mais o *daimôn* — o intermediário, o "demônio", no sentido grego do termo — que estabelece uma ponte entre a vida amorosa e sexual e a veneração da beleza divina transcendente. Ele parece ter sido encerrado numa fixação narcisista, que é exacerbada pela ideologia individualista da competitividade e do consumo. Contra a banalização da vida erótica, que Marcuse chamou de "dessublimação repressiva", a luta só pode ser política *e, conjuntamente*, estética: não se trata de reinventar uma transcendência soberana e distante, mas de desconstruir a aparência lisa e bem-comportada do real, para nele abrir rachaduras e fissuras que permitem vislumbrar um "longínquo" tão desconhecido como imanente. Somente então poderá Eros ser novamente um verdadeiro "demônio".

8.
IDENTIFICAÇÃO E *KÁTHARSIS* NO TEATRO ÉPICO DE BRECHT

I

No pequeno e polêmico livro *Le mythe nazi* (1991), Philippe Lacoue-Labarthe e Jean-Luc Nancy propõem uma hipótese instigante acerca da constituição do nazismo, sobretudo no que diz respeito à sua elaboração estética. Ao construir uma ideologia da pureza ariana originária — que deveria se reencarnar no povo alemão regenerado — em oposição às outras raças parasitárias, hediondas, o nazismo recorreu a uma imagem preexistente na grande tradição especulativa alemã, particularmente no Romantismo. Trata-se da imagem de uma Grécia arcaica, originária, que o pensamento alemão teria por tarefa desvendar e refletir. Em busca de uma identidade nacional alemã, pensadores tão diversos como Schiller, Hölderlin ou Nietzsche descobrem uma "outra" Grécia, mais "oriental", mais "primitiva", mais "dionisíaca", que teria sido ofuscada e esquecida pela tradição do classicismo francês.

Segundo Lacoue-Labarthe e Nancy, a apropriação nazista dessa reflexão procede por meio de um curto-circuito entre a imagem de uma Grécia arcaica autêntica e sua retomada por um novo Império Germânico (o Terceiro). A identificação então decretada entre uma Alemanha por vir e uma Grécia originária acontece de maneira privilegiada no domínio estético-político. Uma certa compreensão da tragédia grega como obra de arte total e, simultaneamente, como ritual de unificação política da cidade funciona, assim, como paradigma do espetáculo estético e da política como espetáculo. Aliás, a própria fusão do político e do estético — ou "a produção do político como obra de arte", como dizem os autores — pretende ser igualmente uma citação e uma retomada do modelo da *pólis* grega. Cito-os a propósito de Wagner: "É neste sentido fundamental que se deve entender a exigência de uma 'obra de arte total'. A totalização não é somente estética: ela também aponta em direção ao político".[1] Lacoue-Labarthe e Nancy concluem a passagem observando que a fusão do político e do estético caracteriza o nacional-socialismo.[2] Não se trata, então, de uma simples "estetização do político", como o afirma Walter Benjamin em sua denúncia do nazismo no fim do ensaio sobre "A obra de arte na época de sua reprodutibilidade técnica"; e, também, para resistir ao nazismo tampouco bastaria lhe opor uma "politização da arte", como propõe Benjamin no mesmo texto, apontando, em termos gerais, para o comunismo como movimento de massa antifascista e, em termos estéticos mais específicos, para a teoria brechtiana do teatro épico.[3]

A crítica — discreta, mas clara — de Lacoue-Labarthe e de Nancy à dupla Brecht/Benjamin é a seguinte: politizar a arte é uma operação que pode se colocar a serviço de qualquer totalitarismo, seja ele de direita ou de esquerda. Não se trataria, portanto, de politizar a arte, impondo conteúdos engajados ou linguagens formais acessíveis a todos, mas sim de lutar contra a fusão desastrosa do político e do estético. Contra a produção do povo como obra de arte, contra a encenação dos grandes espetáculos políticos,[4] contra o gozo estético oriundo da produção de uma imagem de união nacional.

---

[1] Tradução de J. M. G. No original: "*Et c'est en ce sens fondamental qu'il faut comprendre l'exigence d'une 'oeuvre d'art totale'. La totalisation n'est pas seulement esthétique: elle fait signe en direction du politique*". Philippe Lacoue-Labarthe e Jean-Luc Nancy, *Le mythe nazi*, Paris, Éditions de l'Aube, 1998, p. 48.

[2] O belo filme de Peter Cohen, *Arquitetura da destruição*, de 1989, possui uma tese bem semelhante.

[3] Walter Benjamin, *Gesammelte Schriften (G. S.)*, I-2, Frankfurt, Suhrkamp, 1974, p. 508.

[4] Outro exemplo do cinema: os filmes de Leni Riefenstahl.

Na raiz dessa fusão desastrosa entre o político e o estético haveria um mecanismo psicológico comum aos domínios da arte, em especial ao do teatro, e da política — que se verifica, por exemplo, na adoração pelo *Führer*. Trata-se do mecanismo de identificação afetiva ou de empatia, de *Einfühlung*. É por meio da identificação que o espectador se comove com as dores do herói no palco; também é pela identificação com sua personagem que o ator conseguiria desempenhar seu papel com força e convicção; é, enfim, pela identificação com o discurso do *Führer* no palanque que o cidadão comum vibra e compartilha do mesmo entusiasmo dos outros na massa anônima, unida pela mesma empatia. A crítica ao conceito de *Einfühlung* e aos mecanismos de identificação constitui, então, um primeiro passo na tentativa de desatar o novelo catastrófico do político com o estético. Esta crítica deve se efetuar tanto no domínio político como também no domínio estético.

Três observações podem ser feitas a propósito do tema em questão:

1) Esta crítica à *Einfühlung* também está no cerne das preocupações estéticas e políticas de Brecht e de Benjamin, como veremos a seguir. A famosa frase benjaminiana sobre a oposição entre a "estetização do político" e a "politização da arte" — que conclui o ensaio "A obra de arte na era da reprodutibilidade técnica" — não recobre, de longe, o conjunto de reflexões desenvolvidas por Brecht e Benjamin a respeito do fenômeno fascista de fusão entre estético e político.

2) A crítica à *Einfühlung* estética é tão antiga como a própria filosofia, já que se inicia com Platão. O quadro conceitual mais amplo é a famosa condenação da poesia pelo filósofo na *República*, rejeição que se baseia na força das ilusões miméticas, sobretudo no teatro, que provocam a "simpatia" dos ouvintes e sua identificação com as personagens representadas.[5] A mesma relação entre mímesis e identificação será afirmada por Adorno e Horkheimer na *Dialética do Esclarecimento*, principalmente nas páginas

---

[5] *República*, Livro X, 605d, *sumpaskhontes*.

fundamentais de "Elementos do antissemitismo", que definem os mecanismos miméticos e identificatórios como imprescindíveis para entender a constituição da personalidade antissemita (isto é: racista e autoritária).

3) O nexo entre *Einfühlung* e *kátharsis* é menos evidente. Na *Poética* de Aristóteles, ele pode ser deduzido de duas maneiras: primeiro, porque a purificação/purgação só se torna possível como resultado de um processo poético mimético — cujo valor em termos de conhecimento é, como se sabe, ressaltado por Aristóteles; e segundo, porque são emoções ou sentimentos (*pathèmata*) como piedade (*eleos*) e terror (*phobos*) que devem ser purgados, portanto, afecções (res)sentidas (*gefühlt*) também pelo espectador. Devemos, porém, observar que a relação entre *kátharsis* e *Einfühlung*, tão evidente para um leitor de hoje — e para Brecht — parece provir muito mais da tradição estética que interpreta e reinterpreta a *Poética* do que de uma leitura filológica minuciosa do texto aristotélico. Tal análise ajudaria a relativizar a ideia de uma "dramaturgia aristotélica" (termo cunhado por Brecht), cujo cerne consistiria na identificação do espectador com a personagem no palco em vista da purificação do primeiro. A ideia de que é o espectador enquanto indivíduo particular que deve ser purificado chama a atenção para a relação de identificação entre espectador e personagem; uma outra leitura, mais rente ao texto, ressalta que são os *pathèmata* — as afecções — despertados pela arte do bom poeta que devem ser purgados, de modo que o foco se desloca para a relação entre *kátharsis* e *mimesis*, isto é, para a habilidade técnica do autor da tragédia.[6]

---

[6] A esse respeito, ver as observações de Roselyne Dupont-Roc e Jean Lallot, em sua tradução crítica da *Poética* (Paris, Seuil, 1980, pp. 188 ss.). Uma outra questão é saber se esta última interpretação leva (ou não) suficientemente em conta as outras passagens de Aristóteles relacionadas à *kátharsis*, em particular em *Política* (VIII, 7, 1.341 b 32 sq.), e isso em proveito de uma leitura por demais "intelectualista".

II

Que Brecht tenha lido com a devida atenção a *Poética* de Aristóteles é algo de que se pode duvidar. Gerd Bornheim[7] observa que a compreensão brechtiana da "dramaturgia aristotélica" se deve antes de tudo à estética teatral alemã, sobretudo à interpretação que Lessing faz da *Poética*. Em seus escritos sobre o teatro épico, especialmente em *Über eine nichtaristotelische Dramatik*[8] [Sobre uma dramaturgia não aristotélica] e *Der Messingkauf*[9] [A compra do latão], Brecht estabelece uma oposição entre uma atitude — segundo ele, aristotélica — de identificação (*Einfühlung*), que desemboca na *kátharsis*, e uma atitude nova, em termos de estética teatral, de distanciamento (*Verfremdung*) crítico. Mesmo que conceda que a identificação afetiva contemporânea não pode ser exatamente equivalente à relação do público grego antigo com a tragédia, Brecht minimiza essas diferenças e afirma que deve sempre existir um tipo de *Einfühlung* na base da *kátharsis*. "Uma atitude totalmente livre, crítica, que aponta para soluções meramente terrenas de dificuldades", diz ele, "esta atitude do espectador não é nenhuma base para uma *kátharsis*."[10]

Tal atitude crítica e resolutamente imanente é, precisamente, a do espectador do teatro épico. O famoso "efeito de distanciamento" ou de "estranhamento" (*Verfremdungseffekt*) deve ajudar a formá-lo. Deve-se ressaltar que a criação de uma relação crítica do ator com sua personagem e do espectador com o espetáculo está intimamente ligada à separação definitiva entre o domínio

---

[7] Gerd Bornheim, *Brecht: a estética do teatro*, Rio de Janeiro, Graal, 1992, p. 213.

[8] Bertolt Brecht, *Gesammelte Werke* (*G. W.*), 15, *Schriften zum Theater I*, Frankfurt, Suhrkamp, 1967, pp. 227 ss.

[9] Bertolt Brecht, *G. W.*, 16, *Schriften zum Theater II*, Frankfurt, Suhrkamp, 1967, pp. 500 ss.

[10] Tradução de J. M. G. No original: "*Eine völlig freie, kritische, auf rein irdische Lösungen von Schwierigkeiten bedachte Haltung des Zuschauers ist keine Basis für eine Katharsis*". Brecht, *G. W.*, 15, p. 241.

religioso e o domínio artístico; somente quando não há mais nenhum espetáculo que seja concomitantemente teatral, musical, cívico e religioso — aquilo que Bayreuth tentou reencenar —, ou quando não se espera mais por nenhum *deus ex machina*, é que se torna possível a figura de um espectador como expert crítico, capaz de opinar sobre o teatro como exercício lúdico e crítico de *mise en scène*. Nos anos de intensa colaboração intelectual com Brecht, Walter Benjamin tematiza a mesma separação quando distingue o valor de culto e o de exposição da obra de arte, e quando diagnostica a necessária desauratização da arte na modernidade.

A distinção entre o teatro tradicional, que visa identificação e *kátharsis*, e o teatro crítico, que visa uma reação crítica do espectador, não implica uma separação entre um teatro de divertimento que apela às emoções (os famosos *pathèmata* de Aristóteles) e um teatro intelectual aborrecido. Brecht insiste muito nesse ponto. O teatro épico também trabalha com emoções, mas estas deveriam levar o espectador a refletir, a propor soluções, a enfim agir prática e politicamente (assim o espera Bertolt Brecht). Não se trata, então, de opor um espetáculo intelectualista e um divertimento gostoso, mas de levar à reflexão crítica e à ação através do prazer e das emoções. Cito uma passagem característica do texto de Brecht "Sobre uma dramaturgia não aristotélica":

> "*O espectador do teatro dramático diz*: Sim, eu também já senti [*gefühlt*] isso. — Eu sou assim. — Isso é natural. — Isso sempre será assim. — O sofrimento deste homem me comove, porque não há saída para ele. — Eis a grande arte: nela tudo é óbvio.[11] — Eu choro com os que choram e rio com os que riem.
>
> *O espectador do teatro épico diz*: Não teria pensado nisso. — Isso não deve se fazer assim. — Isso é muito esquisito, quase inacreditável. — Isso deve parar. — O sofrimento deste homem me comove, porque ha-

---

[11] No original, *selbstverständlich*, literalmente, "que se entende por si mesmo".

veria uma saída para ele. — Eis a grande arte: nada nela é óbvio. — Eu rio dos que choram, eu choro dos que riem."¹²

De um lado, temos um *eu* que reencontra a si mesmo no palco e fortalece sua crença na eternidade do *status quo* e da natureza humana; de outro, um *eu* que estranha, admira, fica perturbado e procura uma saída ou solução histórica precisa. De ambos os lados, notemos: emoções, choro e riso. Mas o drama provoca o fortalecimento do *eu* e de suas crenças e convicções, enquanto a épica desperta o estranhamento. O tão famoso *Verfremdungseffekt* é, pois, tanto um efeito de distanciamento (como geralmente se traduz) quanto de estranhamento. Vale lembrar que *fremd* significa "estrangeiro" e "estranho". Se tal estranhamento pode ser divertido e gostoso — e deve sê-lo para que se amplie seu valor pedagógico —, ele também sempre exige um esforço intelectual de deslocamento, de distanciamento. Como, em geral, costuma-se ir ao teatro e ao cinema para se divertir, para "relaxar", tal esforço pode ser recusado, porque tido como cansativo demais. Assim, a arte do dramaturgo será a de saber envolver bem os espectadores nas artimanhas do enredo e da surpresa,¹³ de modo que eles se

---

¹² Cito a tradução usada por Gerd Bornheim, *op. cit.*, pp. 255-6 (Bertolt Brecht, *Teatro completo*, São Paulo, Paz e Terra, 1987, vol. III, p. 55), mas modifico algumas passagens. No original:
"Der Zuschauer des dramatischen Theaters sagt: *Ja, das habe ich auch schon gefühlt. — So bin ich. — Das ist nur natürlich. — Das wird immer so sein. — Das Leid dieses Menschen erschüttert mich, weil es keinen Ausweg für ihn gibt. — Das ist grosse Kunst: das ist alles selbstverständlich. — Ich weine mit den Weinenden, ich lache mit den Lachenden.*
Der Zuschauer des epischen Theaters sagt: *Das hätte ich nicht gedacht. — So darf man es nicht machen. — Das ist höchst auffällig, fast nicht zu glauben. — Das muss aufhören. — Das Leid dieses Menschen erschüttert mich, weil es doch einen Ausweg für ihn gäbe. — Das ist grosse Kunst: das ist nicht selbstversändlich. — Ich lache über den Weinenden, ich weine über den Lachenden*". Brecht, G. W., 15, pp. 265-6.

¹³ Aristóteles também insistia na constituição de uma boa trama, de

tornem céticos, questionadores, críticos, à revelia de sua própria intenção inicial de se deixar levar pelo fluxo de temas triviais transfigurados em arte. Sabemos o quanto esse êxito é difícil e raro. E não podemos deixar de notar que Brecht e Adorno aqui se aproximam muito, no mesmo gesto iluminista de conscientização pela inovação artística.

Talvez o maior potencial político do teatro épico brechtiano se encontre na transformação de uma atitude passiva/receptora em uma atitude de curiosidade ativa — mais do que num pretenso encaminhamento da crítica artística para a práxis política. Treinar distanciamento e crítica, propor exercícios lúdicos (e, portanto, não aborrecidos!) de estranhamento, eis a tarefa do teatro tanto para o ator quanto para o espectador. Ora, desde Sócrates, esta também pode ser uma das definições da filosofia, como bem o sabe Brecht, que coloca o filósofo e o dramaturgo no mesmo campo no ensaio/peça *A compra do latão*. Com efeito, ambos trabalham contra a preguiça e o conformismo, esses dois pilares da identificação afetiva, e das conivências ou das covardias estéticas e políticas. No mesmo texto *A compra do latão*, Brecht escreve um diálogo profundamente esclarecedor a respeito da "teatralidade do fascismo".[14] Hitler é descrito ali como o mestre inconteste do grande espetáculo político: o chefe de Estado é o ator principal, o povo se torna o público, o estádio gigantesco converte-se num novo teatro a céu aberto e o palanque, num palco sem cortina — como se os meios artificiais da encenação se tornassem supérfluos, já que se alcançou a fusão perfeita entre manifestação política e espetáculo estético. Brecht insiste que não se explica suficientemente a força de convicção do cabotino Hitler pela irracionalidade de seus apelos, como se ele não usasse também de argumentos, e que bastaria lhe opor uma argumentação racional para lhe resistir eficazmente. As palavras de Hitler têm poder porque suscitam, pela

um enredo (*mythos*) eficiente, mas o efeito visado por ele não era o mesmo que aquele perseguido por Brecht.

[14] No original, "Über die Theatralik des Faschismus", *Der Messingkauf*, G. W., 16, pp. 558 ss.

argumentação ou pela emoção, a identificação da plateia (e da nação alemã, que se constitui a si mesma como identidade a partir da identificação coletiva) com o *Führer*.

Quebrar essa identificação significa, no teatro e na política, tornar patentes os mecanismos de produção do espetáculo, revelar seu caráter de arte e artifício, em vez de tomá-lo como natural e espontâneo (sendo que a reinvindicação de naturalidade ou de espontaneidade, em política como em arte, é um dos artifícios de persuasão mais eficazes). No palco, na tela, pode-se interromper a ação, introduzir uma canção, um comentário, uma citação,[15] colocar uma máscara e brincar com a dupla máscara/rosto. Tais técnicas provocam o deslocamento do olhar do espectador e, Brecht o reconhece, são tão antigas como o próprio teatro, seja ele grego ou chinês.[16] Trata-se, pelo gesto ou pela palavra, de *acenar* para a *cena*. No domínio político, esses gestos, essas palavras de interrupção e de denúncia, são, além de muito mais perigosos, também muito mais exigentes no que diz respeito à invenção, já que é um desafio torná-las eficazes a ponto de interromperem o desenvolvimento aparentemente natural e necessário das várias histórias que formam *a* história.

Talvez o leitor recorde aqui que esta interrupção eficaz é a definição de *revolução* dada por Walter Benjamin em suas teses "Sobre o conceito de história". Neste que viria a ser o último texto escrito por Benjamin, a revolução não é o resultado final de um processo dialético e necessário, como o afirmam os marxistas ortodoxos (e os social-democratas da República de Weimar), mas a interrupção desse processo ou a quebra do grande espetáculo histórico. Brecht critica a dramaturgia tradicional, oriunda da *Poéti-*

---

[15] Sobre essas técnicas ver o texto "Kurze Beschreibung einer neuen Technik der Schauspielkunst, die einen Verfremdunseffekt hervorbringt" ("Descrição sucinta de uma nova técnica da arte do espetáculo que produza um efeito de distanciamento"), G. W., 15, pp. 341-57.

[16] A esse respeito, ver o texto "Verfremdungseffekte in der chinesischen Schauspielkunst" ("Efeitos de distanciamento na arte do espetáculo chinesa"), *Der Messingkauf*, G. W., 16, pp. 619-31.

ca de Aristóteles, porque repousa sobre a identificação afetiva, que impede uma participação crítica e ativa. Benjamin, por sua vez, critica a historiografia tradicional, sobretudo a do historicismo que quer abolir a distância (ou o estranhamento) entre presente e passado para tornar possível uma identificação (*Einfühlung*) com este último; tal identificação, afirma Benjamin, serve à perpetuação da dominação e deve ser consequentemente desconstruída:

> "Ao historiador que quiser reviver uma época, Fustel de Coulanges recomenda banir de sua cabeça tudo o que saiba do curso ulterior da história. Não se poderia caracterizar melhor o procedimento com o qual o materialismo histórico rompeu. É um procedimento de identificação afetiva [*Einfühlung*]. Sua origem é a inércia do coração, a *acedia*, que hesita em apoderar-se da imagem histórica autêntica que lampeja fugaz. Os teólogos da Idade Média consideravam-na o fundamento originário da tristeza. [...] A natureza dessa tristeza torna-se mais nítida quando se levanta a seguinte questão: com quem, na verdade, o historiador do historicismo se identifica afetivamente? A resposta, irrecusavelmente, é: com o vencedor. Ora, os dominantes do momento são os herdeiros de todos os que, alguma vez, venceram. A identificação afetiva com o vencedor ocorre, portanto, sempre em proveito dos vencedores do momento. Com isso está dito o bastante para o materialista histórico. [...] Ele considera como sua tarefa escovar a história a contrapelo."[17]

---

[17] Tradução de J. M. G. e Marcos L. Müller, *in* Michael Löwy, *Walter Benjamin: aviso de incêndio. Uma leitura das teses "Sobre o conceito de história"*, São Paulo, Boitempo, 2005. No original: "*Fustel de Coulanges empfiehlt dem Historiker, wolle er eine Epoche nacherleben, so solle er alles, was er vom spätern Verlauf der Geschichte wisse, sich aus dem Kopf schlagen.*

III

Embora Brecht e Benjamin compartilhem do mesmo diagnóstico quanto à periculosidade estética e política da *Einfühlung*, e proponham estratégias de distanciamento ou de interrupção muito semelhantes, confesso não ter certeza de que Benjamin tivesse a mesma confiança de seu amigo nos resultados revolucionários de suas críticas. O apego de Benjamin ao Surrealismo e sua admiração por Kafka, de cuja obra Brecht não gostava, indicam que, para o primeiro, existiam outras possibilidades de estranhamento crítico além da figura exclusiva do *Verfremdungseffekt* e da tomada de consciência por ele provocada, segundo o reto paradigma da consciência iluminista. Talvez existam outras estranhezas instigantes que habitam lugares que a razão não reconhece como seus: os monstros, as deformações, os sonhos, os delírios. Brecht não devia gostar dessas divagações, às quais Adorno também tinha lá suas reservas. Assim como Brecht desconfiava da tendência "mística"[18] de Benjamin, este último também devia duvidar do "método Brecht" — para citar Jameson —,[19] mais precisamente do encadeamento necessário de seus três passos ideais: a) estranhar ou

Besser ist das Verfahren nicht zu kennzeichnen, mit dem der historische Materialismus gebrochen hat. Es ist ein Verfahren der Einfühlung. Sein Ursprung ist die Trägheit des Herzen, die acedia, welche daran verzagt, des echten historischen Bildes sich zu bemächtigen, das flüchtig aufblitzt. Sie galt bei den Theologen des Mittelalters als der Urgrund der Traurigkeit. [...] Die Natur dieser Traurigkeit wird deutlicher, wenn man die Frage aufwirft, in wen sich denn der Geschichtsschreiber des Historismus eigentlich einfühlt. Die Antwort lautet unweigerlich in den Sieger. Die jeweils Herrschenden sind aber die Erben aller, die je gesiegt haben. Die Einfühlung in den Sieger kommt demnach den jeweils Herrschenden allemal zugut. Damit ist dem historischen Materialisten genug gesagt. [...] Er betrachtet es als seine Aufgabe, die Geschichte gegen den Strich zu bürsten". Walter Benjamin, "Über den Begriff der Geschichte", G. S., I-2, p. 696.

[18] Cito expressão utilizada pelo próprio Brecht em seu relato das hipóteses de Benjamin sobre a "aura" e a lírica em Baudelaire, publicado em seu *Arbeitsjournal* de 25/7/1938, Frankfurt, Suhrkamp, 1974, vol. 2.

[19] Frederic Jameson, *O método Brecht*, Petrópolis, Vozes, 1999.

admirar-se (o antigo *thaumazein* grego!) graças ao efeito de distanciamento; b) tomar consciência; e c) encontrar a solução correta e agir.

Nesse contexto, é muito instigante observar que, em seus ensaios sobre o teatro épico,[20] Benjamin sempre ressalta o primeiro momento de estranhamento, de interrupção, de distanciamento, sem insistir em suas consequências. Podemos notar também que o encaminhamento ideal, mencionado acima, insere Brecht na linhagem da metafísica platônica e do iluminismo, que sempre transformam estranhamento em tomada de consciência crítica e em decisão pela práxis justa. Naturalmente, Brecht é suficientemente materialista para saber que a realização desse itinerário não é automática: há obstáculos de peso, econômicos, políticos, pequenas covardias cotidianas ou situações excepcionais que impedem seu bom desenrolar. Mas a possibilidade de sua efetivação persiste e permanece imprescindível para que possa haver uma relação segura entre teatro épico e ação política, entre arte e revolução. Benjamin não contesta frontalmente essas premissas, mas desloca seu peso. Ele insiste no estranhamento e na interrupção, ressalta a importância do gesto (em detrimento das declarações verbais), enfatiza a importância do jogo, dos acessórios e das mudanças de cenário no palco — enfim, Benjamin leva a sério o que talvez exista de mais contemporâneo na estética brechtiana: seu caráter de treinamento, de *Übung*,[21] de exercício da atividade artística. Benjamin valoriza, pois, este misto de radicalidade e de efêmero que caracteriza, hoje, performances e instalações.

Ora, essas características não são exclusivas do teatro épico brechtiano. A importância dos gestos constitui um elemento essencial das narrativas de Kafka, segundo Benjamin; e o estranhamento é um dos motivos essenciais da prosa surrealista. Contra seu

---

[20] Walter Benjamin, *Was ist das epische Theater?*, G. S., II-2, Frankfurt, Suhrkamp, 1977.

[21] Podemos lembrar que o mesmo conceito de *Übung* caracteriza igualmente a escrita filosófica; conferir Walter Benjamin, *Ursprung des deutschen Trauerspiels*, G. S., I-1, Frankfurt, Suhrkamp, 1974, p. 208.

amigo marxista, Benjamin continua sustentando a importância de um Breton ou de um Kafka para pensar uma arte contemporânea crítica. Brecht também sabe das semelhanças entre sua teoria do *Verfremdungseffekt* e outras práticas artísticas da época. Ele, porém, procura sempre se distanciar desses parentescos incômodos. Brecht louva muitas imagens e invenções das narrativas de Kafka, mas condena sua falta de clareza que pode facilmente levar a soluções políticas de cunho fascista, porque o desespero e a desorientação preparam um terreno favorável às expectativas autoritárias, à demanda por um *Führer*.[22] Quanto aos surrealistas e aos dadaístas, Brecht denuncia sua complacência em permanecer na provocação, no choque, na estranheza pela estranheza. Escreve sobre eles estas frases lapidares:

> "O dadaísmo e o surrealismo usam efeitos de distanciamento do tipo mais extremo. Seus objetos não retornam de volta do distanciamento/estranhamento.

[22] Leia-se, por exemplo, a seguinte anotação de Walter Benjamin na qual ele forja um diálogo entre Brecht, Kafka e Lao-tsé: "Brecht: *Man müsse sich ein Gespräch von Laotse mit dem Schüler Kafka vorstellen.* Laotse: *Also, Schüler Kafka, dir sind die grossen Organisations- und Witschaftsformen, in denen du lebst, unheimlich geworden?* — Kafka: *Ja.* — Laotse: *Du findest dich in ihnen nicht mehr zu recht?* — Kafka: *Nein.* — Laotse: *Eine Aktie ist dir unheimlich?* — Kafka: *Ja.* — Laotse: *Und nun verlangst du nach einem Führer, an den du dich halten kannst, Schüler Kafka.* — Brecht, fortfahrend: *Das ist natürlich verwerflich. Ich lehne ja Kafka ab. Die Bilder sind gut. Der Rest ist aber Geheimniskrämerei. Der ist Unfug. Man muss ihn beiseite lassen*". Walter Benjamin, "Anmerkungen zum Kafka-Essay", G. S., II-3, p. 1.254. Em português: "Brecht: Dever-se-ia representar um diálogo de Lao-tsé com o estudante Kafka. — Lao-tsé: Então, estudante Kafka, as grandes formas de organização e de economia, nas quais você vive, tornaram-se sinistras para você? — Kafka: Sim. — Lao-tsé: Você não se encontra mais dentro delas? — Kafka: Não. — Lao-tsé: Um documento de processo é sinistro para você? — Kafka: Sim. — Lao-tsé: E agora deseja um chefe que possa lhe servir de orientação, estudante Kafka. — Brecht, continuando: Isso deve ser naturalmente rejeitado. Eu, sim, recuso Kafka. As imagens são boas. Mas o resto é tagarelice misteriosa. O resto é besteira. Deve-se deixar isso de lado". Tradução de J. M. G.

O efeito clássico de distanciamento produz um entendimento/uma compreensão mais elevada."[23]

Brecht se inscreve implicitamente na tradição do efeito de distanciamento *clássico*, sendo que a bela definição brechtiana de "clássico" consiste na produção de uma compreensão mais elevada. Essa compreensão (*Verständnis*) está ligada ao entendimento racional (*Verstand*) e não à identificação afetiva (*Einfühlung*); *Verständnis* e *Verstand* nascem quando as coisas são despojadas do seu caráter de obviedade, quando não são mais naturais, quando não se entendem mais por si mesmas, quando, portanto, não são mais *selbstverständlich*, como dizia o espectador do teatro épico.[24] Mas há um outro distanciamento, um outro estranhamento, mais extremo e não mais clássico, próprio do surrealismo e do dadaísmo — e, poderíamos dizer, próprio também de Kafka, pois neste "os objetos não retornam do distanciamento/estranhamento", mas continuam estranhos e estrangeiros, continuam monstruosos e cotidianos como Gregor Samsa até morrer. Brecht não quis correr esse risco de não-retorno. Benjamin, por sua vez, não o evitou. Tal risco aponta para muito mais que um desacordo estético entre dois teóricos de esquerda. Ele levanta uma questão que hoje nos fala de perto: a crítica às identificações políticas e estéticas não acarreta, necessariamente, uma crítica ao conceito clássico de identidade? Nesse caso, é preciso correr o risco de não-retorno ao domínio do entendimento e de permanecer no estrangeiro por tempo indeterminado.

---

[23] No original: "*Der Dadaismus und der Surrealismus benutzen Verfremdungseffekte extremster Art. Ihre Gegenstände kehren aus der Verfremdung nicht wieder zurück. Der klassische Verfremdungseffekt erzeugt erhöhtes Verständnis*". Brecht, "Notizen über V-Effekte", G. W., 15, p. 364.

[24] Ver nota 11, p. 146 deste volume.

9.
DE UMA ESTÉTICA DA VISIBILIDADE A UMA ESTÉTICA DA TATIBILIDADE

Num belo artigo escrito por ocasião do centenário do nascimento de Walter Benjamin, Burkhardt Lindner, organizador do volume *Benjamin-Handbuch*,[1] afirmou de maneira ousada:

"Elas [isto é, as teses contidas na segunda versão do texto sobre a obra de arte] corrigem a maneira de ler o ensaio sobre a obra de arte que a nós se impõe, uma maneira 'proletário-coletivista', e dão nova acentuação à concepção do filme como instrumento de exercício e de teste. O filme não teria somente a função de um aumento benéfico do distanciamento, mas restabeleceria a aura na abertura da dimensão do 'inconsciente óptico'."[2]

---

[1] *Benjamin-Handbuch*, Munique, Metzler Verlag, 2006, organizado e editado por Burkhardt Lindner. Esse "manual" contém textos de vários especialistas sobre os principais textos de Walter Benjamin, assim como um estudo das diversas fases de sua recepção. O livro é, atualmente, um instrumento de trabalho imprescindível para quem quiser se aprofundar na pesquisa da obra de Benjamin.

[2] No original: *"Sie [d.h. die Thesen der zweiten Version des "Kunstwerkaufsatzes"] korrigieren die sich uns aufdrängende 'proletarisch-kollektivistische' Lesart des Kunstwerkaufsatzes und sie geben der Konzeption des Films als Übung und Testinstrument eine neue Akzentuierung. Der Film hätte dann nicht allein die Funktion einer heilsamen Steigerung der Entfremdung, sondern würde in der Aufschliessung des 'Optisch-Unbewussten' die Aura wiederherstellen". Memoria/Walter Benjamin*, Uwe Steiner (org.), Berna/Berlim, Peter Lang Verlag, 1992, p. 232.

A afirmação de Lindner postula que a segunda versão do ensaio "A obra de arte na época de sua reprodutibilidade técnica" (dada por desaparecida pelos editores dos *Gesammelte Schriften*, finalmente reencontrada em Frankfurt no Arquivo Horkheimer e publicada somente em 1989)[3] foi censurada por Adorno e Horkheimer não apenas porque retomava hipóteses brechtianas, mas também porque continha as teses, digamos, mais genuinamente benjaminianas sobre a aura e sobre a "capacidade mimética". Essa segunda versão mostraria, como outros ensaios, particularmente aqueles sobre o surrealismo, a capacidade mimética ou os protocolos sobre *haschisch*, o quanto Benjamin compreende "a experiência aurática como potencial antropólogico que não deve ser liquidado mas sim transformado em jogo e novamente firmado".[4]

Nesta exposição gostaria de comentar e nuançar a hipótese de leitura de Burkhardt Lindner, o que farei a partir dos quatro seguintes passos:

1) Retomar brevemente as primeiras reflexões de Walter Benjamin sobre a aura e a perda da aura no artigo "Pequena história da fotografia" e apontar para a ambiguidade — entendida como qualidade positiva — de Benjamin em relação à arte aurática e ao seu declínio contemporâneo.

2) Mostrar como a teoria da imagem em Proust, essencial para a própria teoria da história em Benjamin, é uma teoria da transformação da imagem aurática em imagem mnêmica.

3) Explicitar como as imagens mnêmicas verdadeiras, isto é, oriundas da memória involuntária, remetem, em sua origem sensível, a uma estética da tatibilidade — entendida aqui num sentido amplo, como uma estética do tato, do olfato e do corpo. É o corpo, aliás, esta superfície indiferenciada de recepção tátil, que possibi-

---

[3] Ver nota 18, p. 117 deste volume.

[4] No original: *"die auratische Erfahrung als anthropologisches Potential begreift, das nicht zu liquidieren, sondern ins Spiel zu transformieren und neu zu befestigen ist"*. Memoria/Walter Benjamin, *op. cit.*, p. 232. Tradução de J. M. G.

lita aquilo que Benjamin chama de "lado tátil da percepção artística", que também pertence à "percepção onírica".[5]

4) Finalmente, mostrar que a tatibilidade se realiza, de maneira privilegiada, no *jogo* (*Spiel*), essa outra metade da atividade artístico-mimética que, segundo Benjamin, tenderia a prevalecer nas artes contemporâneas ligadas à reprodutibilidade técnica. Isso ocorreria em detrimento da manifestação da bela aparência, que seria o primeiro momento da atividade mimética, presente na arte clássica.

Vale a pena lembrar, quando se insiste na ambiguidade de Benjamin em relação à questão da aura, do relato que ele faz, no "Diário parisiense" (*Pariser Tagebuch*), de sua primeira visita à livraria Aux Amis du Livre, próxima ao Carrefour de l'Odéon. Em 4 de fevereiro de 1930, ele vai à livraria e conhece sua proprietária, Adrienne Monnier; nasce então uma sólida amizade feita de muitas conversas, de amor comum pelos livros e, também, de grande solidariedade. Com efeito, será Adrienne Monnier que conseguirá no futuro, com a ajuda do diplomata Henri Hoppenot,[6] a liber-

---

[5] Ideias presentes na seguinte passagem: "*Dass alles Wahrgenommene, Sinnenfällige ein uns Zustossendes ist — diese Formel der Traumwahrnehmung, die zugleich die taktile Seite der künstlerischen umfasst — hat der Dadaismus von neuem isn Kurs gesetzt*". G. S., I-2, Frankfurt, Suhrkamp, 1974, p. 464. Em português: "O dadaísmo colocou de novo em circulação a fórmula básica da percepção onírica, que descreve ao mesmo tempo o lado tátil da percepção artística: tudo que é percebido e tem caráter sensível é algo que nos atinge". Tradução de Sergio Paulo Rouanet, *Obras escolhidas*, vol. I, São Paulo, Brasiliense, 1985, pp. 191-2. Devo uma compreensão mais fina da tatibilidade em Benjamin à leitura dos livros de Taisa Palhares, *Aura: a crise da arte em Walter Benjamin* (São Paulo, Barracuda, 2006) e de Bernardo Barros Coelho de Oliveira, *Olhar e narrativa* (Vitória, Edufes, 2006), como também às discussões com Luciano Ferreira Gatti por ocasião da redação de sua tese de doutorado sobre "Teoria e construção: aspectos das discussões entre Benjamin e Adorno sobre crítica e exposição".

[6] Henri Hoppenot, diplomata de carreira, à época no Ministério das Relações Exteriores, entraria para a Resistência. Depois da guerra, foi por algum tempo cônsul da França no Rio de Janeiro.

tação de Walter Benjamin do campo de *"travailleurs volontaires"* de Vernuche, perto de Nevers, onde ficou confinado de setembro a meados de novembro de 1939, conforme o decreto do governo francês que regulava a situação dos exilados alemães na França — isto é, a situação dos exilados do país com o qual a França tinha acabado de entrar em guerra.

Ora, um dos temas dessa primeira conversa de Benjamin com Adrienne Monnier diz respeito à aversão que ele manifesta em relação às reproduções fotográficas de obras de arte, especialmente de obras arquitetônicas, como um cartão-postal que representa uma catedral. Benjamin critica a "fruição"[7] fácil que tais reproduções ofereceriam e lhes opõe a atitude contemplativa do visitante na realidade, tal qual a de um turista que vai visitar a Catedral de Chartres. Adrienne Monnier retruca que obras de arte sempre são "formações coletivas"[8] cujo destino também consiste em poder estar à disposição de muitos homens, o que as técnicas de reprodução como "técnicas de redução" tornam possível. E observa também: "Elas [essas técnicas] ajudam os homens a adquirir esse grau de domínio sobre as obras, sem o qual eles não conseguem fruir delas".[9]

Se Scholem pretendia que Benjamin fora atraído para o comunismo pelos encantos "nefastos" de uma mulher, Asja Lacis, Adorno poderia ter acusado essa outra mulher, Adrienne Monnier, de ser a fonte da teoria benjaminiana da aura e de sua perda. Depois desse primeiro encontro, Benjamin volta para casa, de posse, diz ele, de uma preciosa "teoria das reproduções",[10] que deve en-

---

[7] *G. S.*, IV-1, p. 582. Benjamin usa o verbo *"geniessen"* entre aspas.

[8] *Idem*: *"kollektive Gebilde"*.

[9] Tradução de Rouanet, *Obras escolhidas*, vol. I, *op. cit.*, p. 104. No original: *"Sie verhelfen den Menschen zu jenem grade von Herrschaft über die Werke, ohne die sie nicht zum Genuss kommen"*. *Idem*. Esta fórmula será retomada por Benjamin no ensaio "Pequena história da fotografia", *G. S.*, II-1, p. 382.

[10] Leia-se na seguinte passagem: *"Und somit tauschte ich ein Photo der vierge sage von Strassburg, welche sie mir am Anfang der Begegnung mir*

contrar seus primeiros desenvolvimentos no ensaio de 1931 sobre a fotografia. Esse artigo enuncia duas hipóteses bastante provocativas. Em primeiro lugar, o "florescimento da fotografia", seu ápice artístico, coincidiria com seus dez primeiros anos de existência, "justamente os dez anos que precederam sua industrialização",[11] a época de Hill, Cameron e Nadar.[12] Na época de sua industrialização, isto é, segundo Benjamin, de sua decadência, o papel do fotógrafo não consiste em restaurar a aura perdida das primeiras fotografias, mas, eis a segunda hipótese, em levar até o fim esse processo de "desauratização", de "desinfecção" de um sagrado barato, o que já havia compreendido o fotografo Eugène Atget. Deve-se apostar na manipulação lúdica, entre a "bricolagem" engraçada e a construção austera, um jogo com uma série infinita de reproduções, em vez de querer restaurar a imagem aurática. Essa alternativa se baseia numa distinção conceitual clara entre imagem e reprodução. A novidade da máquina, a necessária duração da pose, o custo alto que restringia o número dos motivos, enfim, a "concisão da luz", todos esses fatores explicam por que as primeiras fotografias ainda são imagens no sentido forte do termo, isto é, imagens auráticas. Com a reprodução industrial e a melhoria dos meios de iluminação, as fotografias deixam de ser imagens e se transformam em reproduções. Escreve Benjamin:

versprochen hatte, gegen eine Theorie der Reproduktion ein, die mir vielleicht noch wertvoller ist". *Idem.* Em português: "E assim troquei uma fotografia da *vierge sage* de Estrasburgo, que ela [Adrienne Monnier] tinha me prometido no início do nosso encontro, por uma teoria da reprodução que talvez me fosse ainda mais preciosa". Tradução de J. M. G.

[11] *G. S.*, II-1, p. 368, tradução *Obras escolhidas*, vol. I, *op. cit.*, p. 91. A esse respeito, ver o artigo de Ernani Chaves, "Retrato, imagem, fisiognomia. Walter Benjamin e a fotografia", in *No limiar do moderno*, Belém, Paka-Tatu, 2003.

[12] Benjamin segue em muitos momentos o livro pioneiro de Gisèle Freund, *La photographie en France au XIXème siècle: essai de sociologie et d'esthétique* (Paris, La Maison des Amis du Livre, 1936), sobre o qual ele também escreveu uma resenha. *G. S.*, III, pp. 542-4.

"E cada dia fica mais nítida a diferença entre a reprodução, como ela nos é oferecida pelos jornais ilustrados e pelas atualidades cinematográficas e a imagem. Nesta, a unicidade e a durabilidade se associam tão intimamente como, na reprodução, a transitoriedade e a reprodutibilidade."[13]

Essa distinção entre imagem e reprodução, duração e fugacidade, unicidade e reprodutibilidade voltará em todos os outros escritos de Benjamin sobre a reprodutiblidade técnica, sem que isso implique um juízo estético definitivo. Se Benjamin certamente continua a gostar das primeiras imagens fotográficas e de sua beleza aurática, ele também aposta numa prática artística futura que não evoca mais a nostalgia de uma beleza inacessível, a presença do longínquo no próximo, mas que constitui uma espécie de jogo em série, de mímesis parodística ou denunciadora, uma combinatória na qual a arte poderia se tornar um exercício coletivo.[14] Essas especulações, condenadas por Adorno, podem ser reencontradas hoje em várias práticas artísticas contemporâneas e, igualmente, em práticas sociais que se situam a meio caminho entre jogo, experimentação e crítica, e possuem uma "criatividade dispersa, tática e de bricolagem"[15] — a qual, embora não se possa ter certeza

---

[13] "Pequena história da fotografia", *op. cit.*, p. 101. No original: "*Und unverkennbar unterscheidet sich das Abbild, wie illustrierte Zeitungen und Wochenschau es in Bereitschaft halten, vom Bilde. Einmaligkeit und Dauer sind in diesem so eng verschränkt wie Flüchtigkeit und Wiederholbarkeit in jenem*". G. S., II-1, p. 379.

[14] Ver a esse respeito o livro de Bruno Tackel, *Histoire d'aura* (Paris, Harmattan, 2000), que ressalta os aspectos miméticos e lúdicos da teoria da reprodutibilidade técnica em Benjamin, em particular na segunda versão da "Obra de arte na época de sua reprodutibilidade técnica".

[15] No original: "*une créativité dispersée, tactique et bricoleuse*", feliz expressão de Michel de Certeau, citado por Jean-Claude Pinson em "Du peuple qui manque à la multitude artistique", *Quinzaine Littéraire*, n° 919, 16 a 31/3/2006, pp. 37-8.

acerca de seu caráter revolucionário, de todo modo desenha uma outra apreensão do estético.

Em compensação, o que Benjamin, assim como Adorno, condena, é aquilo que hoje nos submerge nos inúmeros produtos da indústria cultural: as reproduções em massa de uma aura fictícia, cuja principal função consiste em obliterar a desolação do real. Baudelaire já colocava no palco de seu poema em prosa "A perda da auréola" o mau fazedor de versos que não quer renunciar à sua auréola, mas deseja continuar a ter o papel do poeta inspirado e sentimental, ao invés de se confrontar com a crueldade e a trivialidade de um universo de mercadorias. De maneira análoga, o fotógrafo que afirma que "o mundo é lindo" está "mais a serviço do valor de venda de suas criações [...] que a serviço do conhecimento"[16] da realidade. Como num outro curto texto radical da mesma época, "Experiência e pobreza", o que Benjamin denuncia são os fabricantes de belas mercadorias, pretensamente artísticas, cuja venda cresce à medida que as mesmas reconciliam o leitor ou o espectador com o desastre da sociedade capitalista. Esses fabricantes de imposturas (pouco importa se sinceros ou não) contarão ainda por muito tempo suas histórias repletas de consolo e de soluções privadas, e fotografarão muitos jovens casais bronzeados em praias paradisíacas para nos fazer acreditar que é possível comprar a felicidade.

A essas fotografias falsamente auráticas, Benjamin opõe as de Eugène Atget, cujos negativos dispersos uma jovem fotógrafa americana, Berenice Abbot, estava então tentando recolher. As fotografias de Atget, escreve Benjamin, têm o mérito de "desinfetar a atmosfera sufocante difundida pela fotografia convencional", de "libertar o objeto de sua aura"[17] ou ainda de "tirar a maquiagem

---

[16] "Pequena história da fotografia", *op. cit.*, p. 106. No original: *"eher ein Vorläufer von deren Verkäuflichkeit als von deren Erkenntnis"*. G. S., II-1, p. 383.

[17] *Idem*, pp. 100-1. No original: *"[Atget] [...] desinfiziert die stickige Atmosphäre, die die konventionelle Porträtsphotographie der Verfallsepoche*

[*abschminken*] do real".[18] Atget não fotografa "vistas célebres" ou "símbolos de uma cidade" como o fazem os turistas e os vendedores de cartões-postais, mas registra imagens das filas de desempregados na busca de um trabalho, das carretas nos pátios internos de edifícios miseráveis, de mesas ainda sujas com garrafas de vinho barato. A maior parte dessas fotografias, ressalta Benjamin, mostra paisagens urbanas *vazias*, sem instantâneo anedótico que possa agradar, sem *Stimmung*, ou seja, sem o "ambiente típico"; esse vazio, essa pobreza, dirá Benjamin em "Experiência e pobreza", não significa apenas a recusa em tornar mais bonita a realidade, mas permite abrir um espaço de experimentação possível, tal qual o espaço de um palco teatral antes que ele seja ocupado pelos atores, pelo cenário e pelos acessórios de uma nova encenação. Benjamin conclui:

"Nessas imagens, a cidade foi esvaziada, como um apartamento que ainda não encontrou moradores. Nessas obras, a fotografia surrealista prepara um estranhamento salvador do homem em relação a seu mundo ambiente."[19]

Com esses dois termos-chave — *ausräumen* (tirar os móveis, mudar de casa, ou, como ele dirá em "Experiência e pobreza", fazer *tabula rasa*) e *Entfremdung* (alienação no sentido brechtiano de *Verfremdung*, de estranhamento ou distanciamento) —, Benjamin reúne as experiências de Brecht e o *dépaysement* dos surrea-

---

verbreitet hat", "[er] [...] leitet die Befreiung des Objekts von der Aura ein". G. S., II-1, p. 378.

[18] *Idem*, p. 100 (Rouanet traduz: "desmascarar" a realidade). Para texto original, ver G. S., II-1, p. 377.

[19] *Idem*, p. 102 (Rouanet traduz "*heilsame Entfremdung*" por "saudável alienação"). No original: "*die Stadt auf diesen Bildern ist ausgeräumt wie eine Wohnung, die noch keinen Mieter gefunden hat. Diese Leistungen sind es, in denen die surrealistische Photographie eine heilsame Entfremdung zwischen Umwelt und Mensch vorbereitet*". G. S., II-1, p. 377.

listas numa condensação bastante ousada. Contra "a arte burguesa", contra uma arte-ilusão, uma arte-refúgio, uma arte que "fabrica" aura para reencantar o mundo, ele advoga a destruição dos velhos clichês da estética do belo em prol de espaços sóbrios, vazios e esvaziados, talvez em ruínas. Tais espaços seriam palco de exercícios de paródia e distanciamento do *status quo* e de experimentação de outros mundos, que deveriam preparar para outras práticas possíveis, desta vez, políticas.

Podemos observar que essa descrição dos efeitos suscitados pela fotografia de Atget é muito semelhante à descrição do cinema revolucionário russo, tal como Benjamin a esboça numa réplica a um artigo de Oscar Schmitz que denegria o *Encouraçado Potemkin*. Tal réplica foi publicada em 1927 na revista *Literarische Welt*, e seus termos serão retomados na segunda versão da "Obra de arte na época de sua reprodutibilidade técnica":

> "Nossos cafés e nossas ruas de cidade grande, nossos escritórios e nossos quartos mobiliados, nossas estações e fábricas pareciam nos enclausurar sem esperança. Então veio o cinema e explodiu esse mundo carcerário com a dinamite dos décimos de segundo, de tal forma que agora empreendemos com tranquilidade viagens de aventuras entre suas ruínas dispersas ao longe."[20]

Ao ler os textos de Benjamin sobre fotografia, cinema ou mesmo sobre a lírica de Baudelaire, poderíamos concluir que, doravante, na modernidade, não há mais possibilidade de uma arte aurática verdadeira — em oposição à sua fabricação e falsificação pela indústria cultural. Ora, a aura ressurge, porém, em toda a sua

---

[20] Tradução de J. M. G. No original: "*Unsere Kneipen und Grossstadtstrassen, unsere Büros und möblierte Zimmer, unsere Banhöfe und Fabriken schienen uns hoffnungslos einzuschliessen. Da kam der Film und hat diese Kerkerwelt mit dem Dynamit der Zehntelsegunden gesprengt, so dass wir nun zwischen ihren weitverstreuten Trümmern gelassen abenteuerliche Reisen unternehmen*". G. S., II-2, p. 752, e G. S., VII-1, pp. 375-6.

luminosidade, num autor posterior: Marcel Proust. A última versão de "Sobre alguns motivos em Baudelaire", publicada em 1940 pela *Zeitschrift für Sozialforschung* depois das difíceis discussões a seu respeito com Adorno,[21] conclui com uma descrição da perda da aura em Baudelaire e, *igualmente*, com uma teoria da imagem aurática em Proust. Eis aí uma conclusão surpreendente para qualquer leitor que poderia ter deduzido das análises benjaminianas da poesia baudelairiana o desaparecimento definitivo dessa insígnia do sagrado na arte contemporânea. Esse paradoxo é pouco comentado pelos intérpretes de Benjamin, mas merece nossa atenção. Minha hipótese de trabalho é a seguinte: a leitura e a tradução da obra proustiana levam Benjamin a reformular uma teoria da imagem aurática, imagem que é, no entanto, profundamente diferente da imagem aurática antiga ligada ao culto do divino ou do belo. A leitura de Proust permite a Benjamin elaborar um novo conceito de imagem, não mais a partir de uma estética da visão e da contemplação, mas a partir de uma reflexão sobre a memória e sobre a *imagem mnêmica*. Essa passagem decisiva do campo da *visão* ao da *memória* devolverá à imagem suas potencialidades auráticas e possibilitará a emergência daquilo que Benjamin, nas teses "Sobre o conceito de história", chama de "verdadeira imagem do passado".[22]

Em 1929, Benjamin publica na revista *Literarische Welt* um artigo pioneiro intitulado "Zum Bilde Prousts",[23] que poderíamos traduzir livremente como "Para a imagem de Proust", ressaltando a dupla função do genitivo: trata-se de um retrato do escritor Marcel Proust — pouco conhecido e pouco apreciado pelo público alemão da época (sobretudo pelo público de esquerda que lia a *Literarische Welt* e via no autor da *Recherche* o protótipo do es-

---

[21] Ver a correspondência entre Adorno e Benjamin dos anos 1938-39, em particular a famosa carta de Adorno de 10 de novembro de 1938.

[22] "*Das wahre Bild der Vergangenheit*", G. S., I-2. p. 695.

[23] G. S., II-1, pp. 310-24. O artigo foi traduzido para o português por Sergio Paulo Rouanet em *Obras escolhidas*, vol. I., *op. cit.*, pp. 36-49.

critor burguês, decadente... e homossexual); mas trata-se também da teoria da imagem *em* Marcel Proust, que será decisiva para a teoria benjaminiana da "verdadeira imagem" histórica. Nesse texto, a imagem em Proust é descrita sempre nos termos de uma tensão dialética e não de uma contemplação estática; essa tensão, ao mesmo passo que é o fundamento da aparição da imagem, ameaça-a de desaparecimento. Benjamin transpõe em termos conceituais a experiência sensível do narrador de *Em busca do tempo perdido*: experiência da oscilação, da vacilação, do desequilíbrio, do girar e do tropeçar — ainda que o protagonista esteja, durante a rememoração, tranquilamente deitado na sua cama. As imagens surgem nesse turbilhão que não pode ser interrompido sob o risco de perder sua intensidade fugidia. Não se trata, portanto, em Proust, de uma teoria da memória e da imagem mnêmica no sentido de uma teoria do reconhecimento e da conservação que mantém e estabiliza, mas de uma teoria da memória — involuntária — sempre oriunda do esquecimento e por ele atravessada. O trabalho da escritura não consiste, então, em reproduzir, de maneira mais ou menos feliz, alguma substância vivida, mas, de maneira análoga ao gesto incansável de Penélope, em tecer conjuntamente os fios do esquecer e do lembrar:

> "Sabemos que Proust não descreveu em sua obra uma vida como ela de fato foi, e sim uma vida tal como é lembrada por aquele que a viveu. Porém esse comentário ainda é difuso, e demasiadamente grosseiro. Pois o importante, para o autor que lembra, não é aquilo que ele viveu, mas o tecido de seu lembrar, o trabalho de rememoração de Penélope. Não seria melhor falar da obra de esquecimento de Penélope? A 'memória involuntária' de Proust não está mais próxima do esquecimento que daquilo que em geral chamamos de lembrança?"[24]

---

[24] "A imagem de Proust", *op. cit.*, p. 37. Modifiquei a tradução. No original: "*Man weiss, dass Proust nicht ein Leben wie es gewesen ist in seinem*

Se o "vivido" lembrado não remete a nenhuma substância, a nenhum estado de fato, Benjamin dirá também que a tarefa do historiador não é descrever "como de fato foi" no passado — *"wie es eigentlich gewesen ist"*, segundo a fórmula de Leopold von Ranke — mas de reter uma imagem fugaz do passado no momento de sua emergência no presente.[25]

Ora, é por meio da memória, especificamente da memória involuntária, que a imagem, em Proust, adquire traços auráticos. Enquanto as imagens oriundas da memória voluntária — da inteligência, como diz Proust — são tão aborrecidas como uma coleção de cartões-postais ou como uma "exposição de fotografias" (!), "as imagens surgidas da *memória involuntária* se distinguem das outras porque possuem uma aura",[26] afirma Benjamin. Como e por que isso ocorre? Por duas razões principais. Primeiro, porque a memória involuntária reintroduz a presença do infinito no psiquismo do sujeito contemporâneo. Enquanto a apreensão do tempo na modernidade se caracteriza por sua redução ao instante presente, breve e sem profundidade, nesse sentido comparável à

Werk beschrieben hat, sondern ein Leben, so wie der, der's erlebt hat, dieses Leben erinnert. Und doch ist auch das unscharf und bei weitem zu grob gesagt. Denn hier spielt für den erinnernden Autor die Hauptrolle gar nicht, was er erlebt hat, sondern das Weben seiner Erinnerung, die Penelopearbeit des Eingedenkens. Oder sollte man nicht besser von eienem Penelopewerk des Vergessens reden? Steht nicht das 'ungewollte Eingedenken', Prousts mémoire involontaire dem Vergessen viel näher als dem, was meist Erinnerung genannt wird?". G. S., II-1, p. 311.

[25] Conferir "Über den Begriff der Geschichte", G. S., I-2, p. 695 (tese VI).

[26] Leia-se por exemplo a seguinte passagem: "*Wenn man das Unterscheidende an den Bildern, die aus der* mémoire involontaire *auftauchen, darin sieht, dass sie eine Aura haben, so hat die Photographie an dem Phänomen eines 'Verfalls der Aura' entscheidend teil*". "Über einige Motive bei Baudelaire", G. S., I-2, p. 646. Em português: "Se a marca das imagens que afloram de dentro da *mémoire involontaire* se divisa no fato de possuírem uma aura, é preciso dizer que a fotografia tem uma parte decisiva no fenômeno da 'decadência da aura'". "Sobre alguns motivos em Baudelaire", col. Os Pensadores, *Escola de Frankfurt*, São Paulo, Abril, 1975, p. 58.

percepção estética que recusa o longínquo em proveito do próximo e do manipulável, a memória, entregue a si mesma (e não controlada pela vontade consciente), transforma-se num rio inexaurível no qual cada lembrança chama por outra:

> "Pois um acontecimento vivido é finito, ou pelo menos encerrado na esfera do vivido, ao passo que o acontecimento lembrado é sem limites, porque é apenas uma chave para tudo o que veio antes e depois."[27]

Essa abertura para o infinito na obra proustiana — ainda que a vida do protagonista seja restrita e pobre em acontecimentos — possui ligação com a problemática psíquica da livre associação em Freud, como, aliás, são próximas a teoria benjaminiana do choque e a freudiana do trauma. Ao lado dessa potencialidade infinita da memória involuntária existe, em Proust, uma segunda qualidade específica da imagem mnêmica que faz ressurgir a presença da aura: quando lembramos alguém ou algo, ou quando o reconhecemos, sempre emerge o "quadro" (a moldura, o halo) de seu primeiro surgimento — o que torna, aliás, difícil situar uma pessoa encontrada fora do seu contexto habitual. Ora, na *Busca do tempo perdido*, as personagens principais sempre surgem associadas a lugares precisos, que as enquadram e sobre os quais se destacam, e que continuam a acompanhá-las mesmo quando as personagens evoluem em outros espaços. Georges Poulet, importante comentador de Proust, ressaltou:

> "Invariavelmente, é dentro de uma paisagem circunscrita minuciosamente pelo autor que se mostra pela primeira vez a personagem proustiana [...]. Sem dúvida,

---

[27] "A imagem de Proust", *op. cit.*, p. 37. No original: "*Denn ein erlebtes Ereignis ist endlich, zumindest in der einen Sphäre des Erlebens beschlossen, ein erinnertes schrankenlos, weil Schlüssel zu allem was vor ihm und zu allem was nach ihm kam*". G. S., II-1, p. 312.

depois, a personagem reaparecerá alhures. Mas não deixará de estar ligada ao sítio primevo de nossa memória. É nele que pensamos em primeiro lugar, é ele que vemos desenrolar-se primeiro, qualquer que seja o espaço em que a personagem é reencontrada; é como se ela tivesse se deixado pintar num quadro mais revelador que nenhum outro e no qual sempre a veremos destacar-se sobre o mesmo fundo."[28]

Essa estreita relação entre a personagem e seu *topos* de origem é bem conhecida na mnemotécnica desde Simônides; ela adquire, em Proust, conotações psicológicas, e até mesmo eróticas, essenciais. O narrador chega a confessar ter se apaixonado por Gilberte porque associou sua imagem a Bergotte (o grande escritor), isto é, à literatura e às catedrais góticas:

> "Mas a própria Gilberte, será que eu não a tinha amado sobretudo porque ela me apareceu *ornada por essa auréola* de ser a amiga de Bergotte, de ir com ele visitar as catedrais?"[29]

No que diz respeito a Albertine, ela sempre fará parte desse grupo de moças alegres em férias, "diante do mar, como estátuas

---

[28] Georges Poulet, *L'espace proustien*, Paris, Gallimard/Tel, 1963, p. 35. Tradução de J. M. G.

[29] Tradução de J. M. G. No original: "*Mais Gilberte elle-même, ne l'avais-je pas aimée surtout parce qu'elle m'était apparue* nimbée par cette auréole *d'être l'amie de Bergotte, d'aller visiter avec lui les cathédrales?*" [destaque de J. M. G.]. Marcel Proust, A l'ombre des jeunes filles en fleurs, À la recherche du temps perdu, tome II, Paris, Tadié/Pléiade, 1988, p. 153. Essa mesma passagem foi vertida para o alemão por Walter Benjamin e Franz Hessel da seguinte maneira: "*Aber hatte ich nicht Gilberte selber wiederum vor allen Dingen deswegen geliebt, weil sie im Glanz der Aureole, Freundin von Bergotte zu sein, mit ihm die Kathedralen zu besuchen, mir erschienen war?*". G. S., *Übersetzungen*, Supplement II, p. 370.

expostas ao sol numa orla da Grécia",[30] só podendo se tornar decepcionante quando se tornar próxima, ou até mesmo íntima, num quadro doméstico que aniquila o da amplitude. Literatura, catedrais, Grécia antiga e orla marítima remetem, com efeito, ao infinito do desejo e ao desejo de infinito que é o próprio movimento de Eros na *Busca do tempo perdido*. Lembremos que Walter Benjamin e Franz Hessel começaram sua tradução de Proust justamente por esse volume, *A l'ombre des jeunes filles en fleurs*.

Se Benjamin reencontra na obra proustiana certos elementos da imagem aurática autêntica que pareciam perdidos, tais como a abertura para o infinito e o halo que está em volta da aparição, ela já não possui, no entanto, a estabilidade da imagem do divino ou do belo. Benjamin distinguiu com clareza a imagem (*Bild*) da reprodução (*Abbild*) em seu ensaio sobre uma "Pequena história da fotografia": a imagem possuía "unicidade e duração", enquanto a reprodução repousava sobre "a fugacidade e a reprodutibilidade". A imagem aurática proustiana continua tendo unicidade, no entanto, sua estrutura temporal muda, sua "duração" desaparece — a imagem se torna tão fugaz quanto a reprodução, talvez até mais do que ela. Essa fragilidade torna a imagem uma aparição ainda mais preciosa, pois que ameaçada de desaparecimento, e "irrestituível" quando não for pega em seu voo, dirá Benjamin nas "Teses": "Pois é uma imagem irrestituível do passado que ameaça desaparecer com cada presente que não se reconhece como nela visado".[31]

Esse caráter de destrutibilidade e, portanto, de urgência, provém de uma transformação estética importante. Com efeito, em Proust passamos de uma estética do olhar para uma estética do

---

[30] Tradução de J. M. G. No original: "*devant la mer, comme des statues exposées au soleil sur un rivage de la Grèce*". *Idem*, p. 149.

[31] Tradução de J. M. G. e Marcos L. Müller, *in* Michael Löwy, *Walter Benjamin: aviso de incêndio*, São Paulo, Boitempo, 2005. No original: "*Denn es ist ein unwiederbringliches Bild der Vergangenheit, das mit jeder Vergangenheit zu verschwinden droht, die sich nicht als in ihm gemeint erkannte*". "Über den Begriff der Geschichte", *G. S.*, I-2, p. 695 (tese V).

tátil, da vibração, já anunciada pela importância dos choques em Baudelaire, segundo Benjamin. Se Proust ainda evoca imagens, estas surgem justamente porque nascem da memória involuntária, de sensações táteis — seja na famosa experiência da *madeleine* ou, no último volume, em suas diversas retomadas, que se sucedem no Hôtel de Guermantes. Não é a *visão* do biscoito ou de uma paisagem que provoca o *estremecimento* do eu e a irrupção da lembrança, mas sim um contato, um *tocar*:

> "Mas no mesmo instante em que aquele gole, de envolta com as migalhas do bolo, *tocou* meu paladar, *estremeci*, atento ao que se passava de extraordinário em mim."[32]

Quando o narrador tropeça na calçada desigual, repetindo o passo em falso do poeta baudelairiano, é pela virtude desse repentino desequilíbrio que a luz do Batistério de São Marcos o inunda novamente, como o fará mais tarde a luz da paisagem marítima, no momento em que ele enxuga os lábios com uma toalha cujo contato rugoso ressuscita as toalhas de banho engomadas demais do hotel de Balbec.[33] Mesmo que sejam imagens, isto é, visões, que emergem da memória, aquilo que lhes dá sua intensidade arrebatadora só pode provir de uma sensação primeira, ou primitiva, como o tato, o gosto ou o olfato — sensação, portanto, anterior à construção do visível que, como se sabe, é tardia na criança. Essa "memória do corpo", oposta pelo narrador desde as primeiras páginas à do espírito, é, sim, primeira, mas, por ser involuntária, é também mais fugaz, já que escapa à consciência, à inteligência

---

[32] Marcel Proust, *Em busca do tempo perdido*, vol. I, *No caminho de Swann*, Porto Alegre, Globo, 1981, p. 45, tradução de Mario Quintana [destaques de J. M. G.]. No original: "*Mais à l'instant même où la gorgée mêlée des miettes de gâteau toucha mon palais, je tressaillis, attentif à ce qui se passait d'extraordinaire en moi*". Marcel Proust, *op. cit.*, p. 44.

[33] Ver o último volume de *Em busca do tempo perdido*: *O tempo reencontrado/redescoberto*.

que não consegue reproduzi-la "à vontade". Ela é, então, a única memória verdadeira e, simultaneamente, a mais frágil, pois "passa como um relâmpago" (*aufblitzt*), dirá Benjamin na "tese" V.

O motivo proustiano da memória do corpo introduz um par de conceitos essenciais para a compreensão da tatilidade em Benjamin: os conceitos de hábito e de atenção. *Em busca do tempo perdido* segue o ritmo binário do habituar-se — para que não se sofra demais, por exemplo, ao dormir num quarto desconhecido e ameaçador — e de um repentino estado de atenção, despertado por algo novo que emerge e quebra a monotonia instalada pelo hábito (monotonia que também pode se tornar sinônimo de tédio, de amortecimento da percepção). Retomando esses conceitos,[34] Benjamin ressalta a relação, implícita em muitas línguas, entre hábito e habitar, *Gewöhnheit* e *wohnen*. Ela explica por que a arquitetura pode ser definida como uma arte coletiva e tátil da distração (*Zerstreuung*): os habitantes de residências e os usuários de edifícios públicos devem esquecê-los, para que possam realmente habitá-los. Tal esquecimento se opõe, por exemplo, à *contemplação* atenta de um monumento por um turista. Essa recepção distraída e tátil, isto é, de corpo inteiro, não pode ser interpretada exclusivamente como uma percepção alienada da realidade, mas indica uma transformação profunda da concepção de deleite artístico, até então caracterizado por uma estética do olhar e da contemplação. Benjamin aponta para um desfrutar ativo, ligado ao uso e ao exercício (*Übung*) cotidianos que, muitas vezes, não remetem mais à concepção tradicional da arte, mas a novas práticas estéticas de percepção e de jogo.

Assim, o "potencial antropológico" contido na experiência aurática — como quis Burkhardt Lindner — transpõe-se a uma outra experiência estética, a saber, a experiência do lúdico. Numa longa nota da segunda versão da "Obra de arte na época de sua

---

[34] Por exemplo no pequeno texto de "Imagens do pensamento" intitulado "Gewohnheit und Aufmerksamkeit", "Hábito e atenção", em *G. S.*, IV-1, pp. 407-8, ou *Obras escolhidas*, vol. II, São Paulo, Brasiliense, 1987, p. 247.

reprodutibilidade técnica", que foi omitida (ou censurada?) tanto na versão francesa como na versão alemã publicada pela *Zeitschrift für Sozialforschung*, Benjamin define o jogo (*Spiel*), o lúdico, como a segunda metade da arte, entendida como comportamento mimético originário do homem. Em razão de sua importância decisiva para compreender melhor o "materialismo antropólogico"[35] de Benjamin e suas últimas hipóteses estéticas, tomo a liberdade de citar um longo trecho dessa nota. Benjamin fala do declínio da aura depois de seu ápice na teoria estética de Goethe e, em particular, de sua encarnação na Ottilie de *As afinidades eletivas*. Escreve ele:

> "Sua decadência torna duplamente necessário voltar o olhar sobre sua origem. Esta se encontra na mímesis como fenômeno originário de toda atividade artística. Aquele que imita só faz em aparência [*nur scheinbar*] aquilo que faz. E, na verdade, a mais antiga imitação só conhece uma única matéria na qual plasma: é o corpo [*Leib*] do próprio homem que imita. Dança e linguagem, gestos do corpo e dos lábios, são as manifestações mais primitivas da mímesis. — Aquele que imita só faz a coisa na aparência. Também se pode dizer: essa coisa ele a brinca/representa brincando [*spielt*]. Assim se descobre a polaridade que reina na mímesis. Os dois lados da arte: a aparência e o jogo/a brincadeira [*Spiel*] estão como que dormindo dentro da mímesis, estreitamente dobrados um no outro, tais as duas membranas da semente. Essa polaridade só pode interessar ao dialético se ela tiver um papel histórico. Mas este é, de fato, o caso. E esse papel é determinado pelo confronto na história universal entre primeira e segunda técnica.[36] A aparência

---

[35] Expressão de Benjamin para designar os surrealistas (*G. S.*, II-1, p. 309), retomada por Adorno para caracterizar o próprio Benjamin.

[36] Alusão à distinção operada por Benjamin entre "primeira técnica", ainda a serviço da dominação das forças da natureza, e a "segunda técnica",

[*Schein*] é, com efeito, o esquema o mais abstrato e com isso também o mais constante de todos os tipos de processos mágicos da primeira (técnica), e o jogo lúdico [*Spiel*] o reservatório inesgotável de todos os tipos experimentais da segunda técnica. Nem o conceito de aparência [*Schein*] nem o conceito de jogo [*Spiel*] são alheios à estética tradicional; e o par conceitual valor de culto/ valor de exposição, na medida em que se disfarça no par conceitual evocado acima, não diz nada de novo. Porém, isso ele muda subitamente quando esses conceitos cessam de ser indiferentes em relação à história. Eles levam por aí a uma inteligência prática. Dito de outra maneira: nas obras de arte, o que é acarretado pelo murchar da experiência, pelo declínio da aura, é um ganho formidável para o espaço de jogo [*Spiel-Raum*]. O mais vasto espaço de jogo se instaura no cinema."[37]

que seria muito mais um interagir harmonioso entre forças humanas e forças naturais.

[37] Tradução de J. M. G. Eis o trecho no original alemão: "*Ihr Verfall legt es doppelt nahe, den Blick auf ihren Ursprung zurückzulenken. Dieser liegt in der Mimesis als dem Urphänomen aller künstlerischen Betätigung. Der Nachmachende macht, was er macht, nur scheinbar. Und zwar kennt das älteste Nachmachen nur eine einzige Materie, in der er bildet: das ist der Leib des Nachmachenden selber. Tanz und Sprache, Körper und Lippengestus sind die frühesten Manifestationen der Mimesis. — Der Nachmachende macht seine Sache scheinbar. Man kann auch sagen: er spielt die Sache. Und damit stösst man auf die Polarität, die in der Mimesis waltet. In der Mimesis schlummern, eng ineienandergefaltet wie Keimblätter, beide Seiten der Kunst: Schein und Spiel. Dieser Polarität kann freilich der Dialektiker nur Interesse entgegenbringen, wenn sie eine geschichtliche Rolle spielt. Das ist aber in der Tat der Fall. Und zwar ist diese Rolle bestimmt durch die weltgeschichtliche Auseinandersetzung zwischen der ersten und der zweiten Technik. Der Schein nämlich ist das abgezogenste, damit auch beständige Schema aller magischen Verfahrungsweisen der ersten, das Spiel das unerschöpfliche Reservoir aller experimentierenden Verfahrungsweisen der zweiten Technik. Weder der Begriff des Scheins noch der des Spiels ist der überkommenen Ästhetik fremd;*

Tento comentar rapidamente essa longa nota. Com o declínio da aura não vem à tona somente um mundo desencantado e insosso. A hipótese dialética consiste em pensar que uma outra vertente da mímesis possa se destacar e fortalecer com o fim da estética clássica, ligada à bela aparência e aos resquícios das origens mágico-ritualísticas das obras de arte; isto é, a vertente lúdica e experimental, desde sempre e até hoje presente nas autênticas brincadeiras infantis que encontraram em Benjamin um observador atento.[38] Essa vertente lúdico-experimental não visa a nenhum reencantamento do mundo, mas, como Atget em suas fotografias proféticas, uma "demaquiagem" (*abschminken*) do real, sua "desinfecção", seu desmascaramento crítico. A aposta dialética consiste em esperar que esse processo de destruição das belas aparências ilusórias torne possível a emergência de outro processo: o de experimentação lúdica — mas também séria — com outras possibilidades de realidade. Ressoam aqui os ecos da radicalidade do teatro épico brechtiano, da sobriedade (*Nüchternheit*)[39] do urbanismo e da arquitetura da Bauhaus, das fantasias e iluminações

und insofern das Begriffspaar Kultwert und Ausstellungswert in dem erstgenannten Begriffspaar verpuppt ist, sagt es nicht Neues. Das ändert sich aber mit einem Schlage, sowie diese Begriffe ihre Indifferenz gegen die Geschichte verlieren. Sie führen damit zu einer praktischen Einsicht. Diese besagt: Was mit der Verkümmerung des Scheins, dem Verfall der Aura in den Werken der Kunst einhergeht, ist ein ungeheuer Gewinn an Spiel-Raum. Der weiteste Spielraum hat sich im Film eröffnet". G. S., VII-1, pp. 368-9.

Ver também versão francesa desse trecho traduzido em Walter Benjamin, *Écrits français*, J. P. Monnoyer (org.), Paris, Gallimard, 1991, pp. 188-9. A esse respeito, ver nota 20, p. 119 deste volume.

[38] Benjamin tem muitos textos consagrados às brincadeiras e aos brinquedos infantis. Conferir a coletânea organizada e traduzida por Marcus Mazzari, *Reflexões sobre a criança, o brinquedo e a educação*, São Paulo, Editora 34, 2002. Podemos citar como exemplo o belo texto da *Rua de mão única*, "Canteiro de obras", *Obras escolhidas*, vol. II, *op. cit.*, pp. 18-9; e, no original, G. S., IV-1, "Baustelle", pp. 92-3.

[39] Uma palavra-chave do vocabulário estético de Benjamin, desde seus textos de juventude sobre Hölderlin até suas descrições das casas de pescadores em Ibiza.

profanas dos surrealistas. Nessa aposta, Benjamin conjuga a experiência mimética primeira das crianças e as últimas experimentações das vanguardas artísticas. Crianças e artistas se põem a experimentar com o mundo, isto é, a destruí-lo e a reconstruí-lo, porque não o consideram como definitivamente dado. Essas brincadeiras essenciais implicam uma noção de ação política que não visa a transformação do mundo segundo normas prefixadas, mas a partir de exercícios e tentativas nos quais a experiência humana — tanto espiritual e inteligível como sensível e corporal — assume outras formas.

É interessante notar que, quando Benjamin e Klossowski vertem juntos para o francês o texto da "Obra de arte na época de sua reprodutibilidade técnica", escolhem para o conceito alemão de *Spielraum* — literalmente, espaço de jogo ou lugar para brincadeira — um equivalente francês com ressonâncias muito mais políticas: *champ d'action*.[40] Esse "*champ d'action immense et insoupçonné*", que Benjamin vislumbra para o cinema, só pode realizar-se como novo espaço estético se a humanidade não perder de vista a exploração e a transformação de um outro espaço de jogo — o campo da política. Somente essa aliança decisiva entre espaço de jogo estético e campo de ação política permite uma luta efetiva contra as forças do fascismo e da dominação total.

---

[40] Ver, por exemplo, *G. S.*, I-2, p. 730.

REMEMORAÇÃO

10.
TEOLOGIA E MESSIANISMO
NO PENSAMENTO DE WALTER BENJAMIN

Para Irving Wohlfarth

Inicio este ensaio citando uma observação de Benjamin sobre Kafka, como homenagem à proximidade desses dois pensadores e escritores.

"Já puderam perceber que, em toda a obra de Kafka, o nome 'Deus' não aparece. E nada há mais vão do que introduzi-lo na interpretação dessa obra. Quem não entende o que proíbe a Kafka usar esse nome não entende uma linha sequer deste autor."[1]

Tal observação deve nos servir de alerta: nos caminhos das diversas interpretações da obra de Walter Benjamin, os motivos "teologia" e "messianismo" acabam se tornando armadilhas perigosas pois, muitas vezes, remetem à "louvável" intenção de reconciliar aspirações religiosas e lutas políticas. Pretendo enunciar algumas hipóteses de leitura da obra de Benjamin que acenam para outra direção. Desde já, posso adiantar que tais hipóteses baseiam-se numa distinção conceitual, a meu ver esclarecedora, que me parece ter sido geralmente preterida pela literatura secundária. Trata-se da distinção entre religião e teologia.

---

[1] Tradução de J. M. G. No original: *"Es wurde darauf hingewiesen, dass im ganzen Werk Kafkas der Name 'Gott' nicht vorkommt. Und nichts ist müssiger als in seiner Erläuterung ihn einzuführen. Wer nicht versteht, was Kafka den Gebrauch dieses Namens verbietet, versteht von ihm keine Zeile"*. Walter Benjamin, *Gesammelte Schriften (G. S.)*, II-3, Frankfurt, Suhrkamp, 1974, p. 1.219.

Convém começar por uma breve evocação histórica do modo como foi recebida a obra de Benjamin. Ainda em vida, seus amigos divergem sobre a orientação verdadeira de seu pensamento. Enquanto Gershom Scholem vê nele um dos últimos representantes da autêntica tradição mística judaica e o censura por se deixar desviar de sua essência verdadeira por contingências históricas e amorosas (especialmente pelos encantos de Asja Lacis), seus amigos que militam no partido comunista, como Brecht ou a própria Asja, lamentam a indecisão política e existencial de Benjamin, pedindo-lhe que assuma sua condição de pensador materialista. Numa posição intermediária, Adorno (e, em menor grau naquela época, Horkheimer), é tão sensível à inspiração teológica dos escritos de Benjamin, quanto ao seu esforço de construção de uma teoria materialista da cultura e da História. Adorno critica em várias oportunidades, no entanto, a falta de dialética de tais tentativas. Discussões semelhantes iriam surgir com força redobrada na ocasião da "redescoberta" de Benjamin, nas décadas de 1960 e 70, com o novo impulso que toma o movimento estudantil. Lido como um dos primeiros teóricos da esquerda que havia questionado o determinismo economicista e político da Segunda Internacional, Benjamin tornou-se o emblema de um pensamento autenticamente político e materialista, porém antideterminista e antitotalitarista. Essa interpretação é importante e tem valor até hoje, a despeito de sua dificuldade em acolher os elementos messiânicos e teológicos espalhados pela obra do filósofo, particularmente no seu último texto, as "Teses sobre o conceito de história".[2]

Obra póstuma — pode-se duvidar que Benjamin a teria publicado na forma em que a deixou escrita, pois sabia muito bem que essas teses teriam sido fonte de inúmeros mal-entendidos[3] —,

---

[2] *Über den Begriff der Geschichte*, G. S., I-2, pp. 693-704. O texto foi inicialmente publicado com o título de *Geschichtsphilosophische Thesen*, nos primeiros escritos de Benjamin publicados pela Suhrkamp antes da edição crítica. Por isso, é frequentemente citado simplesmente como "Teses".

[3] Ver a carta de Benjamin a esse respeito dirigida a Gretel Adorno. G. S., I-3, p. 1.223.

trata-se de um texto fulgurante que deve seu brilho à junção, perigosa e esplêndida, de motivos materialistas e marxistas com temas teológicos e messiânicos. A primeira tese já trata, de modo enigmático, da estreita relação que, segundo Benjamin, deve unir o materialismo histórico e a teologia:

> "Como se sabe, deve ter havido um autômato, construído de tal maneira que ele, a cada jogada de um enxadrista, respondia com uma contrajogada que lhe assegurava a vitória da partida. Diante do tabuleiro, que repousava sobre uma ampla mesa, sentava-se um boneco em trajes turcos, com um narguilé à boca. Um sistema de espelhos despertava a ilusão de que essa mesa era transparente de todos os lados. Na verdade, um anão corcunda, mestre no jogo de xadrez, estava sentado dentro dela e conduzia por fios a mão do boneco. Pode-se imaginar na filosofia uma contrapartida dessa aparelhagem. O boneco chamado 'materialismo histórico' deve ganhar sempre. Ele pode medir-se, sem mais, com qualquer adversário, desde que tome a seu serviço a teologia, que, hoje, sabidamente, é pequena e feia e que, de toda maneira, não deve deixar-se ver."[4]

---

[4] Tradução de J. M. G. e Marcos L. Müller, *in* Michael Löwy, *Walter Benjamin: aviso de incêndio*, São Paulo, Boitempo, 2005. No original: "*Bekanntlich soll es einen Automaten gegeben haben, der so konstruiert gewesen sei, dass er jeden Zug eines Schachspielers mit einem Gegenzuge ewidert habe, der ihm den Gewinn der Partie sicherte. Eine Puppe in türkischer Tracht, eine Wasserpfeife im Munde, sass vor dem Brett, das auf einem geräumigen Tisch aufruhte. Durch ein System von Spiegeln wurde die Illusion erweckt, dieser Tisch sei von allen Seiten durchsichtig. In Wahrheit sass ein buckliger Zwerg darin, der ein Meister im Schachspiel war und die Hand der Puppe an Schnüren lenkte. Zu dieser Apparatur kann man sich ein Gegenstück in der Philosophie vorstellen. Gewinnen soll immer die Puppe, die man 'historischen Materialismus' nennt. Sie kann es ohne weiteres mit jedem aufnehmen, wenn sie die Theologie in ihren Dienst nimmt, die heute bekanntlich*

Os espíritos se dividiram, rapidamente, quando se tratou de explicar uma imagem tão estranha. Para Scholem, a comparação indica nitidamente que a teologia rege a História e deve reger o materialismo histórico, uma vez que o pequeno anão, escondido por certo, porém jogador soberano, é quem manipula os fios que comandam os movimentos do autômato. Por outro lado, Hans Dieter Kittsteiner opina, no tão falado número da revista berlinense de esquerda *Alternative*, consagrado a Benjamin em outubro de 1967, que tratar-se-ia muito mais de fazer da teologia uma "*ancilla philosophiae*", ou melhor, uma serva do materialismo histórico que a toma a seu "serviço", como afirma a tese.[5]

Tais interpretações desencontradas dos adeptos de um Benjamin materialista e de outro místico-teológico aos poucos seriam, felizmente, substituídas por estudos de conjunto sobre o autor. Apesar da diversidade de temas e estilos, identificada por muitos comentadores,[6] o pensamento de Benjamin é atravessado, já em suas obras de juventude e ainda nos fragmentos do *Passagenwerk*, por certos motivos-chave: a desconfiança para com a tradição afirmativa burguesa, a preocupação com o detalhe, o singular, e os fenômenos estranhos e extremos.[7] Benjamin elaborou, enfim, uma concepção da interpretação e da História acompanhada por uma vontade soteriológica, um desejo de memória e preservação dos elementos preteridos e "esquecidos" pela historiografia burguesa,

---

klein und hässlich ist und sich ohnehin nicht darf blicken lassen". G. S., I-2, p. 693.

[5] H. D. Kittsteiner, *Die 'Geschichtsphilosophischen Thesen'*, em *Alternative*, Berlim, n° 56-57, out.-dez. 1967, p. 245.

[6] Citarei principalmente, apesar de suas respectivas diferenças, muitas vezes importantes, Irving Wohlfarth, Michael Löwy e Stéphane Mosès. Na Alemanha, Bernd Witte e Winfried Menninghaus.

[7] Em artigo fundamental, Carlo Ginzburg mostra como certa epistemologia do excêntrico revelou-se fecunda para as ciências humanas contemporâneas de Warburg até Freud. Evidentemente, seria preciso acrescentar Walter Benjamin à sua lista. Ver Carlo Ginzburg, *Miti emblemi spie: morfologia e storia*, Turim, Einaudi, 1986.

sempre apologética: os excluídos e os vencidos, mas também o não-clássico, o não-representativo, o estranho, o barroco etc. Essa teoria herética e iconoclasta do conhecimento é amparada, sempre de acordo com tais intérpretes, em uma concepção linguística de origem teológica, que opõe à arbitrariedade do signo a existência de uma língua originária, na qual, respondendo ao verbo criador de Deus, o homem nomeia o mundo com justeza. Essa língua adâmica, tal como a descreve o ensaio de 1916 "Über Sprache überhaupt und über die Sprache des Menschen" ["Sobre a linguagem em geral e sobre a linguagem do homem"],[8] já não existe hoje; não está, porém, totalmente perdida. Sua presença subterrânea continua habitando, idealmente, a multiplicidade de nossas diversas línguas. Manifesta-se sobretudo na dupla operação de distanciamento e aproximação que constitui a tradução e a crítica,[9] bem como nos esforços vãos e sempre renovados dos filósofos e dos poetas para dizer *verdadeiramente* o mundo. Teríamos, portanto, em Benjamin, um esquema teórico que reformularia, de modo extremamente original, um paradigma de origem religiosa. A História humana seria a perda de um paraíso originário determinada pela queda na temporalidade e na incomunicabilidade — ou, em Babel, a consagração linguística do pecado original. A transformação dessa História decaída e o restabelecimento da harmonia primitiva seriam assim a única tarefa autêntica na qual, por uma prática (revolucionária) e/ou uma teoria reparadora de injustiças, os homens devem se empenhar.

Essa interpretação da obra de Benjamin oferece muitas vantagens. Possibilita uma apreensão global do pensamento do filósofo ao introduzir diferenciações úteis em vez de estabelecer uma separação categórica entre um Benjamin moço, idealista e místico, e um Benjamin maduro, materialista e marxista. É uma leitura que tem igualmente o grande mérito de afirmar que convicções políticas de esquerda, até marxistas, e convicções religiosas não se ex-

---

[8] Ver *Escritos sobre mito e linguagem*, tradução de Susana Kampff Lages e Ernani Chaves, São Paulo, Duas Cidades/Editora 34, 2011.

[9] Ver, sobretudo, *Die Aufgabe des Übersetzers*, G. S., IV-1.

cluem necessariamente mas, ao contrário, podem se fortalecer mutuamente. Toda a obra de Michael Löwy enfatiza essa leitura. Finalmente, tal convergência contribui de modo salutar a debilitar uma concepção positivista que reduz o fenômeno religioso ao irracional, e lhe opõe a política como esfera privilegiada do desdobramento da razão.[10]

Gostaria, no entanto, de apontar algumas questões que esta leitura de Benjamin, segundo um paradigma fundamentalmente religioso, parece-me levantar, propondo em seguida, no intuito de elucidar melhor o assunto, uma distinção entre o religioso e o teológico, em especial na obra de Benjamin.

Em primeiro lugar, cumpre observar que é contestável a transformação do texto de juventude "Sobre a linguagem em geral e sobre a linguagem do homem" — particularmente da leitura de *Gênesis* nele proposta — em uma espécie de descrição filosófico-histórica e filosófico-linguística de um Paraíso perdido que teria realmente existido e em busca do qual a humanidade continua se empenhando. O próprio Benjamin salienta que o ato de recorrer ao texto de *Gênesis* não tem a finalidade de esboçar uma reconstrução histórica,[11] mas antes evocar outra compreensão da lin-

---

[10] Cabe observar que certas críticas de peso ao pensamento de Benjamin se originam exatamente da junção entre instância salvadora e instância crítica materialista em sua filosofia da História. É, sem dúvida, o caso de Habermas em seu artigo de 1972, "Bewusstmachende oder rettende Kritik — die Aktualität Walter Benjamin", in *Zur Aktualität Walter Benjamins* (Frankfurt, Suhrkamp, 1972), e, mais recentemente, o de Rainer Rochlitz, *Le désenchantement de l'art, la philosophie de Walter Benjamin* (Paris, Gallimard, 1992).

[11] "*Wenn im folgenden das Wesen der Sprache auf Grund der ersten Genesiskapitel betrachtet wird, so soll damit weder Bibelinterpretation als Zweck verfolgt noch auch die Bibel an dieser Stelle objektiv als offenbarte Wahrheit dem Nachdenken zugrunde gelegt werden, sondern das, was aus dem Bibeltext in Ansehung der Natur der Sprache sich ergibt, soll aufgefunden werden*", "Über Sprache überhaupt und über die Sprache des Menschen", in G. S., II-1, p. 147. Na edição brasileira: "Ao se considerar a seguir, com base nos primeiros capítulos do *Gênesis*, a essência da linguagem, não se pretende realizar uma interpretação da Bíblia, nem colocar aqui a Bíblia,

guagem humana, quase esquecida, e até mesmo repelida pela hipótese linguística da arbitrariedade do signo e da comunicação como função primordial da linguagem. A importância do texto de *Gênesis* reside no fato de que ele nos faz recordar uma função verdadeiramente essencial da linguagem humana, a de *nomear*, que não se pode explicitar nem em termos de comunicação nem em termos de arbitrariedade. Convém observar que o tema da denominação retorna frequentemente na obra de Benjamin, seja para indicar o ideal — inacessível — da linguagem filosófica no "Prefácio" ao livro sobre o drama barroco,[12] seja evocando o fundamental impulso mimético humano na tentativa materialista de descrever a origem da linguagem[13] ou, ainda, aludindo ao verdadeiro nome dado à criança de forma oculta na tradição judaica.[14] Dessa forma, se é verdade que existem no pensamento de Benjamin liames essenciais entre língua e história, conforme ressalta Giorgio Agamben em notável artigo,[15] parece-me questionável tomar seus textos de teoria da linguagem como textos de filosofia da história — que tratariam das origens linguísticas *e* históricas da humanidade.

É preciso também confessar que os intérpretes são tomados de um certo mal-estar quando se trata de compreender, partindo

objetivamente, enquanto verdade revelada, como base para nossa reflexão, mas sim indagar o que resulta quando se considera o texto bíblico em relação à própria natureza da linguagem". Tradução de Susana Kampff Lages, "Sobre a linguagem em geral e a linguagem do homem", *Escritos sobre mito e linguagem*, op. cit.

[12] "Erkenntniskritische Vorrede", *in Ursprung des deutschen Trauerspiels*, G. S., I-1, pp. 216-7.

[13] Ver os dois textos vizinhos, "Lehre des Ähnlichen" e "Mimetisches Vermögen", *in* G. S., II-1, pp. 204-13.

[14] Ver o estranho texto "Agesilaus Santander" e a interpretação de Gershom Scholem, "Walter Benjamin und sein Engel", *in Zur Aktualität Walter Benjamins*, Frankfurt, Suhrkamp, 1972.

[15] "Langue et Histoire: catégories historiques et catégories linguistiques dans la pensée de Benjamin", *in* Heinz Wismann (org.), *Walter Benjamin et Paris*, Paris, Cerf, 1986.

do paradigma religioso, o estatuto da história humana, material e concreta no pensamento de Benjamin. Usando um tom provocativo, poderíamos nos perguntar por que Benjamin lhe teria atribuído tamanha importância e dedicado tantos trabalhos, se essa mesma História fosse, na realidade, tão somente uma espécie de hiato infeliz entre o Paraíso (perdido) e sua última restauração.[16]

Enfim, o argumento decisivo que nos impele a rever com máxima seriedade essa aplicação do paradigma religioso ao pensamento de Benjamin é a insistência de determinados textos na separação rigorosa entre a esfera do religioso e a do político. O texto mais decisivo a esse respeito é o "Fragmento teológico-político" (assim denominado por Adorno) que data dos anos 1920, e deve ser situado no contexto de uma dupla discussão, a de Benjamin com seus amigos sionistas (Scholem emigra para a Palestina em 1924) e, igualmente, com um certo marxismo, sobretudo com o livro de Ernst Bloch, publicado em 1918, *Geist der Utopie* [Espírito da utopia]. O referido fragmento é objeto de uma análise pormenorizada no livro recente de Gérard Raulet,[17] mas já havia sido esplendidamente interpretado por Irving Wohlfarth em 1986,[18] em artigo fundamental (que, aparentemente, Raulet não conhece, pois nunca o menciona). Tomo a liberdade de citar o início desse fragmento:

> "O próprio Messias, apenas ele, é que perfaz todo
> o advir histórico, no sentido de que só ele liberta, cum-

[16] Sente-se esse mal-estar no artigo de Stéphane Mosès, "L'idée d'origine chez Walter Benjamin", *in Walter Benjamin et Paris*, *op. cit.*, no qual a categoria de *Ursprung* é entendida, antes de tudo, como uma origem primeira e imaculada, que o fim dos tempos — da História — teria como meta restabelecer.

[17] Gérard Raulet, *Le caractère destructeur. Messianisme, politique et esthétique chez Walter Benjamin*, Paris, Aubier, 1997.

[18] Irving Wohlfarth, "'Immer radikal, niemal konsequent...'. Zur theologisch-politischen Standortsbestimmung Walter Benjamin", *in* Richard Faber e Norbert Bolz (orgs.), *Antike und Moderne. Zu Walter Benjamins "Passagen"*, Würzburg, Königshausen & Neumann, 1986, pp. 116-37.

pre, leva a cabo a sua relação com o próprio messiânico. Eis por que nada de histórico pode, por vontade própria e por si mesmo, querer se referir ao messiânico. Eis por que o Reino de Deus não é o *telos* da dinâmica histórica; ele não pode ser posto como meta. Visto historicamente, ele não é meta, mas fim. Eis por que a ordem do profano não pode se edificar segundo o pensamento do Reino de Deus, eis por que a teocracia não tem nenhum sentido político, mas tão somente um sentido religioso. Ter negado com toda a intensidade possível a significação política da teocracia é o grande mérito de *Espírito da utopia* de Bloch."[19]

Esse primeiro parágrafo já nos proporciona uma preciosa indicação, a saber, que o Reino de Deus não é a meta (*telos* ou *Ziel*), mas o fim (*Ende*) da dinâmica histórica. Benjamin haveria de retomar essa afirmação bem mais tarde, em uma das observações redigidas por ocasião das teses "Sobre o conceito de história": "O Messias interrompe a História; o Messias não surge no final de um desenvolvimento".[20] Aparece aí uma crítica à concepção de um vir-a-ser histórico (profano), cuja apoteose seria a vinda do Reino de Deus e, de maneira simultânea ou equivalente, do Reino da Liberdade (o *"Reich der Freiheit"* de Marx). O mesmo esquema

---

[19] Tradução de J. M. G. No original: *"Erst der Messias selbst vollendet alles historiche Geschehen, und zwar in dem Sinne, dass er dessen Beziehung auf das Messianische selbst erst erlöst, vollendet, schafft. Darum kann nichts Historisches von sich aus sich auf Messianisches beziehen wollen. Darum ist das Reich Gottes nicht das Telos der historischen Dynamis; es kann nicht zum Ziel gesetzt werden. Historisch gesehen ist es nicht Ziel, sondern Ende. Darum kann die Ordnung des Profanen nicht am Gedanken des Gottesreiches aufgbaut werden, darum hat die Theokratie keinen politischen sondern allein einen religiösen Sinn. Die politische Bedeutung der Theokratie mit aller Intensität geleugnet zu haben ist das grösste Verdienst von Blochs* Geist der Utopie". G. S., II-1, p. 203.

[20] No original: *"Der Messias bricht die Geschichte ab; der Messias tritt nicht am Ende einer Entwicklung auf"*. G. S., I-3, p. 1.243.

religioso de esquerda (seja ele sionista e/ou socialista) é afastado em benefício de uma distinção entre a ordem das metas (a propalada questão da teleologia na História), que é a ordem do profano e do político, e a instância do fim da História. Com ainda mais radicalidade, Benjamin evocará, nas "Teses", não o fim da história, mas a sua interrupção, instância teológica e messiânica. Se é verdade que existe uma relação entre uma e outra ordem, ela não remete a nenhuma concordância preestabelecida, mas, antes, a uma espécie de acúmulo de forças opostas, como descreve a sequência do fragmento.

Prossigo com uma distinção conceitual entre o religioso e o teológico. Defendo, pois, a hipótese de que o pensamento de Benjamin foi profundamente marcado, "impregnado", como ele mesmo o diz, por motivos oriundos da tradição teológica, sobretudo judaica, mas também cristã (ver a célebre noção de *apokatastasis* de Orígenes citada por Benjamin em várias ocasiões); em contrapartida, seu pensamento mantém uma importante distância crítica com relação à religião e ao religioso. Podemos inicialmente nos satisfazer com uma definição tradicional de "religião" a partir de sua etimologia (*religio*), que a caracteriza como um "conjunto de doutrinas e práticas" (*Littré*) que visa a integração do homem no mundo, sua ligação com ele e, principalmente, a aceitação do sofrimento e da morte por meio do reconhecimento de um sentido transcendente. Benjamin tratou do fenômeno religioso em vários textos de sua juventude, particularmente em "Dialog über die Relogiosität der Gegenwart" e "Kapitalismus und Religion".[21] Mais tarde, porém, o vocábulo desaparece quase totalmente, enquanto o tema da teologia assume uma importância crescente. Poderíamos dizer, como já o fizeram muitos comentadores,[22] que o interesse

---

[21] Os dois textos foram publicados em português como "Diálogo sobre a religiosidade de nosso tempo" e "Capitalismo como religião", respectivamente, com tradução de Nélio Schneider, em Walter Benjamin, *O capitalismo como religião*, Michael Löwy (org.), São Paulo, Boitempo, 2013.

[22] Ver Norbert Bolz, *Auszug aus der entzauberten Welt*, Munique, Fink Verlag, 1989; e, também, Uwe Steiner, "Kapitalismus als Religion. Ammer-

do jovem Benjamin pelo fenômeno religioso se deve à leitura de Max Weber e a seu entusiasmo, muito comum na época, por Nietzsche. No fragmento "O capitalismo como religião", por exemplo, as mais importantes características da religião são os conceitos de *Schuld* (dívida, culpa) e de culto, o primeiro eminentemente nietzschiano, e o segundo tomado de Simmel, outro modelo intelectual do jovem Benjamin. A temática weberiana da ligação entre protestantismo e capitalismo, muito discutida então, foi assimilada por Benjamin por meio de duas noções fundamentais: o desencantamento do mundo de Max Weber e a morte de Deus de Nietzsche, duas noções que vão de encontro ao paradigma positivo do religioso! Aliás, em numerosos textos, Benjamin ataca os substitutos religiosos medíocres que, como Max Weber já o havia percebido, proliferam em períodos de desencantamento, quando as "grandes religiões" desmoronam. Benjamin salienta a necessidade do pensamento, e especialmente o pensamento político, de enfrentar a árida grandeza do profano sem o consolo ou o conforto de um *Ersatz*, um substituto, religioso. A esse respeito, poderíamos citar os mais diversos textos, tais como "Experiência e pobreza", os ensaios sobre o surrealismo, sobre Kafka, e todos aqueles que versam sobre a perda da aura/auréola, desde os escritos de Baudelaire até "A obra de arte na época de sua reprodutibilidade técnica".

Não seria também por causa da morte de Deus nietzschiana e do desencantamento weberiano que a própria teologia — uma figura diferente da religião, como veremos — não pode comportar nada que seja triunfante ou grandioso? Ela é, segundo a célebre imagem da primeira tese de "Sobre o conceito de história", "pequena e feia", não ousa se manifestar e, no entanto, permanece indispensável. Essa teologia nanica e encolhida se parece, qual uma irmã, com certas figuras de Kafka, com os anjos efêmeros, carentes e verídicos que cintilam em muitos textos de Benjamin[23] e, sobre-

kungen zu einem Fragment Walter Benjamins", *Deutsche Vierteljahrschrift für Literaturwissenschaft und Geistesgeschichte*, nº 1, 1998, pp. 147-71.

[23] A respeito dos anjos em Benjamin, ver, entre outros, Giorgio Agamben, "Walter Benjamin und das Dämonische. Glück und geschichtliche Erlö-

tudo, com o "pequeno corcunda" da *Infância berlinense*, aquele que se lembra daquilo que esquecemos e acompanha atentamente todos os nossos tropeços.[24] Uma teologia humilde, discreta, quase evanescente e, ainda assim, firme em sua fragilidade. Essas mesmas propriedades caracterizam a teologia numa célebre observação de nosso autor, que se encontra justamente no aparelho crítico das "Teses", e na qual ele escreve sobre o próprio pensamento:

> "Meu pensamento se comporta para com a teologia da mesma forma do que o mata-borrão para com a tinta. Ele fica totalmente embebido dela. Mas se fosse seguir o mata-borrão, então nada subsistiria daquilo que está escrito."[25]

Temos aqui a descrição de um pensamento que absorveu os ensinamentos da teologia a ponto de o texto sagrado original tornar-se dispensável. Como se a tinta da primeira página tivesse sido totalmente apagada e só restasse para nós a constelação de manchas e sinais que, segundo a analogia de Benjamin, deveriam ser suficientes, ainda que não haja possibilidade de volta ao texto primitivo. Essa comparação, muito bela, mas também burlesca e um tanto inquietadora, leva-me a duas observações. A primeira

sung im Denken Benjamins", *in* Uwe Steiner (org.), *Memoria/Walter Benjamin*, Berna/Berlim, Peter Lang Verlag, 1992; e Jeanne Marie Gagnebin, "O hino, a brisa e a tempestade: dos anjos em Walter Benjamin", *in Sete aulas sobre linguagem, memória e história*, Rio de Janeiro, Imago, 1997.

[24] Ver, a esse respeito, o artigo de Irving Wohlfarth, "'Märchen für Dialektiker.' Walter Benjamin und sein bucklicht Männlein", *in* Klaus Doderer (org.), *Walter Benjamin und die Kinderliteratur*, Weinheim, Juventa, 1988, pp. 121-76.

[25] Walter Benjamin, *Passagens*, Willi Bolle e Olgária Matos (orgs.), Belo Horizonte/São Paulo, Editora da UFMG/Imprensa Oficial, 2006, tradução de Irene Aron. No original: "*Mein Denken verhält sich zur Theologie wie das Löschblatt zur Tinte. Es ist ganz von ihr vollgesogen. Ginge es aber nach dem Löschblatt, so würde nichts, was geschrieben ist, übrig bleiben*". G. S., I-3, p. 1.235.

sobre a importância do profano no pensamento de Benjamin, a segunda sobre o complexo metafórico texto/escrita.

Poderíamos dizer de forma jocosa que, em Benjamin, a importância da noção de profano não tem equivalente a não ser na de sagrado — da qual fala muito pouco. Em sua obra, assim como a tinta é absorvida definitivamente pelo mata-borrão, as figuras teológicas e messiânicas comprovam sua eficácia suprema ao serem totalmente absorvidas pelo mundo profano — até desaparecerem. Esse profano embebido de sagrado é o irmão da "prosa libertada",[26] que será aquela do mundo messiânico, de acordo com vários fragmentos da época das "Teses". Essa prosa teria integrado em si mesma todas as línguas e gradações retóricas, do estilo mais baixo ao mais elevado. Segundo o dizer do "Fragmento teológico-político", esse mesmo movimento de integração caracterizaria o Messias, que liberta, redime (*erlöst*) o "advir histórico", pois "leva a cabo sua relação com o próprio messiânico". Em outras palavras, o Messias só virá no momento em que tiver se tornado dispensável. Ele não vem para instaurar seu Reino, ao mesmo tempo derivado do reino terrestre e diferente dele, mas vem justamente "quando já não se precisa dele, virá um dia depois de sua chegada, não virá no último dia, mas no derradeiro", como escreve também Kafka.[27]

---

[26] No original, "Die befreite Prosa". Ver o aparelho crítico das *Thèses*, G. S., I-3, pp. 1.235, 1.238-9. O tema da *Prosa*, oriundo do Romantismo alemão de Iena, é discutido na tese de doutorado de Benjamin, consagrada aos românticos. Ele volta, de modo decisivo, em sua variante hölderliniana, como *nüchterne Prosa*, no "Prefácio" ao livro sobre o drama barroco, em que qualifica a especificidade do estilo filosófico. A sobriedade (hölderliniana) e a universalidade (romântica) da prosa fazem dela o emblema da linguagem libertada: livre da ênfase e da necessidade do "belo estilo". A respeito da prosa em Benjamin, ver Giorgio Agamben, "Langue et Histoire...", *cit.*, e Márcio Seligmann-Silva, *Prosa-Poesie: Unübersetzbarkeit*, tese de doutorado, Berlim, Freie Univesität, Institut für allgemeine und vergleichende Literaturwissenschaft, 1996.

[27] No original: "*Der Messias wird erst kommen, wenn er nicht mehr nötig sein wird, er wird erst einen Tag nach seiner Ankunft kommen, er wird nicht am letzten Tag kommen, sondern am allerletzten*". Hochzeitsvorberei-

O Messias chega, portanto, quando sua vinda se realizou tão integralmente que o mundo já não é profano nem sagrado, mas liberto — sobretudo da separação entre profano e sagrado. Cabe lembrar aqui que os termos *Erlösung, erlösen, Erlöser* remetem ao radical *lös* (no grego antigo *luein*, livrar ou desatar, como o faz Dionísio, o *lusos*, que desata os laços de ordem sexual ou familiar), que indica a dissolução, o desfecho, a resolução ou solução de um problema, por exemplo, por meio de seu bem-vindo desaparecimento. A redenção (*Erlösung*), em Benjamin, não se confunde, portanto, com a *Aufhebung* (superação) hegeliana — baseada em uma *Erinnerung* (uma lembrança) integradora infinita — nem mesmo com a ideia, tão importante, de uma salvação ou conservação (*Rettung*) do passado por meio do trabalho necessário do historiador e da prática da rememoração (*Eingedenken*). Se a redenção livra, é porque destrói e dissolve, não porque mantém e conserva.[28]
E o Messias nos livra justamente da oposição entre o histórico e o messiânico, da oposição entre o profano e o sagrado. É por essa razão que, no mesmo "Fragmento teológico-político", a ordem do profano, que deve ditar a ordem política, é orientada pela ideia da felicidade. Neste sentido bem preciso, poderíamos dizer que, realmente, em Benjamin, a realização messiânica é também a realização da felicidade terrestre. Não porque fé religiosa e convicções políticas atuariam no mesmo sentido e em direção à mesma meta (*telos*), mas porque a atualidade messiânica não se pode enunciar a não ser na prosa liberta, livre, do mundo terrestre.[29]

tung auf dem Lande. Und andere Prosa aus dem Nachlass (3. Oktavheft, 4. Dez.), Gesammelte Werke, vol. 6, Berlim, S. Fischer Verlag, p. 67.

[28] Ver, a esse respeito, Stéphane Mosès, *L'ange de l'histoire* (Paris, Éditions du Seuil, 1992, p. 181) e Jeanne Marie Gagnebin, *História e narração em Walter Benjamin* (São Paulo, Perspectiva, 1994, p. 112).

[29] Seria instrutivo comparar, no pensamento de Adorno e no de Benjamin, o respectivo uso das figuras messiânicas. No último — e tão belo — fragmento de *Minima moralia*, a luz messiânica liberta o mundo porque permite ver, desvela as fissuras e feridas do mundo terrestre. Já em Benjamin, a

A metáfora do mata-borrão e do texto remete igualmente à relação essencial entre teologia e escritura, teologia e texto primitivo — mas, aqui, dispensável ou até mesmo desaparecido. Benjamin se inscreve neste ponto na tradição da Cabala[30] e também em proximidade especulativa com Kafka e Borges, sem falar de Derrida. A metáfora convida a pensar no estatuto epistemológico muito particular do tipo de discurso chamado "teologia". Como ressaltaram inúmeros pensadores, a teologia não é uma construção especulativa dogmática, mas, antes e acima de tudo, um discurso profundamente paradoxal. Trata-se de um discurso ou saber (*logos*) que, de antemão, tem consciência de que seu objeto — Deus (*theos*) — lhe escapa, pois está muito além (ou aquém) de qualquer objetividade. Assim, a teologia seria o exemplo privilegiado da dinâmica profunda que habita a linguagem humana quando esta se empenha em dizer verdadeiramente seu fundamento, em des-

alvorada messiânica deveria iluminar o *mesmo* mundo profano, tornado assim feliz, e do qual todas as feridas teriam sido *apagadas*, e todas as deformidades *destruídas* pelo fogo. Em Adorno, a redenção remeteria à alteridade e transcendência que possibilitam um conhecimento verdadeiro; em Benjamin, à imanência e, simultaneamente, ao aniquilamento.

[30] Bernd Witte, depois de Gershom Scholem, salienta que a Cabala se assenta não tanto na presença de um texto inaugural ou sistema de doutrinas, mas muito mais na necessidade do comentário e da escrita: "*Aus dieser mystischen Ursprungstheorie folgt, dass in der Auffassung der Sprache als Schrift Wahrheit nicht in einem System gefunden werden kann, weil es kein Zentrum, keinen Sprecher mehr gibt, dessen Autorität sie verbürgte. Vielmehr muss sie im Kommentar je neu entfaltet, das heisst geschrieben werden. Denn die Offenbarung ist noch nicht vollendet, sondern wird sich erst in der Summe aller in der historischen Zeit zu schreibenden Kommentare erfüllen*". Bernd Witte, "Walter Benjamin 'Einbahnstrasse'. Zwischen 'Passage de l'Opéra' und 'Berlin Alexanderplatz'", in *Memoria/Walter Benjamin, op. cit.*, p. 268. Em português: "A consequência dessa teoria mística da origem é que, nessa concepção de língua como escrita, a verdade não pode ser encontrada num sistema, porque não há mais centro, não há mais um falante cuja autoridade a garantiria. Ela deve muito mais ser desenvolvida, isto é, escrita, novamente em cada comentário. Com efeito, a revelação ainda não é completa, mas se cumprirá somente na suma de todos comentários a serem escritos no tempo histórico". Tradução de J. M. G.

crever seu objeto e, não o conseguindo, não se cansa de inventar novas figuras e novos sentidos. Por certo, nem todos os discursos humanos seguem a regra de uma impossibilidade transcendental e constitutiva de apreender o próprio objeto. Mas tal paradigma de um discurso que se define por sua insuficiência essencial, constituindo-se positivamente em redor dessa ausência — um paradigma oriundo da teologia —, habita o cerne da tradição filosófica e poética, especialmente contemporânea. Convém observar, aliás, que, se Deus é o primeiro e, talvez o mais radical desses significados insondáveis e indizíveis, ele não é o único. Nem a beleza do mundo nem o sofrimento humano podem verdadeiramente ser ditos.

O uso correto da teologia lembraria assim, contra a *hybris* dos saberes humanos, que nossos discursos são incompletos e singulares, e vivem dessa preciosa fragilidade. Seria o caso de citar Paul Ricoeur, que afirma com força que a função do referente "Deus" não é a de oferecer uma solução a questões insolúveis: ele é, muito mais, o "ponto de fuga, o índice de incompletude de [...] discursos parciais".[31]

O mesmo conceito de teologia parece orientar uma reflexão de Benjamin, situada no "Prefácio" ao livro sobre o drama barroco, na qual ele compara a escrita filosófica com os tratados teológicos medievais, afirmando que eles têm em comum o esforço de uma "exposição/apresentação [*Darstellung*] da verdade", isto é, uma retomada sem fim, um caminhar sempre reiniciado, uma multiplicidade de percursos. O surgimento e desaparecimento dessas voltas[32] se dá em oposição à linha reta do método geométrico, do ideal cartesiano do conhecimento, que se apodera do objeto que tencionava alcançar. A uma filosofia concebida como doutrina do conhecimento ou como o próprio conhecimento de um objeto preciso por um sujeito determinado, Benjamin contrapõe, na esteira da metafísica platoniana e da teologia, a outra vertente da busca filosófica: uma errância fértil, um exercício paciente que não visa

---

[31] Paul Ricoeur, *Du texte à l'action*, Paris, Seuil, 1986, p. 129.

[32] Daí a conhecida observação: "*Methode ist Umweg*". No mesmo "Prefácio", *G. S.*, I-1, p. 208.

possessão alguma, mas procura desenhar, expor, de modo lúdico ou grave, sempre incompleto, aquilo que simultaneamente fundamenta o *logos* e a ele escapa. A tradição filosófica lhe dá também outro nome: *verdade*.[33] Nesse sentido, no pensamento de Benjamin, o paradigma teológico não funciona como aquilo que propiciaria uma resposta (religiosa) às perguntas dos homens; seria, pelo contrário, aquilo que abala os edifícios tão bem construídos dos sistemas lógicos, especulativos ou políticos. O "caráter destruidor" benjaminiano age para preservar a possibilidade da salvação. Proponho que a seguinte declaração de Benjamin, muito conhecida, seja lida pelo viés da desestabilização redentora, ainda que frequentemente a interpretem como uma confissão de fé:

> "E se é que o devo exprimir em uma só palavra: nunca pude buscar e pensar de outra forma, se assim ouso dizer, que não em sentido teológico, isto é, de acordo com a doutrina talmúdica dos quarenta e nove graus de sentido de cada passagem da Torá.[34] Bem: hierarquia de sentido é o que possui, segundo minha experiência, a mais repisada platitude comunista, mais que a profundeza burguesa atual que continua limitada ao sentido da apologética."[35]

---

[33] Ao escrever "O ensaio como forma" — ver *Notas de literatura I*, São Paulo, Editora 34, 2003 — Adorno se lembrará desse "Prefácio" ao livro sobre o drama barroco.

[34] Quarenta e nove, ou sete vezes sete, imagem do infinito místico. Como eco teológico, a afirmação de J. L. Borges: "*El concepto de texto definitivo no corresponde sino a la religión o al cansancio*". "Las versiones homericas", *in Discusion* (1932); *Prosa completa*, vol. 1, Barcelona, Bruguera, 1980, p. 181.

[35] Tradução de J. M. G. No original: "*Und wenn ich es denn in einem Wort aussprechen soll: ich habe nie anders forschen und denken können als in einem, wenn ich so sagen darf, theologischen Sinn — nämlich in Gemässheit der talmudischen Lehre von den neunundvierzig Sinnstufen jeder Thorastelle. Nun: Hierarchie des Sinnes hat meiner Erfahrung nach noch die*

Essa declaração nos remete à estranha aliança que une a boneca "materialismo dialético" e o anãozinho "teologia" na primeira das "Teses sobre o conceito de história". No âmbito mais amplo desse último texto de Benjamin, o de uma luta renhida contra a ideologia do progresso que impede as forças de esquerda — sobretudo a social-democracia alemã — de combater o fascismo, a teologia cumpre o papel de salutar antídoto contra as "crenças" de boa parte do proletariado e da esquerda. Ou seja, a social-democracia de Weimer e a ortodoxia comunista acreditavam estar caminhando "no sentido do curso" da História, no sentido de um progresso inelutável que o fascismo, simples episódio infeliz, não conseguiria deter. Um pouco mais de teologia poderia ajudar as forças de esquerda a se livrar de suas funestas tendências a reconstruir uma religião — entendida ali no sentido restrito de sistema de crenças fundamentado na certeza de um sentido predeterminado e assegurado. No entanto, como disse Benjamin na carta supracitada, há pelo menos quarenta e nove graus de sentido.

Não é necessário dizer que dessa teologia continuamos precisando. Pelo menos, diria talvez Benjamin, até o Messias interromper a História e livrar, dissolver, resolver (*er-lösen*), o antagonismo do profano e do sagrado.

---

abgegriffenste kommunistische Plattitüde mehr als der heutige bürgerliche Tiefsinn, der immer nur den einen der Apologetik besitzt". Carta de Walter Benjamin a Max Rychner, 7 de abril de 1931, *in Briefe*, Frankfurt, Suhrkamp, 1966, p. 524.

11.
ESTÉTICA E EXPERIÊNCIA HISTÓRICA
EM WALTER BENJAMIN

Em 1990, para o centenário da morte de Walter Benjamin, o Instituto Goethe de São Paulo organizou um grande colóquio sobre esse autor, intitulado "Sete perguntas a Walter Benjamin". Esse simpósio é lembrado hoje não só como um marco na recepção de Benjamin no Brasil, para retomar um conceito que orienta o livro de Gunter Pressler intitulado precisamente *Benjamin, Brasil*,[1] mas também como um momento privilegiado de discussão igualitária e divertida entre estudiosos da Alemanha e do Brasil — que, graças às perguntas cheias de vida, de humor e, às vezes, até de certa impertinência elaboradas por habitantes resolutos de uma metrópole do terceiro mundo (como um dos organizadores, o professor Willi Bolle, sempre ressaltava), propiciou uma renovação da filologia europeia, tradição antiga e talvez um pouco cansada. O simpósio *perguntava* a Benjamin sobre modernidade, cidades, cotidiano, fim da História, mercadorias e obras de arte, na esperança de que o pensamento inquieto e inconcluso desse marxista não ortodoxo pudesse ajudar a encontrar novos caminhos na selva das grandes cidades globalizadas. Tal esperança não estava apenas associada ao sucesso crescente, no Brasil, do pensamento de Benjamin, que começava então a ser traduzido e estudado de maneira mais sistemática; também era fruto de uma conjuntura política e histórica muito específica, marcada, em 1989, pela derrubada do

[1] Gunter Karl Pressler, *Benjamin, Brasil. A recepção de Walter Benjamin, de 1960 a 2005: um estudo sobre a formação da intelectualidade brasileira*, São Paulo, Annablume, 2006.

muro de Berlim e pelas primeiras eleições livres para presidente no Brasil.

Ora, como estamos hoje? Essa questão é necessária porque ninguém insiste tanto quanto Benjamin no *presente do historiador*, no momento em que este escreve sobre determinado assunto. Isto é, não podemos falar sobre a problemática da "estética e da experiência histórica" em Benjamin de maneira leviana. Devemos refletir sobre nosso interesse atual nesse autor, sobre as questões contemporâneas que orientam nossa leitura. Portanto, é preciso refletir sobre o que poderíamos perguntar *hoje* a Benjamin ou, enventualmente, se não teríamos mais nada a lhe perguntar. A vivacidade e a impertinência dos estudiosos de Benjamin dos anos 1990 se transformou numa relação de erudição e de respeito para com sua obra. Certamente, o volume de publicações sobre Walter Benjamin aumentou consideravelmente, tanto na academia como nas citações esparsas em revistas e jornais. Um certo "patamar de pesquisa" foi atingido em dissertações e teses sobre o autor; o "*Stand der Forschung*" melhorou, pesquisadores jovens continuam, na teoria literária, nos estudos de literatura alemã, na sociologia, na história e na filosofia, a se debruçar sobre a obra de Walter Benjamin, principalmente sobre seus textos de juventude, nem sempre traduzidos. Acompanham, assim, a tendência internacional da filologia e da filosofia. Walter Benjamin se tornou um clássico, apesar de os filósofos ainda torcerem um pouco o nariz para sua falta de sistematicidade.

Agora, na atual conjuntura histórica e política, o que perguntaríamos a ele? Será que ainda temos realmente algo a lhe perguntar? E repito essa questão porque parto da seguinte constatação: se hoje há mais saber rigoroso sobre o autor, há, em compensação, muito menos esperança no ar. E, talvez por isso, Benjamin se tornou mais um objeto de comentários, de ensaios e de teses, mas não é mais esse sujeito vivo, esquisito e fascinante, a quem perguntávamos algo de maneira ingênua e direta.

Gostaria, então, de tratar de uma questão que provém, ao mesmo tempo, dessa lassidão político-histórica que estamos vivendo e dessa abundância de trabalhos sobre Benjamin. Nesse clima de saturação, cabe retomar uma questão muito presente nos escritos de pensadores de esquerda da Europa dos anos 1930-40, sobretudo os da Alemanha. Penso em Bloch, claro, mas também em Brecht, Lukács, Marcuse e mesmo em Adorno. De maneira polêmica, eu formularia a pergunta da seguinte forma: como não transformar Benjamin em mais uma mercadoria cultural, cheia de "glamour"? Como não fazer de seus livros novos fetiches de um certo liberalismo de esquerda, como não transformar sua obra cintilante e sua vida trágica em mais um "bem cultural", um *Kulturgut* — palavra cujo acento bancário e mercadológico ele sempre realçou? Em termos mais gerais, trata-se de saber *se* e *como* se torna possível uma relação com a cultura que não consista numa mera acumulação, numa "monstruosa coleção de mercadorias", como Marx descreveu nossa sociedade no primeiro volume do *Capital*. A disparidade dos produtos, que podem ser tanto produtos de beleza, vários tipos de cerveja, discos de música erudita ou de MPB, como belos livros de Walter Benjamin, não altera fundamentalmente em nada seu estatuto de mercadorias. A presença massiva de livros de um filósofo tampouco garante sua pretensa "atualidade", ou seja, aquilo que pode ser mais uma etiqueta perigosa destinada a aumentar seu preço.

Defendo, portanto, uma outra possibilidade de relação com a cultura, muito mais vital, feita ao mesmo tempo de polêmica e de gratuidade. Tal relação que se baseia na esperança, comum a todos esses pensadores, em particular a Walter Benjamin, de que as obras da cultura humana possam ser não só produtos de sucesso e de venda, mas também, e principalmente, sinais extemporâneos (*unzeitgemäss*) — diria Nietzsche — e, por isso, antecipatórios — diria Bloch — de uma outra vida e de um outro tempo. Para tentar pensar melhor essa outra relação com a cultura, claramente política e subversiva, proponho retomar alguns conceitos-chave de Walter Benjamin, que percebeu, com uma acuidade ímpar, que a problemática da transformação dos produtos culturais em mercadorias significava também uma transformação da relação do presente com os usos e desusos do passado e, notadamente, com aquilo que consideramos como legado cultural do passado.

Trata-se dos conceitos de presentificação, de atualidade e de apologia; o de "herança" cultural tanto nos debates da esquerda da época quanto na discussão com o historicismo; os de tradição e de transmissão; e, enfim, os de decadência e de progresso.

Presentificação, atualidade, apologia

Já num pequeno texto crítico de 1931, intitulado "História literária e ciência da literatura",[2] Benjamin polemiza contra a "hidra da estética escolar com suas sete cabeças: criatividade, empatia, intemporalidade, re-criação, vivência compartilhada, ilusão e gozo artístico",[3] e contra o "falso universalismo do método da história cultural".[4] Esse conceito "museológico de cultura", como se a cultura se exaurisse numa infinita coleção de tesouros do passado, apaga a "tensão" entre "presente e passado"[5] e, portanto, a distância e a decontinuidade entre eles. Contra a imagem de uma acumulação contínua de bens culturais, Benjamin reivindica uma dupla historicidade: em primeiro lugar, uma historicidade filológica, segundo a qual, na esteira dos irmãos Grimm, não se deve "nunca considerar os teores materiais (*Sachgehalte*) independentemente das palavras que os exprimem",[6] e tampouco postular valores, princípios, sentimentos, em suma, "conteúdos eternos",

---

[2] "Literaturgeschichte und Literaturwissenschaft", in *Gesammelte Schriften* (G. S.), III, Frankfurt, Suhrkamp, 1972, pp. 284-90.

[3] Tradução de J. M. G. A partir de agora, quando não explicitado de outra maneira, as traduções são de J. M. G. No original: "*In diesem Sumpfe ist die Hydra der Schulästhetik mit ihrem sieben Köpfen: Schöpfertum, Einfühlung, Zeitentbundenheit, Nachschöpfung, Miterleben, Illusion und Kunstgenuss zu Hause*". Idem, p. 286.

[4] No original: "*Was sich hier vorbereitet, ist der falsche Universalismus der kulturhistorischen Methode*". Idem, p. 285.

[5] Idem, p. 288.

[6] No original: "*die Sachgehalte nie ausserhalb des Wortes zu fassen*". Idem, p. 289. A distinção entre "*Sachgehalt*" e "*Wahrheitsgehalt*", assim

mas sim diferenciar historicamente como algo se diz e como depois, *ao ser dito de outra maneira*, esse "algo" não é mais o mesmo. E, em segundo lugar, uma historicidade mais epistemológica, uma historicidade da enunciação, isto é, uma reflexão sobre o lugar e o tempo presentes do historiador e de sua relação com o tempo e o lugar de seu "objeto": "Não se trata, pois, de apresentar as obras literárias no contexto do seu tempo, mas de as expor no tempo no qual nasceram, o tempo que as conhece — isto é, o nosso".[7]

Essa última formulação sobre a necessária reflexão a respeito da historicidade do conhecimento, da historicidade do momento presente daquele que se põe a pesquisar e conhecer un momento determinado do passado, se repetirá muitas vezes nas observações posteriores de Benjamin, em particular no caderno N do livro das *Passagens*, em suas anotações sobre a "imagem dialética" e sobre o "agora de cognoscibilidade".[8] Benjamin não recusa uma contextualização mais ampla do tempo no qual as obras são inseridas; mas essa contextualização, comum tanto ao método do historicismo clássico (que tenta saber tudo da época na qual nasce uma obra ou se produz um determinado acontecimento) quanto ao método marxista trivial (que compreende a produção de uma obra ou de um acontecimento a partir de suas determinações temporais), não é suficiente para entender aquilo que ele chama de "índice histórico"[9] das imagens e das obras. Deve ser construído um segundo contexto histórico — não tanto por meio de uma descrição tranquila e erudita de uma certa época, mas sim a partir de uma confrontação entre presente e passado. Benjamin defende, portanto, que nos

---

como a defesa do método filológico, remetem ao texto de juventude de Walter Benjamin sobre *As afinidades eletivas* de Goethe.

[7] No original: "*Denn es handelt sich ja nicht darum, die Werke des Schrifttums im Zusammenhang ihrer Zeit darzustellen, sondern in der Zeit, da sie entstanden, die Zeit, die sie erkennt — das ist die unsere — zur Darstellung zu bringen*". *Idem*, p. 290.

[8] Walter Benjamin, *Passagens*. Willi Bolle e Olgária Matos (orgs.), Belo Horizonte/São Paulo, Editora da UFMG/Imprensa Oficial, 2006, N3, 1.

[9] *Idem, ibidem*.

interroguemos menos sobre "aquilo que o passado teria ainda a nos dizer" (será que realmente sempre tem algo a nos dizer?), mas sobretudo sobre o porquê do interesse do presente por este ou aquele evento do passado. Esse interesse pode, muitas vezes, configurar uma estratégia de fuga socialmente valorizada (tal como podem ocorrer com a erudição ou a objetividade do pesquisador acadêmico), que provoca um afastamento dos conflitos atuais.

Benjamin vai distinguir entre dois conceitos de "atualidade" no decorer de sua reflexão, em particular na sua última reflexão sobre a possibilidade de uma escrita crítica e revolucionária da história. O primeiro conceito, o de *Vergegenwärtigung* ou, literalmente, de "presentificação", diz respeito à noção de atualidade, que usamos quando tentamos demonstrar, por exemplo, aos alunos que vale a pena, sim, ler Platão, porque ainda haveria aspectos "atuais" na obra desse velho pensador. Trata-se de uma concepção rasa, pois parte de uma imagem acrítica do presente e procura no passado algo que se assemelhe, mesmo que levemente, com as preocupações desse presente insosso. Por isso, as imagens e valores mais vagos e amplos são aqueles geralmente reconhecidos como "ainda ou sempre atuais", apesar de sua roupagem caduca. Em vez de ressaltar as *diferenças* entre passado e presente, que permitiriam colocar em questão o narcisismo epistemológico do presente, esses valores ditos "sempre atuais" são designados como valores eternos que fortalecem as certezas da cultura dominante. A "presentificação" obedece a uma concepção de cultura como "inventário", diz Benjamin enfaticamente: "O inventário do butim, que os vencedores pegaram dos seus adversários vencidos e que colocam à vista, não pode ser considerado senão de maneira crítica pelo historiador materialista. Esse inventário é chamado de cultura".[10] A cultura como "inventário", justamente como inventário de "bens culturais", garante o valor intemporal das obras

---

[10] No original: "*Das Inventar der Beute, das sie* [entenda-se, *die Herrschenden*, os dominados] *von den Geschlagenen zur Schau stellen, wird vom historischen Materialisten nicht anders als kritisch betrachter werden. Dieses Inventar wird Kultur genannt*". G. S., I-3, p. 1.248.

que a tradição dominante erige como canônicas. Mas, ao mesmo passo que garante seu valor, essa cultura, paradoxalmente, declara tais obras como espólio de um morto, esse passado embalsamado e engavetado. O atual é sinônimo de intemporal.

Esse tipo de atualização/presentificação aparenta-se, segundo Benjamin, ao discurso histórico edificante e apologético que confirma a continuidade da dominação. Antes de Michel Foucault e dos historiadores da descontinuidade, Benjamin denunciou as construções historiográficas habituais que, sob uma coerência aparente, cuidam de apagar as dúvidas possíveis na transmissão da história e de silenciar os abismos irredutíveis do acontecido. Essa operação "tapa-buraco" não é necessariamente intencional; tampouco é privilégio da história dita burguesa, mas pode caracterizar também uma historiografia pretensamente de esquerda. Assim as pirâmides do Egito teriam preparado o terreno para os templos gregos e os monumentos da república romana, que por sua vez prefiguraram os edifícios oficiais do estado democrático moderno; assim os mortos da Comuna de Paris teriam encontrado sua redenção e vingança na vitória do proletariado russo que, por sua vez, serviria de modelo a outras revoluções socialistas. Dessa maneira, a narração da história cumpre uma função precisa: encobrir os "momentos revolucionários do curso da história", isto é, os momentos nos quais a história poderia ter sido outra e não poderia mais caber numa narrativa lisa e coerente. "Escapam a ela" desse modo, escreve Benjamin, "os pontos nos quais a tradição se interrompe e, com isso, escapam-lhe as asperezas e as saliências que oferecem o apoio àquele que pretende ir além."[11]

[11] Citação do *Passagen-Werk*, G. S., V-1, p. 592: "*Die Würdigung oder Apologie ist bestrebt, die revolutionären Momente des Geschichtsverlaufes zu überdecken. Ihr liegt die Herstellung einer Kontinuität am Herzen. Sie legt nur auf diejenigen Elemente des Werkes wert, die schon in seine Nachwirkung eingegangen sind. Ihr entgehen die Stellen, an denen die Überlieferung abbricht und damit ihre Schroffen und Zacken, die dem einen Halt bieten, der über sie hinausgelangen will*". Em português, "A celebração ou apologia está empenhada em encobrir os momentos revolucionários do curso da história. Ela almeja intensamente a produção de uma continuidade, e dá importância

Em oposição à concepção achatada e trivial de "atualidade" como presentificação, isto é, como repetição no presente de um valor eterno do passado, concepção apologética e repetitiva, Benjamin forja um conceito intensivo de atualidade (*Aktualität*), que retoma a outra vertente semântica da palavra, a saber, o *vir a ser ato* (*Akt*) de uma potência. Essa atualidade plena designa a ressurgência intempestiva de um elemento encoberto ("esquecido", dirá Proust; "recalcado", dirá Freud) do passado no presente — o que também pressupõe que o presente esteja apto, disponível para acolher esse ressurgir, reinterpretar a si mesmo e reinterpretar a narrativa de sua história à luz súbita e inabitual dessa irrupção. Se tal concepção lembra as reflexões do narrador de *Em busca do tempo perdido* e do fundador da psicanálise, é porque Freud e Proust são, para Benjamin, os dois grandes modelos de uma outra relação com a memória. A temporalidade do passado não se reduz mais ao espaço indiferente de uma anterioridade que precede o presente na esteira monótona da cronologia. Pelo contrário: momentos esquecidos do passado e momentos imprevisíveis do presente, justamente porque apartados e *distantes*, interpelam-se mutuamente numa imagem mnêmica que cria uma nova intensidade temporal. Em oposição à representação de uma linearidade contínua e ininterrupta do tempo histórico — que possui forte caráter ideológico em seu papel de manutenção do *status quo* —, essa concepção disruptiva e intensiva de "atualidade" coloca em questão a narração dominante da história, e propõe uma compreensão do passado cujo sentido pode sempre revelar-se outro e uma autocompreensão do presente que poderia ser diferente.

Ecoam aqui certamente as vituperações de Nietzsche contra a ciência acomodada de seus colegas filólogos de Basileia e sua reivindicação de uma produtiva e provocativa "não conformidade ao

---

apenas àqueles elementos da obra que já fazem parte da influência que ela exerceu. Escapam a ela os pontos nos quais a tradição se interrompe e, com isso, escapam-lhe as asperezas e as saliências que oferecem o apoio àquele que pretende ir além". *Passagens*, *op. cit.*, p. 516.

tempo" (*Unzeitgemässheit*). Cito as famosas declarações de Nietzsche no fim do prefácio à *Segunda consideração extemporânea*:

"[...] pois não sei qual sentido a filologia clássica poderia ter hoje, afora o de exercer uma influência extemporânea ao tempo [*unzeitgemäss*], isto é agir contra o tempo, portanto sobre o tempo e, esperemos, em prol de um tempo por vir."[12]

O gesto provocativo de Nietzsche consiste em reivindicar um anacronismo fecundo como instrumento de trabalho sobre as evidências do tempo presente; podemos observar aqui que a categoria do anacronismo será retomada por vários historiadores contemporâneos, nesse sentido de provocação preciosa.[13] O texto de Nietzsche, citado várias vezes por Benjamin (notadamente na epígrafe da décima segunda tese "Sobre o conceito de história"), é uma primeira crítica filosófica contundente aos pressupostos e aos ideais do historicismo, essa escola alemã caracterizada por sua infinita e cansativa erudição. Cansativa porque o ideal de "história universal" do historicismo é regido por um impulso acrítico de acumulação, como se a humanidade tivesse de se lembrar de tudo e devesse tudo armazenar; tarefa que encontra na própria impossibilidade a razão de sua perpetuação. Essa concepção acumulativa da história reforça uma concepção da cultura como *posse*. Como em um museu, todos os "tesouros" do passado são exibidos, mas várias perguntas essenciais são silenciadas: qual foi o "custo" (não só econômico, mas social) desse tesouro? Como foi ele trans-

---

[12] No original: "*denn isch wüsste nicht, was die classische Philologie in unserer Zeit für einen Sinn hätte, wenn nicht den, in ihr unzeitgemäss — das heisst gegen die Zeit und dadurch auf die Zeit und hoffentlich zu Gunsten einer kommenden Zeit — zu wirken*". Friedrich Nietzsche, *Zweite Unzeitgemässe Betrachtung*, Kritische Studienausgabe, vol. I, p. 247.

[13] Por exemplo, em Georges Didi-Huberman, "L'anachronisme fabrique l'histoire: sur l'inactualité de Carl Einstein", *Études Germaniques*, jan.--mar. 1998.

mitido até nós? Quem decidiu sobre sua conservação e sobre a não conservação de outros produtos culturais? Enfim, em prol de que "tempo por vir" devemos cuidar dessa obra? Podemos tentar resumir rapidamente o que seria a verdadeira "atualidade" de uma obra ou de um acontecimento do passado, segundo Benjamin. Na trilha de Nietzsche, Freud e Proust — três pensadores que cunharam uma relação com tempo e a memória que não se esgota nem na cronologia linear nem na posse de bens —, o atual não confirma as certezas do hoje. Pelo contrário: o atual, por uma intensiva e repentina ressurgência, abala tais certezas, pois transforma a narrativa que tecemos da História e, portanto, a compreensão que temos do passado e do presente, e também das possibilidades de futuro. O "atual", nesse sentido enfático, entra em choque, em confronto positivo com a imagem tácita do presente e da história, instaurando a possibilidade de um outro porvir.

Herança, tradição, transmissão

Essas reflexões críticas sobre o conceito de "atualidade" introduzem um outro grupo polêmico de categorias: herança (*Erbe*), tradição (*Tradition*) e transmissão (*Überlieferung*). Pode parecer, até agora, que a discussão do conceito de atualidade por Benjamin era antes de tudo um confronto com a filosofia tradicional da história e da cultura, aquilo que ele chama de historiografia burguesa e que detecta em particular na escola alemã do historicismo. Sem dúvida, esse aspecto é essencial. Mas ele não pode fazer esquecer um outro interlocutor de Benjamin tão importante quanto: a esquerda de então, e sua discussão sobre o significado da cultura burguesa para os movimentos socialistas e/ou comunistas.

Esse debate se cristaliza em torno de uma palavra-chave: *Erbe*, herança, palavra que retorna no sinônimo usado por Ernst Bloch no título do seu livro de 1934, *Erbschaft dieser Zeit* ("A herança desse tempo"), cujo "idealismo" Georg Lukács deverá, mais tarde, criticar. A questão da "herança" retorna de maneira mais virulenta ainda no famoso "debate sobre o Expressionismo", em particular no confronto entre Lukács e Brecht.[14] O primeiro defende a retomada da grande herança clássica, daquilo que ele chama de realismo crítico, em oposição às vanguardas (para traduzir em nomes emblemáticos: Goethe e Thomas Mann contra Gottfried Benn e também Kafka). Já Bertolt Brecht, como diz numa célebre formulação, prefere estabelecer um laço, "não com o bom antigo, mas com o novo ruim",[15] isto é, não partir de um ideal do passado mas da realidade presente.

Num pequeno diálogo imaginário de 1938, intitulado "*Die Kunst zu erben*", que eu traduziria por "A arte de herdar",[16] Ernst Bloch e Hanns Eisler respondem aos juízos aniquiladores de Lukács sobre as obras de arte modernas e contemporâneas como expressões "da podridão da sociedade capitalista decadente";[17] e colocam uma questão de fundo a respeito da herança cultural, a

---

[14] O debate sobre o Expressionismo se deu nos anos 1930 e envolveu teóricos da literatura de linhagem marxista na Alemanha e na União Soviética. Tratava-se, no seu ponto de partida, de saber se a vanguarda expressionista na pintura e na literatura tinha, ou não, uma relação intrínseca com o movimento nacional-socialista. No ensaio "Grandeza e decadência do Expressionismo" (1934), Lukács defende um "realismo crítico" contra os excessos formais das vanguardas, como forma de oposição ao nazismo. Já Brecht e Bloch, por sua vez, defendem as invenções das vanguardas e se recusam a estabelecer uma relação necessária entre "niilismo" (a acusação de Lukács) e posição reacionária, em proveito de um realismo crítico nos moldes da literatura clássica alemã (Goethe), como sustenta Lukács. No Brasil, Carlos Eduardo Jordão Machado produziu um significativo apanhado da questão, em seu livro *Um capítulo da história da modernidade estética: debate sobre o Expressionismo*, São Paulo, Unesp, 1996.

[15] No original: "*Es wird nicht angeknüpft an das gute Alte, sondern an das schlechte Neue*". Bertolt Brecht, "Die Essays von Georg Lukács", *in* Fritz J. Raddatz (org.), *Marxismus und Literatur*, Hamburgo, Rohwolt, 1974, vol. II, p. 88.

[16] Carlos Eduardo Jordão Machado (*op. cit.*, p. 233) prefere traduzir "A arte e sua herança", o que me parece dar margem à confusão.

[17] *Idem, ibidem*.

saber: como um movimento socialista pode ou não se aproveitar das obras do passado? Como "os grandes artistas e pensadores são chamados a testemunhar em favor da nossa causa?".[18] A última frase do panfleto cabe ao "amigo da arte", personagem de Ernst Bloch, e vale a pena ser citada por inteiro:

> "Sem uma contemporaneidade viva e dialeticamente desperta, o passado cultural também cristaliza, transformando-se num grande armazém de mercadoria cultural onde se vão buscar receitas abstratas. Decisiva é, ainda e sempre, a relação recíproca entre a análise crítica do presente e, por meio dela, a possibilidade de uma apropriação produtiva da herança do passado."[19]

Essa sentença de Ernst Bloch soa quase benjaminiana, porque reafirma com força a necessidade de uma relação viva entre a "análise crítica do presente" e a "possibilidade de uma reapropriação [...] do passado". Em várias cartas, notadamente a Scholem, o próprio Benjamin suspeita que Ernst Bloch lhe tenha roubado as melhores ideias publicadas em "Herança desse tempo"; o fato é que as relações entre os dois pensadores esfriariam a partir de então. Agora, o que nos interessa é ressaltar uma vertente mais radical no pensamento de Benjamin. Com efeito, mesmo que Bloch fale do perigo de tornar o passado cultural semelhante a um "grande armazém de mercadoria cultural", ele não desenvolve essa crítica da relação muitas vezes reificada e reificante que a esquerda mantém com a cultura. Ora, em 1937 Benjamin publica um ensaio, encomendado por Adorno e Horkheimer para a revista do Instituto de Pesquisa Social, sobre Eduard Fuchs, historiador e colecionador próximo da social-democracia alemã, também exilado na época em Paris. Sem entrar nos detalhes desse longo texto, infelizmente ainda não traduzido para o português, gostaria de

---

[18] *Idem, ibidem.*
[19] *Idem*, p. 238.

ressaltar dois pontos. Primeiro: o ensaio antecipa muitas das afirmações mais contundentes das teses "Sobre o conceito de história", escritas três anos mais tarde. A famosa afirmação da tese VII sobre os documentos da cultura — que também são documentos da barbárie e que devem sua origem não só aos grandes gênios, mas também à "corveia sem nome dos seus contemporâneos" — se encontra pela primeira vez no ensaio sobre Fuchs. Segundo ponto a ser observado: mais que "Sobre o conceito de história" o ensaio sobre Fuchs se atém detalhadamente à concepção da cultura do "materialismo histórico" ortodoxo como uma acumulação de "bens". A posse desses bens, se de boa-fé, deveria ajudar na luta do proletariado ou na "nossa causa", como dizia Bloch no pequeno diálogo citado acima.

Essa tese é defendida por Lukács para justificar a predominância do romance clássico, emblema do realismo crítico burguês, em detrimento das tentativas deficientes (ainda segundo Lukács) das vanguardas contemporâneas, que, incapazes de oferecer uma visão totalizante e crítica do mundo, estariam fadadas ao desespero. À sua maneira, Benjamin participa desse debate sobre o valor da "herança", mas desloca seus termos de uma maneira radical, porque questiona a própria concepção de "herança" enquanto uma relação de proprietário com seus bens de família, e problematiza essa imagem da cultura como inventário, a qual pressupõe uma naturalidade das relações de posse e de propriedade, característica da burguesia triunfante. Não se trata de saber quais bens culturais serão escolhidos para pertencer à herança útil ao socialismo, mas, muito mais fundamentalmente, de questionar essa relação tranquila de posse e propriedade dos mesmos.

A reflexão crítica de Benjamin não se baseia num vago anarquismo que deseja destruir a propriedade privada. Ela tem raízes mais fundas. Em 1934, quando seus companheiros de esquerda discutiam sobre herança e apropriação, Benjamin publicava seu grande ensaio sobre Kafka. Cito essa coincidência porque, se há alguém na literatura que tematizou o fim da sucessão tranquila de proprietários patriarcais a seus herdeiros filiais, é Franz Kafka. Para além da problemática edípica, sem dúvida presente em seus textos, Kafka tematiza um mal-estar contemporâneo amplo e socialmente essencial: a dificuldade de transmissão da tradição, a impossibilidade de dar conselhos, de poder transmitir valores e sabedoria de uma geração para a seguinte, como se passava um anel de geração em geração, segundo a bela metáfora de Benjamin.[20] "A obra de Kafka", diz Benjamin, representa "uma doença da tradição",[21] mas essa doença é coletiva, mesmo que muitas vezes disfarçada sob apelos bem-intencionados a valores éticos ou, mercadologicamente, sob a ênfase dos livros de "autoajuda" (nome, aliás, instigante, já que ninguém pode mais ajudar ninguém!).

As razões dessa doença não jazem na má vontade pessoal dos indivíduos, mas num desenvolvimento do capitalismo que se caracteriza por uma aceleração ímpar da técnica, agora promovida a racionalidade dominante (o que acarreta a impossibilidade de elaboração tranquila dessas mudanças por qualquer pessoa), e por um isolamento crescente dos indivíduos no seio de uma multidão anônima e apressada. Essas transformações, objeto de estudo de vários pensadores sociais desde o fim do século XIX, não contradizem necessariamente uma análise marxista em termos de luta de classes, mas obrigam a uma diferenciação muito mais fina, em particular a uma relativização, e, mais do que isso, ao questionamento radical de uma filosofia da história otimista que pressupõe a marcha inevitável da humanidade para um futuro glorioso, uma sociedade sem exploração. A experiência da Primeira Guerra revelou o lado sombrio e ameaçador da doutrina iluminista do progresso — que alguns (não todos) marxistas teimam em manter como fundamento inabalável da história universal: a saber, que o progresso dito técnico, nas condições do capitalismo e do imperialismo triunfantes, termine por destruir seus inventores desprevenidos.

Segundo a crítica de Walter Benjamn à ideologia de esquerda do progresso, tanto a social-democracia como a vertente do comu-

---

[20] No texto "Experiência e pobreza", *in Obras escolhidas*, vol. I, São Paulo, Brasiliense, 1987, p. 144.

[21] Carta a Gershom Scholem, 12 de junho de 1938.

nismo da Terceira Internacional desaguam numa apreensão perigosamente ingênua das "façanhas" da técnica e dos "bens culturais", pois carecem de reflexão crítica sobre as potencialidades e os perigos da técnica e sobre a produção e a transmissão daquilo que uma sociedade chama de "cultura". Em ambos os casos, oblitera-se a estrutura das mercadorias, isto é, o fato de serem objetos produzidos não para a emancipação do homem, mas para sua exploração e para a produção de mais-valia — o que não quer dizer, como veremos a seguir, que as obras de arte devam ser reduzidas única e exaustivamente a isso. Assim, no ensaio sobre Eduard Fuchs, Benjamin denuncia o positivismo latente da social-democracia do século XIX, que a condena a uma "recepção infeliz da técnica", e a não conseguir enxergar que, "nessa sociedade, a técnica somente serve à produção de mercadorias",[22] um erro fatal de avaliação que levou tantos pensadores socialistas a confundirem o progresso da indústria com o progresso *tout court*. Duas páginas mais adiante, Benjamin detecta a mesma incapacidade na concepção, tão comum na esquerda de sua época, da cultura como um "inventário que a humanidade constituiu para si até hoje",[23] um acúmulo de "bens culturais" nos quais o militante socialista só precisaria escolher aqueles que servem à sua luta, assim como, no espólio de um morto, separa-se os objetos que se quer conservar como herança daqueles que podem ser jogados fora. Ora, diz Benjamin, essa concepção padece da mesma cegueira desastrosa que consiste em tomar os produtos da atividade humana como "coisas" imutáveis e definitivas, em reificá-las, um gesto que transforma o materialismo em metafísica barata. A esse materialismo trivial, Benjamin opõe a atitude de desconstrução do verdadeiro "materialismo histórico", como continua a chamá-lo. Vale a pena citar esse parágrafo:

---

[22] "Eduard Fuchs, der Sammler und der Historiker", *in* G. S., II-2, p. 471.

[23] *Idem*, p. 476.

"Se o conceito de cultura para o materialismo histórico é um conceito problemático, então sua decomposição em bens que se tornariam para a humanidade objeto de posse é para ele uma representação irrealizável. A obra do passado não está, para ele, fechada. Ele não pode considerar nenhuma obra, de nenhuma época, como coisificada, manipulável, a lhe cair sobre o colo, sequer em parte. Considerado enquanto uma quintessência de figurações independentes — senão do processo de produção no qual surgiram, mas ao menos do processo no qual continuam a durar —, o conceito de cultura tem para ele um traço fetichista. A cultura aparece aí reificada. Sua história não seria mais que a sedimentação formada pelos feitos memoráveis que se acumularam na consciência dos homens por uma experiência em nada autêntica, isto é, não política."[24]

Essas afirmações de Benjamin suscitam várias observações.

Em primeiro lugar, Benjamin denuncia uma concepção de cultura — comum tanto ao historicismo quanto a uma certa historiografia de esquerda — que a entende como um conjunto de bens armazenados nos aposentos da memória humana universal. A história burguesa chama a esse conjunto de "tradição" (*Tradition*), já a história de esquerda o denomina "herança" (*Erbe*), co-

---

[24] Idem, p. 477: "*Ist der Begriff der Kultur für den historischen Materialismus ein problematischer, so ist ihr Zerfall in Güter, die der Menschheit ein Objekt des Besitzes würden, ihm eine unvorstellbare Vorstellung. Da Werk der Vergangenheit ist ihm nicht abgeschlossen. Keiner Epoche sieht er es dinghaft, handlich in den Schoss fallen, und an keinem Teil. Als ein Inbegriff von Gebilden, die unabhängig, wenn nicht von dem Produktionsprozess, in dem sie entstanden, so doch von dem, in welchem sie überdauern, betrachtet werden, trägt der Begriff der Kultur ihm einen fetischistischen Zug. Sie erscheint verdinglicht. Ihre Geschichte wäre nichts als der Bodensatz, den durch keinerlei echte, d.i. politische Erfahrung im Bewusstsein der Menschen aufgestöberten Denkwürdigkeiten gebildet haben*". Tradução de Francisco de Ambrósio Pinheiro Machado, com modificações de J. M. G.

mo o anotava Ernst Bloch.[25] Essa diferença de nomenclatura, no entanto, não altera o fato de que ambas as concepções históricas compartilham de uma noção de cultura que em nada difere daquela do proprietário que contabiliza os bens culturais de que dispõe. O capitalista contabiliza seus investimentos bancários e a esquerda, seus instrumentos de luta. Em ambos os casos, as obras culturais são consideradas objetos definidos e imutáveis. Ainda que sua posse sirva a fins diferentes, tais objetos são concebidos sempre como coisas acabadas a serviço do proprietário. Os usos podem ser diferentes, mas a estrutura de uso e de propriedade é a mesma.

Em segundo lugar, acrescenta Benjamin, se o pensamento de esquerda permanece preso a essa concepção reificante de cultura, reproduzindo em sua reflexão cultural o mesmo fetichismo da mercadoria que denuncia na sua crítica da economia capitalista, é porque continua preso a uma concepção substancialista, disfarçada de materialista, tanto do tempo histórico como das obras. Contenta-se em analisar o processo de *produção* das obras, isto é, sua inserção num determinado contexto temporal que permite esclarecer boa parte de sua especificidade. Mas esquece-se de outro "índice histórico" que, como já vimos no início desta exposição, caracteriza-se pelo confronto entre tempo presente e tempo passado, entre a obra e sua *transmissão*.

Benjamin introduz aqui um conceito-chave, o de *Überlieferung*, palavra que pode ser traduzida também por "tradição", mas que prefiro restituir de maneira mais literal como "transmissão", ressaltando aí o processo histórico concreto, material, de desistências, de perseverança, de lutas e de violência que transporta ou não, leva ou não, transmite ou não um acontecimento ou uma obra do passado até nosso presente. Benjamin retoma a reflexão crítica do Romantismo alemão de Iena (esse grande momento do idealismo especulativo ao qual tinha consagrado sua tese de doutorado) para solapar as trivialidades do materialismo vulgar. Fazem parte

---

[25] No pequeno diálogo "A arte de herdar", *in* Carlos Eduardo Jordão Machado, *op. cit.*, p. 234. Ver nota 16, p. 207 deste volume.

de uma obra de arte, segundo Schlegel, por exemplo, não só sua feitura num determinado momento temporal, mas também sua recepção, suas críticas, suas traduções, suas adaptações — porque não se pode separar, senão de maneira abstrata, a obra "em si" de sua vida "para nós". Traduzindo essa proposição em termos mais materialistas, Benjamin afirmará que nenhuma obra nos chega de maneira neutra, como se a "tradição" histórica fosse um mero depósito de produtos prontos, que esperam imóveis nas gavetas empilhadas do tempo.

Ou a obra é transmitida até nosso presente, ou deixada de lado, negligenciada, recusada ou esquecida num processo nem sempre consciente de formação e aceitação de uma tradição histórica. Trata-se de um processo turbulento, orientado por lutas histórico-políticas que levam, entre outras coisas, à formação de um cânone e à exclusão de vários autores ou de várias obras dessa tradição canônica. E essa transmissão faz parte da história da obra que não é, portanto, um objeto morto e finito, mas, tal um organismo vivo, diriam os românticos de Iena, algo que cresce e se transforma ou perece e encolhe, podendo até desaparecer da memória dos homens. Assim, uma análise histórico-materialista não pode se contentar com a análise do processo de produção da obra, mas deve igualmente considerar como tal obra ou tal acontecimento foi interpretado e retomado e chegou até nós por meio dessa interpretação, e não de maneira imediata e direta. Uma análise histórico-materialista tampouco pode se contentar em separar o joio do trigo, os autores ditos progressistas dos ditos reacionários, pois isso significaria ignorar que essas etiquetas também foram afixadas por sujeitos históricos nada imparciais. "É, pois, uma ilusão do marxismo vulgar querer determinar a função social seja de um produto material, seja de um produto espiritual, fazendo abstração das circunstâncias e dos portadores de sua transmissão",[26] decla-

---

[26] No original: "*Denn es ist eine vulgärmarxistische Illusion, die gesellschaftliche Funktion sei es eienes materiellen Produkts, sei es eines geistigen unter Absehung von den Umständen und den Trägern seiner Überlieferung bestimmen zu können*". G. S., I-3, p. 1.161.

ra Benjamin nas notas para os ensaios sobre Baudelaire, tido por muitos como representante reacionário do esteticismo da arte pela arte.

Para concluir, gostaria de retomar uma pequena frase do ensaio sobre Eduard Fuchs. Escreve Benjamin: "*Das Werk der Vergangenheit ist ihm nicht abgeschlossen*" — "A seus olhos [isto é, aos olhos do verdadeiro materialismo histórico], a obra do passado não é acabada". Podemos compreender essa frase de duas maneiras diferentes, que são, no entanto, complementares: primeiramente, a frase indica que as obras de arte que pertencem ao passado não se encerram em si mesmas, mas continuam a agir e viver na sua recepção e transmissão, como já o afirmaram os românticos; e, em segundo lugar, lendo em "*der Vergangenheit*" um genitivo subjetivo, pressupõe que o passado não é um tempo esgotado e morto, mas uma instância que continua agindo e operando no presente, ainda que de forma velada. A frase caracteriza, portanto, uma relação com o passado e com as obras de arte que não é de posse e de acumulação, mas uma relação viva, ancorada numa certa ética da transmissão. Cabe ao presente, em particular ao historiador de hoje, ficar atento àquilo que jaz nos acontecimentos e nas obras do passado como promessa ou protesto, como "confiança, como coragem, como humor, como astúcia, como tenacidade", enumera Benjamin na quarta tese "Sobre o conceito de história", como sinal ou balbucio de um outro porvir. Nesse sentido preciso, o historiador materialista de Benjamin desconstrói a imagem engessada da tradição e procura nas interferências do tempo, tanto do passado como do presente, o sopro de uma outra história possível. Cito, então, o fragmento das *Passagens* que serviu de mote a essa exposição:

> "Em toda obra de arte autêntica existe um lugar onde aquele que a penetra sente uma aragem como a brisa fresca de um amanhecer. Daí resulta que a arte, muitas vezes considerada refratária a qualquer relação com o progresso, pode servir à sua verdadeira definição. O progresso não se situa na continuidade do tempo e

sim em suas interferências, onde algo verdadeiramente novo se faz sentir pela primeira vez, com a sobriedade do amanhecer."²⁷

---

²⁷ *Passagen-Werk*, G. S., V-1, p. 593: "*In jedem wahren Kunstwerk gigt es die Stelle, an der es den, der sich darinversetzt, kühl wie der Wind einer kommenden Frühe anweht. Daraus ergibt sich, dass die Kunst, die man oft als refraktär gegen jede Beziehung zum Fortschritt ansah, dessen echter Bestimmung dienen kann. Fortschritt ist nicht in der Kontinuität des Zeitverlaufs sondern in seinen Interferenzen zu Hause: dort wo ein wahrhaft Neues zum ersten Mal mit der Nüchternheit der Frühe sich fühlbar macht*". Tradução brasileira de Irene Aron, *Passagens*, *op. cit.*, p. 516.

12.
O TRABALHO DE REMEMORAÇÃO DE PENÉLOPE

Walter Benjamin é conhecido, talvez em demasia, por ser um teórico da memória e da conservação do passado. Sua obra oferece um manancial de belas citações para historiadores, conservadores de patrimônio ou de museus, pesquisadores e escritores que constatam, com razão, a indiferença que caracteriza nossa atual relação com o passado. O desfecho trágico de sua vida (deve ser observado que tal desfecho não foi nenhuma exceção durante a dominação do nazismo), seu lado "saturnino" e solitário, por ele mesmo enfatizado, as fotografias do escritor com rosto pensativo apoiado na mão, tudo isso contribui a fortalecer uma visão nostálgica e melancólica de Benjamin e de sua obra, suscitando admiração e identificação ou, então, recusa e crítica.

Gostaria, neste pequeno ensaio, de matizar essa visão que me parece ser muito mais uma projeção de nossa própria desorientação pós-moderna do que uma real apreensão da radicalidade paradoxal do seu pensamento. Nele, a problemática do lembrar sempre surge, nas pegadas de Nietzsche, atravessada pela necessidade de esquecer; e se o narrador rememora o distante, é para entregá-lo a uma salvação que significa, ao mesmo tempo, redenção (*Erlösung*) e dissolução (*Auflösung*)[1] feliz.

Numa carta de início de maio de 1940 à sua amiga Gretel Adorno, esposa de Theodor W. Adorno, Walter Benjamin comenta o texto que acabara de escrever, "Sobre o conceito de história",

---

[1] Ambas as palavras remetem ao verbo *lösen*, resolver e dissolver, cujo radical *lös-*, que traduz em alemão o *luein* grego, indica o dissolver dos limites e das formas no êxtase erótico ou místico e na embriaguez dionisíaca.

dizendo que não pensa em publicá-lo no momento — porque, nessa primeira versão, poderia acarretar muitos mal-entendidos — e anuncia: "A questão do lembrar (e do esquecer) vai me ocupar ainda durante muito tempo". Ora, esse texto, que contém as famosas "Teses", foi o último que escreveu. Em junho de 1940, o exército alemão ocupou Paris. Refugiado na cidade desde a tomada de poder de Hitler, em 1933, Benjamin fugiu na última hora para o sul da França, ainda não ocupado. Tentou atravessar a pé os Pireneus e chegar à Espanha, para embarcar aos Estados Unidos, onde o esperavam Adorno e Horkheimer, que mantinham o Instituto de Pesquisa Social (núcleo da assim chamada "Escola de Frankfurt") no exílio. A fuga clandestina fracassou na fronteira entre a França e a Espanha. Faltava a Benjamin um "visto de saída" da França, que ele, na condição de refugiado e judeu-alemão de esquerda, nunca conseguiria do governo de Vichy. Benjamin se suicidou em Portbou, na fronteira espanhola, em 26 de setembro.

Qual teria sido o desenvolvimento da questão do lembrar e do esquecer no seu pensamento? Digo desenvolvimento porque qualquer leitor de Benjamin sabe que esta questão atravessa sua obra inteira. Ela se coloca em dois contextos principais: um deles, que podemos chamar de teórico-literário, está ligado à teoria da narração e à transformação dos gêneros literários, reflexão evidenciada sobretudo nos ensaios sobre Baudelaire e sobre "O narrador"; outro é o contexto historiográfico, isto é, de reflexão sobre a escrita da história — que pode ser entendida como história singular do eu, portanto, autobiografia (como nos belíssimos textos da *Crônica berlinense* e da *Infância em Berlim por volta de 1900*), ou como história coletiva, aquilo que a filosofia do Idealismo Alemão chamou de "história universal" e cujos pressupostos Benjamin questiona notadamente no já citado texto "Sobre o conceito de história". Em outras palavras, a questão da memória é inseparável de uma reflexão sobre a narração, bem como de uma história ficcional da própria vida, da História de uma época ou de um povo. E as formas de lembrar e de esquecer, como as de narrar, são os meios fundamentais da construção da identidade, pessoal, coletiva ou ficcional.

Ora, memória, história e identidade não são, para Benjamin, conceitos imutáveis, mas instâncias que sofrem transformações históricas. A análise dessas transformações elucida as diferenças entre os vários gêneros literários (por exemplo, *epos*, romance, *short story*) e permite compreender melhor os dilemas da modernidade — e da literatura moderna e contemporânea que não consegue mais, segundo Benjamin, *contar* verdadeiramente uma história. Em seu ensaio "O narrador",[2] Benjamin esboça uma tipologia da memória e da narração, partindo da constatação de que, depois da Grande Guerra (isto é, a Primeira Guerra Mundial; a Segunda só aprofundaria esse processo), os sobreviventes que voltaram das trincheiras, muitas vezes, não conseguiam lembrar nem contar o que viveram em combate. Na mesma época, Freud devia chegar a conclusões parecidas a partir de suas observações sobre os soldados *traumatizados*, incapazes de colocar suas lembranças numa ordem simbólica; *trauma*, diz Freud, e *choque*, diz Benjamin (em particular nas suas análises da lírica de Baudelaire), acarretam uma dupla incapacidade: a de lembrar e a de contar segundo uma certa ordem coerente e totalizadora, produtora de sentido.

Essa análise da situação histórica específica de nossa modernidade se alimenta igualmente de uma discussão, muito viva na época, sobre as transformações dos diferentes gêneros literários. A rigor, os precursores desse debate são Schiller (*Sobre poesia ingênua e sentimental*) e o Romantismo alemão de Iena — ao qual Benjamin consagrou sua tese de doutorado —, que transformou os vários gêneros da *Dichtung* (poesia, mas também, num sentido mais amplo, literatura) em tantas formas de reflexão de alcance metafísico. Na época de Benjamin, a discussão é retomada pelo jovem Lukács, com sua fundamental *Teoria do romance* (publicada numa revista de estética em 1916 e posteriormente como livro

---

[2] "Der Erzähler. Betrachtungen zum Werk Nikolai Lesskows", *in Gesammelte Schriften* (G. S.), II-2, Frankfurt, Suhrkamp, 1974, pp. 438 ss. Cito as traduções de Modesto Carone (Walter Benjamin *et al.*, coleção Os Pensadores, *Textos escolhidos*, São Paulo, Abril, 1980), e de Sergio Paulo Rouanet (Walter Benjamin, *Obras escolhidas*, vol. I, São Paulo, Brasiliense, 1985).

em 1920)³ e, de maneira menos especulativa, por autores como Alfred Döblin, cujo romance *Berlin Alexanderplatz* (1929) e cujo ensaio "Der Bau des epischen Werkes" ("A construção da obra épica") serão lidos e referidos por Benjamin. Devemos aqui proceder a duas pequenas observações de vocabulário para entender melhor esse debate. Primeiramente, a palavra *Erzähler*, traduzida por "narrador", remete ao verbo *erzählen*, narrar, contar em geral, e não necessariamente à noção — pertinente ao universo da teoria literária — do narrador como voz narrativa presente (ainda que disfarçada) num texto. Em segundo lugar, deve-se distinguir os diferentes usos do adjetivo "épico". Épico, num sentido amplo, seguindo as distinções da *Poética* de Aristóteles, opõe-se ao dramático e ao lírico, e designa de maneira abrangente o gênero narrativo, entendendo o *epos* como o relato, em prosa ou em versos, dos feitos ou acontecimentos que envolvem um herói ou um povo. Lukács insiste nas diferenciações entre o *epos*, o romance clássico e a desilusão, enquanto Benjamin trabalha mais a questão do épico em geral, questão que também voltará nas suas análises de Brecht, já que este chama seu teatro de épico (*episches Theater*), em contraposição à teoria aristotélica da *kátharsis*. Como veremos, essas distinções lexicais ajudam a entender a importância da dimensão não só literária, mas, ousaria dizer, *antropológica* da narração em Benjamin.

O "narrador" autêntico, que já não pode existir, é caracterizado como o narrador épico, enraizado numa longa tradição de memória oral e popular, o que lhe permite escrever e contar aventuras representativas de experiências (*Erfahrungen*) das quais todos os ouvintes/leitores podem compartilhar numa linguagem comum. O modelo originário desse tipo de narrativa é, para Benjamin e para Lukács, a *Odisseia*, relato exemplar de uma longa viagem cheia de provações e descobertas, da qual o herói sai mais rico em experiências e em histórias e, portanto, mais sábio. É notável, na

---

³ Edição brasileira: *A teoria do romance: um ensaio histórico-filosófico sobre as formas da grande épica*, tradução de José Marcos Mariani de Macedo, São Paulo, Duas Cidades/Editora 34, 2000.

Odisseia, que ao prazer de lembrar e de contar corresponde um prazer de escutar e de aprender que a nós, modernos, parece ilimitado. Assim, os Feácios não se cansam de escutar as lembranças de Ulisses e se esquecem mesmo do sono; o porqueiro Eumeu adora suas histórias e as avalia com competência literária; Penélope e Ulisses trocam histórias e carícias. Essa capacidade infinita de lembrar e de contar (que Benjamin compara a um rio), presente também nas *Mil e uma noites*, remete a uma sociedade cujos ritmos de trabalho e de descanso (pelo menos para a aristocracia!) são totalmente diferentes dos da organização capitalista.

Quando o *tempo* se torna uma grandeza econômica, quando se trata de ganhar e, portanto, de poupar tempo, a *memória* também se transforma. O lembrar infinito e coletivo do tempo pré--capitalista cede lugar à narração da vida de um indivíduo isolado, que luta pela sobrevivência e pelo sucesso numa sociedade marcada pela concorrência. O espaço infinito da memória coletiva comum encolhe, dividindo-se em lembranças avulsas de histórias particulares contadas por um escritor isolado, lidas por um leitor solitário: é o advento de uma outra forma literária, o romance. Essas mutações históricas e culturais são lentas e não seguem mecanismos deterministas, mas não podem ser eliminadas por boa vontade ou por uma decisão pessoal. Assim, mesmo que se lamente o desaparecimento das formas tradicionais de contar, o desaparecimento da escuta paciente e respeitosa dos anciões, o desaparecimento das lembranças compartilhadas e de uma memória coletiva (tema do sociólogo francês Maurice Halbwachs, contemporâneo de Benjamin), o desenvolvimento técnico capitalista contemporâneo torna ilusória qualquer esperança de retorno a essas formas comunitárias de vida, lembrança e narração, que são facilmente idealizadas em retrospecto. Ao contrário: para lutar contra esse encurtamento da percepção temporal, contra essa espécie de narcisismo do presente, que corre atrás de novidades rapidamente caducas segundo a lei do consumo de mercadorias novas, deve-se inventar outras formas de memória e de narração, capazes de sustentar uma relação crítica com a transmissão do passado, com o lembrar, e com a construção do futuro e o esperar.

Se o ensaio "O narrador" trata de várias questões específicas de teoria literária contemporânea a partir de uma análise da obra de Nikolai Leskov, seu alcance é, no entanto, mais amplo. Adorno não se enganou quando detectou nesse ensaio aquilo que chamou, para criticá-lo em seguida, de "materialismo antropológico".[4] Com efeito, Benjamin se pergunta sobre as dimensões antropológicas da necessidade e da atividade humanas de narrar e de contar. Por isso mesmo seus exemplos são muitas vezes ligados não a um gênero literário escrito específico, mas à narração *oral*[5] — que inclui diversas formas, da narrativa tradicional do sábio numa comunidade sem escrita às tentativas, geralmente malsucedidas, de contar hoje uma história num encontro social. Não se trata somente de detectar num texto literário escrito os rastros de uma oralidade primeva (como nos textos homéricos) ou as tentativas literárias de reinserção da oralidade no escrito, como ocorre no romance *Berlin Alexanderplatz*, de Döblin, na própria obra de Leskov,[6] ou, seria o caso de acrescentar, no Brasil, na obra de Guimarães Rosa. Chama a atenção que Benjamin não fale dessas técnicas literárias de reprodução da oralidade, mas sim de algo anterior à literatura, cronológica e ontologicamente, uma espécie de pulsão — ouso empregar a palavra freudiana *Trieb* — da narração, cujas formas históricas são certamente mutáveis, mas que

---

[4] Ver a carta de Theodor W. Adorno a Walter Benjamin, 6 de setembro de 1936, *in* Adorno/Benjamin, *Briefwechsel*, Frankfurt, Suhrkamp, 1994, p. 193.

[5] Sobre a importância da oralidade no ensaio de Walter Benjamin, remeto ao verbete "*erzählen*", de Alexander Honold, em M. Opitz e E. Wizisla (orgs.), *Benjamins Begriffe*, vol. I (Frankfurt, Suhrkamp, 2000), e ao texto de D. Schöttker sobre "O narrador", no volume editado por B. Lindner, *Benjamin-Handbuch* (Stuttgart, Metzler Verlag, 2006). Ambos os volumes são, atualmente, obras de referência para a pesquisa sobre o autor.

[6] Honold e Schöttker mencionam o ensaio do teórico russo Boris Eichenbaum sobre Leskov (1925), que analisa sua obra segundo a chave do "*skaz*", isto é, da presença artificial, literariamente construída, da oralidade no escrito.

persiste mesmo quando sua fonte parece secar, como na contemporaneidade, tão pobre em verdadeiras histórias.

* * *

Em seu verbete dedicado ao "narrar", Alexander Honold chega a mencionar um conceito de narração ligado à natureza (*Natur-Begriff des Erzählens*)[7] e comenta que essa pulsão ou força de pulsão (*Triebkraft*)[8] tem um duplo alvo: poder dizer a temporalidade e, portanto, procurar formas de reconciliação com a inelutabilidade da finitude e da morte através da memória narrativa; e criar formas de relação comunicativa — fundada na mímesis — com aquilo que não é humano, que é destituído de linguagem, mas que pode ser dotado de sentido por meio da narração. Insisto nessa dimensão pulsional ou antropológica por duas razões precisas, ligadas à recepção teórica do ensaio sobre "O narrador", pois ela explica muitas das reticências de Adorno, e também as ressalvas deste em relação aos conceitos de jogo e de mímesis dos quais Benjamin lançará mão mais tarde, em particular na segunda versão do ensaio sobre "A obra de arte na época de sua reprodutibilidade técnica".[9] Tal dimensão pulsional permite estabelecer relações instigantes com outras teorias contemporâneas sobre a narração, sejam de cunho etnológico e antropológico (sobre as várias narrativas míticas e sobre o desencanto da modernidade ocidental, marcada pelo "fim das grandes narrativas", como disse Lyotard) ou de cunho mais filosófico (penso em particular na reflexão de Paul

---

[7] Honold, *op. cit.*, p. 366.

[8] *Idem*, p. 367.

[9] Lembro que essa segunda versão, tida por desaparecida pelos editores das G. S., quando publicaram os primeiros volumes, foi finalmente reencontrada no Arquivo Horkheimer de Frankfurt em 1989 e publicada no volume VII. Ela sofreu críticas muito duras de Adorno e Horkheimer, provavelmente em razão desses elementos mais antropológicos, e foi censurada. Não existe tradução dessa versão no Brasil. A esse respeito, ver o verbete de B. Lindner no *Benjamin-Handbuch*, *op. cit.*, sobre o ensaio "A obra de arte na época de sua reprodutibilidade técnica".

Ricoeur a respeito das relações entre narração e temporalidade em *Temps et récit*).[10]

Num capítulo central de "O narrador", Benjamin define a narração primeiramente a partir da oralidade (isto é, da relação ouvinte-narrador) e da transmissão. Cito o texto em alemão e, em seguida, sua tradução:

> "*Man hat sich selten darüber Rechenschaft abgelegt, dass das naive Verhältnis des Hörers zu dem Erzähler von dem Interesse, das Erzählte zu behalten, beherrscht wird. Der Angelpunkt für den unbefangenen Zuhörer ist, der Möglichkeit der Wiedergbe sich zu versichern. Das Gedächtnis ist das epische Vermögen vor allen anderen. Nur dank eines umfassenden Gedächtnisses kann die Epik einerseits den Lauf der Dinge sich zu eigen, andererseits mit deren Hinschwinden, mit der Gewalt des Todes ihren Frieden machen.*"

> "Raras vezes dá-se conta de que a relação ingênua entre ouvinte e narrador é dominada pelo interesse em reter a coisa narrada. O ponto-chave para o ouvinte desarmado é garantir a possibilidade da reprodução. A memória é a capacidade épica por excelência. Só graças a uma memória abrangente pode a épica, por um lado, apropriar-se do curso das coisas e, por outro, fazer as pazes com o desaparecimento delas — com o poder da morte."[11]

Essa passagem alude claramente a uma vontade de escutar, de guardar na memória e de transmitir que certamente está na fonte da escrita literária, mas não se esgota nela. Trata-se de transmitir de geração em geração algo que merece ser narrado, isto é,

---

[10] Paul Ricoeur, *Temps et récit*, Paris, Seuil, 1985-87, 3 vols.

[11] Tradução de Modesto Carone, *op. cit.*, p. 66. Para o original, ver "Der Erzähler", G. S., II-2, p. 453.

algo que deve adquirir uma forma estética e linguística e que, graças a isso, é passível de ser apropriado e transmitido, isto é, preservado do esquecimento e, nesse sentido, continuar vivo na memória dos homens — descrição exemplar da tarefa dos poetas desde a Antiguidade grega, como Vernant e Détienne, por exemplo, a caracterizaram, baseados tanto nas pesquisas de história e filologia antigas quanto nas de etnologia contemporânea sobre o assim chamado "xamanismo". Afora a oralidade, a ênfase do texto de Benjamin recai sobre a essencial relação entre narração e morte; a morte empresta ao narrador sua "autoridade",[12] poderíamos dizer tanto no sentido de poder normativo quanto no de instituição de um autor. Com efeito, o moribundo ainda é uma última figura do viajante, daquele que nos coloca em relação com o longínquo, essa relação de distância e de aproximação que está na base da narração segundo Benjamin. Mais ainda: a violência ou o poder (em alemão, *Gewalt*) da morte obriga os homens, mortais (no *epos* de Homero, os deuses, imortais, não contam histórias, mas tentam se divertir de outra maneira, muitas vezes às custas dos mortais!), a se perguntar se têm algo a transmitir que não se extingue com cada existência individual, se algo merece ser guardado e transmitido aos outros homens e às futuras gerações para além do círculo restrito da mera vida singular. A imagem do moribundo que transmite uma mensagem, uma narrativa ou um saber, domina o palco da narração, como ocorre no início do pequeno ensaio "Experiência e pobreza".[13] Na modernidade as transformações do tempo humano e da relação com a morte acarretam transformações profundas, se não desastrosas, para a própria possibilidade do narrar. Ainda que a pulsão narrativa continue presente, ela não pode mais se configurar nas grandes formas clássicas do épico, não pode mais transmitir uma "experiência" comum e por todos compartilhada (no sentido forte da palavra *Erfahrung*), mas deve narrar as difi-

---

[12] *Idem*, p. 64. Para o original, ver "Der Erzähler", *G. S.*, II-2, p. 450.

[13] "Erfahrung und Armut", *G. S.*, II-1, p. 213; edição brasileira com tradução de Sergio Paulo Rouanet, *op. cit.*, p. 114.

culdades da partilha e o esfacelamento da transmissão[14] — os esforços inúteis do mensageiro que porta a mensagem de um imperador morto, enquanto "você... está sentado junto à janela e sonha com ela quando a noite chega",[15] no dizer paradigmático de Franz Kafka, esse grande narrador da impossibilidade contemporânea de narrar, segundo Benjamin.

Se a dimensão antropológica da narração, a necessidade de narrar, persiste na contemporaneidade, sua realização se torna, porém, cada vez mais problemática. Aliás, poderíamos afirmar que muitas narrativas e muitos romances atuais tratam, antes de mais nada, dessa dificuldade e dessa necessidade. A "literatura do trauma", sobretudo depois da Shoah, é o exemplo máximo de tal aporia, pois nela coexistem a premência do relato, a necessidade da transmissão daquilo que não pode ser esquecido, e a impossibilidade de conseguir dizê-lo. A obra de Primo Levi é, aqui, essencial.

Em termos de teoria literária, Benjamin não faz só lamentar o fim da narração e da memória tradicionais, como parecem afirmar leituras saudosistas do ensaio sobre "O narrador". Em textos da mesma época (como "Experiência e pobreza"), ele reivindica as invenções das vanguardas e a busca por uma nova forma de narrar a partir das migalhas e dos escombros da narrativa tradicional. Tanto Brecht como Kafka (apesar de suas diferenças abissais, em particular no que diz respeito a propostas artísticas) oferecem exemplos dessas novas tentativas de narrar. E ambos os autores reformulam a relação com o passado e com a memória, colocando radicalmente em questão a transmissão desse passado e a possibilidade de inserção nesta tradição.

A problemática da tradição (*Tradition*) e, mais especificamente, da transmissão (*Überlieferung*) introduzem na questão da me-

---

[14] Sobre a questão, tomo a liberdade de remeter ao capítulo intitulado "Ne plus raconter?", de meu livro *Histoire et narration chez Walter Benjamin* (Paris, L'Harmattan, 1994); edição brasileira: "Não narrar mais?", *in História e narração em Walter Benjamin*, São Paulo, Perspectiva, 1994.

[15] Franz Kafka, "Uma mensagem imperial", *in Um médico rural*, tradução de Modesto Carone, São Paulo, Brasiliense, 1990, p. 40.

mória e do lembrar uma dimensão bem mais crítica e política. Benjamin distingue a noção geral de *Tradition* — um conceito muitas vezes solene ou sagrado que designa um conjunto de ensinamentos e de histórias relevante até hoje — de outra, muito mais específica e crítica, de *Überlieferung*, que analisa os portadores e as circunstâncias históricas, permitindo questionar o processo da tradição, isto é, questionar os valores ditos canônicos e lembrar aspectos negligenciados, esquecidos ou recalcados. A problemática da memória e da narração não pertence somente a uma reflexão de teoria literária, mas, fundamentalmente, diz respeito a uma reflexão historiográfica crítica, que adquire em Benjamin traços cada vez mais políticos e, como veremos, militantes.

Podemos igualmente observar que a "invenção" da psicanálise se inscreve também nesse contexto de transformações da narração e das formas de narrar, próprio da modernidade, marcada pelo advento de uma experiência traumática (portanto, não verbalizável, não realmente dizível) em massa, a da Primeira Guerra Mundial. A prática psicanalítica poderia ser entendida como uma nova forma de narração, portanto, uma nova aproximação à dinâmica do lembrar e do esquecer, sem que nenhuma coerência, nenhum sentido ou fim *a priori* sejam pressupostos. A situação analítica é, aliás, uma nova situação em termos narrativos de fala e de escuta, pois consagra a irremediável solidão do indivíduo e, ao mesmo tempo, procura lhe possibilitar uma saída de seu enclausuramento.

Assim, uma leitura mais atenta do ensaio de Benjamin remete a uma temática filosófica e antropológica muito maior do que a mera discussão sobre as transformações dos gêneros literários. Ou melhor: tal discussão só adquire seu verdadeiro alcance quando reconfigurada em contexto mais amplo. As reflexões de Benjamin em "O narrador" permitem, ademais, tecer laços com questões antropológicas, etnológicas, pedagógicas e psicológicas. Destaco aqui, dentro da própria obra de Benjamin, a importância não só pessoal ou subjetiva, mas teórica e política dos assuntos ligados à educação e à infância, pois a infância é o território privilegiado do encontro singular com aquilo que vem de longe, com os mortos e o passado, e que os vivos "trazem junto" e transmitem, na maioria das vezes, de maneira não consciente. Benjamin utiliza uma imagem bem-humorada para designar esse "trazido junto", esse *Mitgebrachtes*. Escreve no fragmento "Armários", da *Infância em Berlim por volta de 1900*:

> "*Der erste Schrank, der aufging, wann ich wollte, war die Kommode [...]. Ich musste mir Bahn bis in den hinteren Winkel machen; dann stiess ich auf meine Strümpfe, welche da gehäuft und in jener althergebrachter Art, gerollt und eingeschlagen, ruhten, so dass jedes Paar das Aussehen einer kleinen Tasche hatte. Nichts ging über das Vergnügen, meine Hand so tief wie möglich in ihr Inneres zu versenken. Und nicht nur ihrer wölligen Wärme wegen. Es war 'das Mitgebrachte', das ich immer im eingerollten Innern in der Hand hielt und das mich derart in die Tiefe zog.*"[16]

"O primeiro armário que se abria quando queria foi a cômoda [...]. Era preciso abrir caminho até os cantos mais recônditos; então deparava-me com minhas meias que ali jaziam amontoadas, enroladas e dobradas à maneira antiga, de sorte que cada par tinha o aspecto de uma bolsa [*Tasche*: bolso ou bolsa]. Nada superava o prazer de mergulhar a mão no seu interior tão profundamente quanto possível. E não apenas pelo calor da lã. Era o 'trazido junto' enrolado naquele interior que eu sentia na minha mão e que, desse modo, me atraía para aquelas profundezas."[17]

---

[16] *Berliner Kindheit um Neunzehnhundert*, G. S., IV-1, p. 283.

[17] "Infância em Berlim por volta de 1900", *in Obras escolhidas*, vol. II, São Paulo, Brasiliense, 1987, p. 122. Tradução de José Carlos Martins Barbosa, modificada por J. M. G.

A mesma imagem da meia enrolada sobre si mesma, simultaneamente bolsa e conteúdo, trazido junto ou transmitido, essa meia cujo mistério se desfaz com um pequeno gesto da mão, retorna no ensaio sobre Proust para caracterizar a estrutura de semelhança (e não de igualdade ou de identidade) que rege sua obra, assim como o mundo dos sonhos.[18]

A mão infantil que penetra o interior quente da meia e desmancha a bolsa-conteúdo para, em seguida, experimentar sua recomposição, ilustra uma aprendizagem erótica e experimental da cultura, daquilo que foi trazido, ou da tradição, sem respeito exagerado e com insaciável curiosidade. Trata-se, portanto, de uma imagem paradigmática de uma relação feliz e ativa com a tradição e com a cultura, preconizada por Benjamin em seus ensaios sobre educação, brinquedos e brincadeiras.[19] Os ensaios ditos autobiográficos de Benjamin não descrevem a formação de uma identidade pessoal com suas idiossincrasias ridículas ou preciosas, não perseguem a definição de uma "identidade", mas, como na *Busca* de Proust, esvaziam essa "armadilha, o eu"[20] e empreendem "diversas expedições na profundeza da lembrança".[21] Tal lembrança

---

[18] Leia-se a propósito a seguinte passagem de "Zum Bilde Prousts" (*G. S.*, II-1, p. 314): "*Kinder kennen ein Wahrzeichen dieser Welt, den Strumpf, der die Struktur der Traumwelt hat, wenn er im Wäschekasten, eingerollt, 'Tasche' und 'Mitgebrachtes' zugleich ist*". Em português: "As crianças conhecem um sinal verdadeiro desse mundo: a meia, que possui a estrutura do mundo dos sonhos, quando enrolada no cesto de roupas é, ao mesmo tempo, 'bolsa', e 'aquilo que foi trazido junto'". Tradução de J. M. G.

[19] Remeto ao volume *Reflexões sobre a criança, o brinquedo e a educação*, tradução de Marcus V. Mazzari, São Paulo, Duas Cidades/Editora 34, 2002.

[20] "Zum Bilde Prousts", *op. cit*. Remeto ao belo livro de Carla Milani Damião, *Sobre o declínio da sinceridade filosofia e autobiografia de Jean-Jacques Rousseau a Walter Benjamin* (São Paulo, Loyola, 2006), que analisa essas estratégias de desconstrução do modelo autobiográfico clássico.

[21] No original: "*einzelne Expeditionen in die Tiefe der Erinnerung*". Carta de Benjamin a Scholem, 26 de setembro de 1932, *in* Walter Benjamin, *Gesammelte Briefe*, vol. IV, Frankfurt, Suhrkamp, 1998, p. 138.

só pode se articular enquanto "experiência histórica" mais vasta,[22] aquela do menino de uma classe privilegiada que está, no entanto, em vias de perder seus privilégios — pelo menos na perspectiva do adulto de esquerda exilado que escreve, em retrospecto, sobre sua infância, particularmente, sobre a *percepção* que a criança tinha, de maneira aguda ainda que pouco elaborada, desses privilégios ao mesmo tempo injustos e ameaçados.

* * *

É também numa experiência infantil genuína que se fundamenta uma dimensão que poderíamos chamar de terapêutica do narrar. Por duas vezes, em *Infância em Berlim* e em *Imagens de pensamento*,[23] Benjamin evoca a seguinte cena: a criança está com febre, acamada, e a mãe vem sentar-se à sua cabeceira e começa a lhe contar histórias cujo ritmo é parecido ao das mãos que acariciam e acalmam. Pouco a pouco, dor e doença cedem, como se "a dor", diz Benjamin, fosse um "dique" ou uma barragem que não resiste "à corrente da narração", e é levada de roldão pela correnteza até o "abismo" ou até o "mar do esquecimento feliz".[24] Essa

---

[22] Essa é a tônica do "Prefácio", escrito por Benjamin para a última versão da *Berliner Kindheit*, "Vorwort", que foi publicado à parte no volume VII das *G. S.*, p. 385.

[23] *Berliner Kindheit um Neunzehnhundert, G. S.*, IV, e *Denkbilder, G. S.*, IV-1, respectivamente.

[24] Em *Berliner Kindheit* (*op. cit.*, p. 270): "*Schmerz war ein Staudamm, welcher der Erzählung nur anfangs widerstand; er wurde später, wenn sie erstarkt war, unterwühlt und in den Abgrund der Vergessenheit gespült. Das Streicheln bahnte diesem Strom sein Bett*". Em português: "A dor era uma barragem que só de início resistia à narração; mais tarde, quando esta se fortalecia, a dor era solapada e levada de roldão no abismo do esquecimento. O acariciar forma seu leito para essa corrente". Tradução de J. M. G.

Em *Denkbilder* (*op. cit.*, p. 430): "*Bedenkt man, wie der Schmerz ein Staudamm ist, der der Erzählungsströmung widersteht, so sieht man klar, dass er durchbrochen wird, wo ihr Gefälle stark genug wird, alles, was sie auf diesem Wege trifft, ins Meer glücklicher Vergessenheit zu schwemmen. Das Streicheln zeichnet diesem Strom ein Bett*". Em português: "Quando se considera como a dor é uma barragem que resiste à correnteza da narração, então

bela imagem nos previne contra uma interpretação unilateral das relações entre narração e lembrança. Com efeito, se o narrador salva todos os acontecimentos e criaturas do passado, cumprindo de maneira profana o antigo gesto teológico da *apokatastasis*, da *restitutio omnium*, da restituição e salvação de todas as almas no paraíso, segundo a doutrina herética de Orígenes,[25] e se, nesse sentido, ele é a personificação profana da figura religiosa do "Justo" (lembremos que na tradição judaica o mundo repousa, como sobre pilares, sobre 36 Justos, tão ocultos e escondidos que nem eles sabem de sua função sagrada),[26] então narrar não é apenas salvar e *conservar*, mas é também, poderíamos dizer, salvar tão completamente que se possa deixar de conservar, de arquivar, de classificar, de manter; que se possa abrir mão, esquecer o passado de maneira feliz, porque aquilo que devia ser resguardado já foi posto a salvo, já foi redimido no sentido profundo da *Erlösung*: redenção e resolução/dissolução.[27] No vocabulário teológico da *apokatastasis*, as almas salvas no paraíso não precisam mais nem lembrar nem ser lembradas, porque gozam da paz celestial; no vocabulário de Nietzsche, o esquecimento feliz é aquele que permite ir além do *ressentimento*, isto é, não um esquecimento primário e tosco, não uma amnésia ou anistia, mas um esquecimento adquirido, muitas vezes a duras penas, por um trabalho de lembrança tão profundo que permite fazer as pazes com o passado: aquilo que Freud chama de *Durcharbeitung*, de "perlaboração" e que pressupõe que o *labor* do lembrar possa libertar o sujeito do passado.

Arriscar-me-ia a propor uma distinção terminológica. O vocabulário sobre a questão da memória em Benjamin nem sempre

se vê com clareza que ela pode ser rompida, quando o volume de água da narração é suficientemente forte para levar embora tudo que encontra em seu caminho até o mar do esquecimento feliz". Tradução de J. M. G.

[25] "Der Erzähler", *op. cit.*, pp. 458 ss.

[26] Cf. Gershom Scholem, "Die 36 verborgenen Gerechten in der jüdischen Tradition", *in Judaica I*, Frankfurt, Suhrkamp, 1963.

[27] Ver nota 1, p. 217 deste volume.

é rigoroso. No entanto, um termo se sobressai: das *Eingedenken*, palavra que podemos traduzir por "rememoração" (não confundir com "comemoração", palavra ligada muito mais a uma memória oficial e triunfalista, por exemplo, nas comemorações de Estado). Esse conceito de rememoração remete ao contexto bíblico e judaico da obrigação do povo de Israel de lembrar, de não esquecer, isto é, de rememorar e recordar seu cativeiro no Egito e sua libertação por Iahweh. Assim, para traduzir o famoso versículo do *Deuteronômio*, 5, 15: "Recorda que foste escravo na terra do Egito, e que Iahweh teu Deus te fez sair de lá com mão forte e braço estendido",[28] Lutero usa o verbo ligado ao radical de *Eingedenken*: "*Du sollst gedenken...*" ["Tu deves rememorar..."]. Esse contexto teológico está muito presente em Benjamin, em particular no caderno N das *Passagens*, quando reflete sobre as relações entre história, ciência e rememoração.[29]

---

[28] Cito a tradução da *Bíblia de Jerusalém*, São Paulo, Paulinas, 1985, p. 283.

[29] Em resposta a uma carta de Horkheimer, em que este argumentava que o passado não pode ser dito "não fechado", "em aberto" [*unabgeschlossen*], suscetível, portanto, de transformações posteriores, e que as injustiças do passado são, nesse sentido, irremediáveis, Benjamin escreve: "*Das Korrektiv dieser Gedankengänge liegt in der Überlegung, dass die Geschichte nicht allein eine Wissenschaft sondern nicht minder eine Form des Eingedenkens ist. Was die Wissenschaft 'festgestellt' hat, kann das Eingedenken modifizieren. [...] Das ist Theologie; aber im Eingedenken machen wir eine Erfahrung, die uns verbietet, die Geschichte grundsätzlich atheologisch zu begreifen, so wenig wir sie in unmittelbar theologischen Begriffen zu schreiben versuchen dürfen*" (*G. S.*, V-1, p. 589; N8, 1). Na edição brasileira: "O corretivo desta linha de pensamento pode ser encontrado na consideração de que a história não é apenas uma ciência, mas igualmente uma forma de rememoração. O que a ciência 'estabeleceu', pode ser modificado pela rememoração. [...] Isto é teologia; na rememoração, porém, fazemos uma experiência que nos proíbe de conceber a história como fundamentalmente ateológica, embora tampouco nos seja permitido tentar escrevê-la com conceitos imediatamente teológicos". Tradução de Irene Aron em *Passagens*, São Paulo/Belo Horizonte, Imprensa Oficial/Editora da UFMG, 2006, p. 513. A esse respeito, tomo a liberdade de remeter a meu verbete acerca das teses "Sobre o conceito de história" no *Benjamin-Handbuch*, *op. cit.*, p. 297.

No ensaio sobre "O narrador", Benjamin usa o conceito de *Eingedenken* para caracterizar o esforço de memória que deseja eternizar o destino de um herói singular, de uma viagem ou de uma luta específica, em oposição à memória narradora de múltiplos destinos e aventuras.[30] Lendo essa passagem, Ursula Link-Herr propõe a hipótese de um "golpe semântico" na interpretação de Benjamin desse conceito: *Eingedenken* poderia aludir também à recordação (*Gedenken*) de um único ou de um singular (*Ein-*).[31] No entanto, não há dúvida de que o conceito retorna, surpreendentemente, sob a pena de Benjamin, para caracterizar o conceito proustiano de *mémoire involontaire* e, de maneira notável, para caracterizar a dinâmica do lembrar e do esquecer. Benjamin é um dos primeiros leitores de Proust a ressaltar o quanto o esquecimento, que rejuvenesce,[32] é imprescindível para as pequenas "ressurreições da memória" (Proust) — da memória involuntária, portanto, isto é, aquela que lembra daquilo de que não quer lembrar, daquilo que lhe escapou, daquilo que não tinha dominado, mas de que tinha, justamente, esquecido. Assim escreve Benjamin no segundo parágrafo do seu ensaio sobre Proust:

> "*Man weiss, dass Proust nicht ein Leben wie es gewesen ist in seinem Werk beschrieben hat, sondern ein Leben, so wie der, der's erlebt hat, dieses Leben erinnert. Und doch ist auch das noch unscharf und bei weitem zu grob gesagt. Denn hier spielt für den erinnernden Autor die Hauptrolle gar nicht, was er erlebt hat, sondern das Weben seiner Erinnerung, die Penelopenarbeit des Ein-*

---

[30] "Der Erzähler", *op. cit.*, p. 454.

[31] Ursula Link-Herr, verbete sobre "Zum Bilde Prousts" no *Benjamin--Handbuch*, *op. cit.*, p. 518.

[32] "*Nichts erneuert so sehr wie Vergessenheit*" ("Nada renova tanto como o esquecimento"), escreve Benjamin num pequeno ensaio intitulado "Literaturgeschichte und Literaturwissenschaft" (*G. S.*, III, p. 287), numa alusão clara à *Segunda consideração extemporânea* de Nietzsche.

gedenkens. Oder sollte man nicht besser von einer Penelopenarbeit des Vergessens reden? Steht nicht das ungewollte Eingedenken, Prousts mémoire involontaire dem Vergessen viel näher als dem, was meist Erinnerung genannt wird? Und ist dies Werk spontanen Eingedenkens, in dem Erinnerung der Einschlag und Vergessen der Zettel ist, nicht vielmehr ein Gegenstück zum Werk der Penelope als sein Ebenbild? Denn hier löst der Tag auf, was die Nacht wirkte. An jedem Morgen halten wir, erwacht, meist schwach und lose, nur an ein paar Fransen den Teppich des gelebten Daseins, wie Vergessen ihn in uns gewoben hat, in Händen. Aber jeder Tag löst mit dem zweckgebundenen Handeln und, noch mehr, mit zweckverhaftetem Erinnern das Geflecht, die Ornamente des Vergessens auf."[33]

"Sabemos que Proust não descreveu em sua obra uma vida como de fato foi, e sim uma vida lembrada por quem a viveu. Porém esse comentário ainda é impreciso, e demasiadamente grosseiro. Pois o importante para o autor que lembra, não é o que ele viveu, mas o tecido de sua lembrança, o trabalho de Penélope da rememoração. Ou seria preferível falar da obra de Penélope do esquecimento? A rememoração involuntária, a *mémoire involontaire* de Proust, não está muito mais próxima do esquecimento que daquilo que em geral chamamos de lembrança? Não seria essa obra de rememoração espontânea — em que a lembrança é a trama e o esquecimento a urdidura — muito mais o oposto [a contrapartida] da obra de Penélope que sua cópia? Pois aqui é o dia que

---

[33] "Zum Bilde Prousts", G. S., II-1, p. 311. Benjamin foi um leitor apaixonado de Proust, um tradutor pioneiro e, com esse ensaio publicado em 1929 (apenas sete anos após a morte de Proust) na *Literarische Welt*, tornou-se um dos primeiros críticos alemães a saudar sua importância.

desfaz o que a noite produziu. Cada manhã, quando acordamos, muitas vezes fracos e dispersos, seguramos em nossas mãos apenas algumas franjas do tapete da existência vivida, tal como o esquecimento o teceu em nós. Cada dia, com seu agir intencional e, mais ainda, com seu lembrar intencional desfaz a teia, os ornamentos do esquecimento."[34]

Esse texto merece alguns comentários mais precisos. Ele vive da metáfora exemplar que aproxima texto, tecido, tecelagem e trabalho da rememoração, definido com precisão como um entrecruzamento entre o lembrar (a trama) e o esquecer (a urdidura). O véu de Penélope é obra conjunta do tecer e do desmanchar, como o texto é a trama do lembrar e do esquecer. Se Penélope não tivesse desfeito de noite aquilo que tecia de dia, deveria ter casado novamente, seu véu não seria conhecido como um ardil maior e, podemos também inferir, não haveria *Odisseia* nenhuma, se é bem verdade que Ulisses conclui seu ciclo de aventuras, matéria da narrativa, e chega em Ítaca quando Penélope, traída por uma doméstica, teve a obrigação de tecer até o fim o tecido da mortalha de Laertes, nessa bela analogia estrutural entre a viagem do narrador e o trabalho de tecelagem de sua esposa.

A metáfora do tecido e da tecelagem, tão presente no contexto das reflexões benjaminianas sobre narração, não remete, portanto, apenas a uma nostalgia do autor em relação ao trabalho artesanal e a uma Idade Média idealizada, como foi apontado por vários comentadores.[35] A imagem ressalta muito mais o movimento duplo dos fios, a dinâmica do esquecer e do lembrar, em

---

[34] "A imagem de Proust", in *Obras escolhidas*, vol. I, *op. cit.* Modifiquei a tradução para tentar deixar mais clara a distinção entre *"Erinnerung"*, lembrança (de *"erinnern"*, lembrar) e *"Eingedenken"*, rememoração.

[35] Ver algumas observações de B. Witte no texto "A crise da transmissibilidade: cidade, escrita, memória", in Edvaldo S. Couto e Carla M. Damião (orgs.), *Walter Benjamin: formas de percepção na modernidade*, Salvador, Quarteto, 2008.

que ambos, esquecimento e lembrança, são ativos: isto é, o esquecimento não é somente um apagar ou um "branco", mas também produz, cria ornamentos, como diz o texto citado. A alusão à distinção bergsoniana (em *Matière et mémoire*) entre memória e ação intencionais e memória espontânea, sem contexto intencional, desdobra-se, portanto, entre um lembrar intencional, voluntário, aquilo que em geral chamamos de lembrança (*erinnern, Erinnerung*), e um outro tipo de lembrar, atravessado pelo movimento conjunto e oposto do esquecimento, aquilo que Proust chama de *mémoire involontaire* e Benjamin, nesse texto, de rememoração (*Eingedenken*).

Na edição crítica das obras de Benjamin, encontramos um pequeno texto intitulado "Aus einer kleinen Rede über Proust, an meinem vierzigsten Geburtstag gehalten",[36] isto é, "Extraído de uma pequena conferência sobre Proust, proferida no dia do meu quadragésimo aniversário". A data é notável, sobretudo porque sabemos que Benjamin tomou várias medidas para se suicidar num quarto de hotel em Nice nesse dia,[37] deixando várias cartas de despedida. E o texto contém uma alusão às imagens de uma vida inteira que desfilam rapidamente aos olhos do moribundo, numa velocidade comparável, diz Benjamin, às imagens desses pequenos caderninhos, precursores do filme, que mostravam o movimento de uma personagem, boxeador ou nadador, quando a criança os folheava rapidamente. Nesse extrato de conferência, Benjamin aprofunda o conceito de *mémoire involontaire*, especialmente a novidade de suas imagens:

"*Zur Kenntnis der* mémoire involontaire: *ihre Bilder kommen nicht allein ungerufen, es handelt sich viel-*

---

[36] G. S., II-3, p. 1.064.

[37] Depois da leitura do belo livro de Vicente Valero, *Experiencia y pobreza: Walter Benjamin en Ibiza, 1932-1933* (Barcelona, Ediciones Península, 2001), devo corrigir esse dado: parece que Benjamin conseguiu ainda festejar seu quadragésimo aniversário na ilha de Ibiza, partindo para Nice, onde pensou em se matar alguns dias depois.

mehr in ihr um Bilder, die wir nie sahen, ehe wir uns ihrer erinnerten. Am deutlichsten ist das bei jenen Bildern, auf welchen wir — genau wie in manchen Träumen — selber zu sehen sind."

"Para o conhecimento da *mémoire involontaire*: suas imagens não só chegam sem serem chamadas; trata-se muito mais de imagens que nunca vimos antes de nos lembrar delas. Isso é o mais manifesto nessas imagens, nas quais — exatamente como em certos sonhos — nós mesmos nos oferecemos à vista."[38]

Essa observação aguda desmonta a interpretação recorrente da *mémoire involontaire* proustiana como o ressurgir de uma imagem antiga, muitas vezes oriunda da infância, o que, segundo comentadores bem-intencionados, explicaria seu frescor. A reflexão de Benjamin ressalta muito mais a novidade da imagem que nasce da *mémoire involontaire*: a rigor, nunca a havíamos percebido antes, ou melhor, sua visão passou despercebida quando vivíamos e só agora, graças a esse efeito de renovação do esquecimento no lembrar, e por meio da memória que não procurou por ela com vontade consciente, mas soube acolhê-la e reconhecê-la como verdadeira sem a ter antes conhecido, somente assim essa nova e antiga imagem nos faz estremecer (*tressaillir*, diz Proust inúmeras vezes), transformando a apreensão do nosso passado e, ao mesmo tempo, do nosso presente.

A afinidade dessa estrutura com as imagens oníricas, em particular nos sonhos nos quais nos vemos a nós mesmos como nunca podemos nos ver na realidade, realça não só o parentesco entre as imagens do inconsciente e as da memória involuntária, entre Freud e Proust, mas também o efeito de choque, de renovação da própria percepção de si mesmo do sujeito quando desiste da exclusividade da vontade consciente e consegue estar disponível às

---

[38] Tradução de J. M. G.

surpresas (fonte de alegrias para Proust; nem sempre agradáveis em Freud) dessa outra dimensão do passado rememorado.

* * *

Podemos entender melhor agora por que a obra de Marcel Proust, *Em busca do tempo perdido*, e a teoria psicanalítica de Freud são, para Benjamin, os dois grandes modelos da tentativa de estabelecer uma nova relação com o passado e com a memória, não só no que diz respeito ao passado individual e singular, mas também ao passado histórico de um povo ou de uma nação, e até da própria humanidade. É em razão de sua *novidade* que as imagens surgidas da memória involuntária são tão preciosas. A história como disciplina que narra — portanto, lembra e interpreta — o passado, deve, como diz a tese VI,[39] *articular* o passado, isto é, desistir de descrever pretensos fatos e estabelecer uma *articulação* nova e inovadora com o presente: "*Historie im strengen Sinne ist also ein Bild aus dem unwillkürlichen Eingedenken*" ("A História [Benjamin emprega aqui a palavra alemã que designa especificamente a disciplina da história] no sentido rigoroso é, portanto, uma imagem surgida da rememoração involuntária"), escreve Benjamin nas suas anotações críticas às "Teses". As teses "Sobre o conceito de história", assim como vários trechos das *Passagens* (em particular o caderno N), tentam traduzir em termos de história coletiva e política aquilo que Proust e Freud elaboraram com relação à história singular e inconsciente do sujeito. Essa transposição constitui, aliás, o problema principal desses textos, mas também sua riqueza. Para entender melhor a importância decisiva de Proust e de Freud para Benjamin, é imprescindível compreender as mutações introduzidas por eles, em particular no que diz respeito à concepção clássica da memória.

---

[39] "Über den Begriff der Geschichte", *G. S.*, I-2, p. 695. Utilizo a tradução de J. M. G. e Marcos L. Müller presente no livro de Michael Löwy, *Walter Benjamin: aviso de incêndio. Uma leitura das teses "Sobre o conceito de história"*, São Paulo, Boitempo, 2005.

Desde Platão e Aristóteles, a filosofia ocidental pensa a memória de maneira paradoxal. Como Paul Ricoeur o observou,[40] os gregos tinham duas palavras para designar a atividade da memória: *mnèmè*, a imagem mnêmica, a lembrança que surge espontaneamente, sem a vontade do sujeito, que o *afeta* portanto; e *anamnèsis*, uma busca intelectual consciente, uma *atividade* do espírito, atividade de procura e recolhimento que se aproxima da atividade da razão, do *logos*. A memória como faculdade psíquica e fisiológica (em alemão, *Gedächtnis*) é, portanto, uma capacidade paradoxal, complexa, quiçá contraditória; ela recebe imagens, é afetada por imagens sem que as tenha necessariamente buscado, uma espécie de capacidade passiva; mas ela também pesquisa, investiga, interroga, sendo então uma faculdade de intensa atividade.

O caráter paradoxal — simultaneamente ativo e passivo — da memória, bem como sua relação privilegiada com as imagens e com a imaginação, explica a desconfiança da filosofia clássica — e também de vários historiadores, de Tucídides a Pierre Nora — em relação ao saber produzido pelo lembrar: ele não se sustenta sobre nenhuma garantia epistemológica, não oferecendo nenhuma certeza. Talvez nossas lembranças sejam apenas invenções *a posteriori* nas quais acreditamos profundamente, como o faziam, segundo Freud, suas pacientes histéricas. Mesmo se nossas lembranças não forem ilusões, como medir sua exatidão, já que o passado que elas testemunham não existe mais? A reflexão filosófica clássica sobre a memória se esforça em diminuir a precariedade do lembrar, não apenas distinguindo a lembrança imagética (*mnèmè*) da atividade consciente da recordação (*anamnèsis*), mas submetendo o fluxo confuso da primeira ao controle consciente da segunda. Assim, o sujeito consciente e reflexivo tenta controlar os perigos de sua própria memória rebelde e nômade. Da dialética de Platão à de Hegel, o intelecto esforça-se em conter essa efervescência desordenada das imagens mnêmicas, tentando, como diz Santo Agostinho no livro X das *Confissões*, afastar com "a mão do espírito" esse turbilhão do "rosto da memória".

[40] Paul Ricoeur, *La mémoire, l'histoire, l'oubli*, Paris, Seuil, 2000.

Retomando essa metáfora, poderíamos dizer que Freud e Proust, na esteira de Nietzsche e de Bergson, não desejam mais afastar tais imagens turbilhonantes como se fossem mosquitos inoportunos. Os dois autores dedicam sua atenção justamente a essas imagens — inconscientes, diz Freud, involuntárias, diz Proust —; uma atenção paradoxal, certamente, leve e intensa, uma "atenção flutuante". Eles ouvem os zunidos que perturbam o discurso consciente e bem ordenado do sujeito, tentando perceber o que esses ruídos parasitários podem significar. Se a tradição se ocupou sobretudo do processo consciente da recordação, Freud e Proust empreenderão um deslocamento do olhar, atentando para as imagens da lembrança que o sujeito não escolhe e que podem até incomodar ou assustar, mas também provocar surpresas e reencontros felizes. Esse deslocamento traduz uma transformação da teoria da memória e, mais profundamente, uma transformação da própria concepção de sujeito. Esse não é mais definido antes de tudo por sua atividade consciente, voluntária, autônoma, mas também por um tipo de faculdade passiva, receptiva, de acolhimento, que a filosofia reservara antigamente à matéria — e às mulheres...! Tal receptividade passa então a ser interpretada não em termos de inércia, mas em termos positivos de disponibilidade atenta.

O início de *Em busca do tempo perdido* pode ser lido como a ilustração exemplar desse processo de desagregação de uma concepção clássica do sujeito consciente e soberano e de uma memória obediente. É exatamente isso que Benjamin ressalta. Não se trata de tentar alcançar uma lembrança exata de um momento do passado, como se esse fosse uma substância imutável, mas de estar atento às ressonâncias que se produzem entre passado e presente, entre presente e passado, aquilo que Benjamin chama de *Erfahrung mit der Vergangenheit* — literalmente, "experiência com o passado". A historiografia burguesa, o historicismo, procuraria estabelecer "a eterna imagem do passado", descrevê-lo "como ele realmente foi",[41] postulando sua identidade substancial: baseando-se

---

[41] "Über den Begriff der Geschichte", *op. cit.*, pp. 695-6, teses V, VI e VII.

numa visão de história universal, trata o passado como um objeto atemporal que um lembrar aplicado poderia, com paciência e erudição, reconstituir elemento por elemento. Essa tarefa infinita de memória e de reconstrução se ancora na certeza de que os "fatos" do passado jazem à espera do pesquisador que — se tiver tempo e desprendimento, "desinteresse" e objetividade científica suficientes — saberá descobri-los tal qual um explorador encontra um tesouro. Temos aqui uma concepção tradicional da memória, já criticada com veemência por Nietzsche, a exemplo do famoso ensaio citado várias vezes por Benjamin, *Segunda consideração extemporânea: da utilidade e da desvantagem da história para a vida*. A crítica nietzschiana, retomada por Benjamin, incide justamente nessa concepção de memória "neutra", "desinteressada", que toma essa faculdade humana como um mero instrumento indiferente, e não um órgão ligado à vida e, sobretudo, ao presente. Segundo essa perspectiva, o lembrar do passado se reduz à acumulação de dados, e torna-se um fardo que pode impedir os vivos de agir com inventividade e liberdade. Por sua vez, a doutrina dita ortodoxa dos comunistas da Terceira Internacional e, também, da social-democracia alemã da República de Weimar retoma o pressuposto hegeliano de um sentido *a priori* da História — a saber, a vitória final do proletariado — e transforma o tempo histórico num desenrolar determinado por esse advento seguro. Apesar de sua aparente oposição, historicismo burguês e historiografia determinista socialista convergem, segundo Benjamin, numa concepção linear do tempo como cronologia insossa e numa concepção unilateral da memória, que é entendida como mero instrumento a serviço de uma vontade de acumulação. Benjamin, opondo-se à tradição que concebe o tempo como *chronos* linear e indiferente, propõe que tal instância deve ser compreendida como intensidade e inovação. O filósofo retoma a antiga tradição do momento oportuno, do *kairós* — categoria essencial para o pensamento político antigo (saber agarrar o instante decisivo da transformação possível), mas também retórico (saber encontrar o argumento decisivo que consiga persuadir) e teológico (o momento da iluminação e da conversão). Assim, com Benjamin, a concepção de memória também se modifica: de mecanismo dócil a serviço de uma intenção consciente, ela se converte em meio de iluminação recíproca entre um passado — até aí esquecido — e um presente concebido como limiar possível de uma transformação existencial, individual ou coletiva, mas também estética e/ou política.

A historiografia crítica de Benjamin busca uma nova apreensão conjunta do passado e do presente, uma intensificação do tempo que permite salvar do passado outra coisa que sua imagem habitual, aquela que a narração vigente da história — pessoal ou coletiva — sempre repete, aquilo que a memória domesticada sempre conta. Procura-se salvar do passado não uma imagem eterna, mas uma imagem mais verdadeira e frágil, uma imagem involuntária ou inconsciente; um elemento soterrado sob o hábito, algo esquecido e negligenciado, "recalcado" talvez, uma promessa que não foi cumprida, mas que o presente pode reconhecer e retomar. O presente, como momento precioso desse reconhecimento, não dura mais que um relâmpago, ele vibra durante um átimo tal qual, em Proust, oscilam as imagens do despertar ou estremece o sabor da *madeleine* (esse bolinho misturado ao chá que, no primeiro volume da *Busca*, desencadeia uma avalanche de lembranças involuntárias).

Essa fugacidade do momento presente, que toda tradição filosófica realça, deve ser, por um momento, suspensa, para que uma outra verdade inaudita não se perca, para que outra imagem do passado seja apreendida no *kairós* do instante presente. Trata-se de um gesto de interrupção e de suspensão, gesto de *cesura* que caracteriza a tarefa do historiador materialista crítico, gesto próximo ao de Brecht na sua teoria do teatro épico, quando recomenda a *interrupção* da história e seu questionamento, para evitar que o espectador se deixe levar pelo fluxo narrativo e se identifique à personagem, para obrigá-lo a uma tomada de posição crítica. Gesto que não deixa de lembrar a "pontuação" analítica que se dá quando o terapeuta sabe interromper o paciente no momento oportuno que poderia passar despercebido.

Essa interrupção política e redentora (cujo modelo é a interrupção "messiânica", diz Benjamin) põe em questão a temporalidade da história e da memória dominantes. Instaura o desejo e a possibilidade de um outro tempo e de um outro lembrar. Benjamin cita o gesto dos revolucionários parisienses de julho de 1830, quando atiraram nos relógios de vários monumentos da cidade, ao cair da noite, marcando assim seu desacordo com a cronologia em vigor. No seu comentário a essa citação, Michael Löwy[42] compara tal episódio da Revolução de 1830 com a manifestação de jovens índios brasileiros em 2000, por ocasião da comemoração dos 500 anos do "descobrimento" do Brasil pelos navegadores portugueses, exemplo paradigmático de uma história escrita pelos vencedores: armados de arcos e flechas, eles atiraram no gigantesco relógio que a Rede Globo havia erguido na praia para contar o tempo oficial da comemoração do aniversário.

Benjamin retoma, portanto, a distinção proustiana entre memória voluntária e memória involuntária, mas o faz no contexto de uma história crítica da humanidade oprimida, e não segundo uma construção individual e estética, como o narrador proustiano. Essa transposição não é desprovida de dificuldades — presentes em todas as analogias entre trajetória individual e trajetória coletiva (um problema que os leitores de Freud também conhecem). A noção de memória involuntária é transposta para a esfera historiográfica, porque permite uma interrupção do fluxo narrativo dominante, mas é acompanhada pela exigência de uma presença de espírito aguda por parte do sujeito histórico — isto é, tanto a classe dominada (em 1940, Benjamin não podia questionar o conceito marxista clássico de classes sociais) como os movimentos de esquerda e, entre eles, o historiador crítico — e de uma tomada de consciência rápida do momento de perigo e da necessidade de intervenção. Essa aliança paradoxal de disponibilidade e decisão remete à estrutura paradoxal do *kairós*, momento de apreensão de uma ocasião única que se oferece ao sujeito: uma oportunidade que o sujeito não produziu, pelo menos não conscientemente, mas que lhe cabe reconhecer e aproveitar.

---

[42] Michael Löwy, *op. cit.*, pp. 123 ss.

Esse gesto de intervenção crítica aproxima, mais uma vez, o pensamento de Benjamin da busca por um novo paradigma terapêutico em Freud. Em ambos os autores temos a necessidade de uma desconstrução da versão narrativa vigente, isto é, de uma memória repetitiva, para permitir a emergência de outras lembranças e a construção de outra história. Em ambos, trata-se de estar atento às imagens (mnêmicas) do sujeito que, até aí, não tiveram direito nem à palavra nem à consciência, que não podiam/deviam ser lembradas, mas que podem esclarecer os sofrimentos presentes e ser o início de outra possibilidade de vida e de história.

Num artigo fundamental, o historiador Carlo Ginzburg traça um paralelo instigante entre as figuras do detetive, do historiador e do psicanalista. Ginzburg cita um trecho do ensaio de Freud consagrado ao *Moisés* de Michelangelo, no qual o psicanalista, por sua vez, alude ao historiador da arte e médico italiano Giovanni Morelli:

> "*Ich glaube, sein [Morellis] Verfahren ist mit der Technik der ärtzlichen Psychoanalyse nahe verwandt. Auch diese ist gewöhnt, aus geringgeschätzten oder nicht beachteten Zügen, aus dem Abhub — dem 'refuse' — der Beobachtung, Geheimes und Verborgenes zu erraten.*"[43]

> "Creio que o seu [de Morelli] método está estreitamente aparentado à técnica da psicanálise médica. Esta também tem por hábito penetrar em coisas concretas e ocultas através de elementos desdenhados ou não levados em consideração, dos detritos ou 'refugos' de nossa observação."[44]

---

[43] Sigmund Freud, *Der Moses des Michelangelo*, in *Studienausgabe*, vol. X, Frankfurt, Fischer, 1969, p. 207.

[44] Citado por Ginzburg em "Sinais: raízes de um paradigma indiciário",

Esses restos, esses detritos, cuja importância na obra de Kafka será ressaltada por Adorno,[45] são sinais daquilo que escapa ao controle da consciência em Freud, e da memória voluntária em Proust; de maneira analógica, assinalam para Benjamin aquilo que escapa ao controle da versão dominante da história, introduzindo na epicidade triunfante do relato dos vencedores um elemento de desordem e de interrogação. No conhecido conto de Kafka "Odradek", esse ser misto de restos, de pedaços de fio e de madeira, essa coisa viva que fala, ri e se esconde, escapa ao controle do pai de família e é fonte de sua preocupação justamente por isso, sem, contudo, que lhe cause aparentemente dano algum.[46] Essa relevância do detalhe e, particularmente, do dejeto e do caco, foi imortalizada por Baudelaire em sua comparação do trabalho do poeta ao do *Lumpensammler* ou do *chiffonier*[47] — o trapeiro ou sucateiro;

in *Mitos, emblemas, sinais: morfologia e história*, São Paulo, Companhia das Letras, 1991, p. 147. Tradução de Freud pontualmente modificada.

[45] "*Freud zufolge widmet die Psychoanalyse ihre Aufmerksamkeit dem 'Abhub der Erscheinungswelt'. Er denkt dabei an Psychisches, an Fehlleistungen, Träume und neurotische Symptome. Kafka versündigt sich gegen eine althergebrachte Spielregel, indem er Kunst aus nichts anderem fertigt als aus der Kehricht der Realität*", Theodor W. Adorno, "Aufzeichnungen zu Kafka", in *Prismen, G. S.*, vol. 10-1, Darmstadt, Wissenschaftliche Buchgesellschaft, 1998, p. 262. Em português: "Segundo Freud, a psicanálise dirige a sua atenção aos 'detritos do mundo dos fenômenos'. Ele se refere a elementos psíquicos, atos falhos, sonhos e sintomas neuróticos. Kafka fere uma antiga regra do jogo ao confeccionar arte com nada mais que o lixo da realidade". Tradução de J. M. G.

[46] Franz Kafka, "A preocupação do pai de família", in *Um médico rural, op. cit.*, pp. 41-2.

[47] "Trapeiro e poeta — os dejetos dizem respeito a ambos; solitários, ambos realizam seu negócio nas horas em que os burgueses se entregam ao sono; o próprio gesto é o mesmo em ambos. Nadar fala do *pas saccadé* [passo intermitente] de Baudelaire; é o passo do poeta que erra pela cidade procurando a presa das rimas; deve ser também o passo do trapeiro que, a todo instante, se detém no seu caminho para recolher o lixo em que tropeça." Walter Benjamin, capítulo "A modernidade", de *A Paris do Segundo Império em Baudelaire*, in *Obras escolhidas*, vol. III, São Paulo, Brasiliense, 1989, pp.

comparação, realçada por Benjamin, e que pode também ser uma metáfora do trabalho do historiador materialista.[48] O fato de Benjamin se remeter a essa metáfora explicaria também sua predileção pelo que ele chama de *filologia*, bem como sua desconfiança em relação a interpretações globalizantes, que partem de ou buscam uma totalidade (como tantas vezes seu amigo, e censor, Adorno dele exigiu) —[49] pois a totalidade, mesmo quando segue um desígnio de denúncia crítica, tende a ofuscar a complexidade esquecida dos objetos em prol da pretensa soberania do sujeito (aliás, ninguém soube disso melhor que o próprio Adorno).

Assim, o historiador materialista de Benjamin e o médico psicanalista de Freud são ambos caracterizados por essa atenção ao detalhe, ao insignificante e ao detrito, nos termos de Baudelaire, e ambos seriam especialistas no "cafarnaum da escória" (*"capharnaüm des rebuts"*, como diz Baudelaire). Tanto Benjamin quanto Freud retomam a metáfora do arqueólogo que procura os vestígios do passado nas diversas camadas do presente, sem saber se encon-

---

78-9, tradução de José Carlos Martins Barbosa e Hemerson Alves Baptista, modificada por J. M. G. Baudelaire não só escreve o poema "O vinho dos trapeiros", mas descreve da seguinte maneira o seu trabalho: *"Voici un homme chargé de ramasser les débris d'une journée de la capitale. Tout ce que la grande cité a rejeté, tout ce qu'elle a perdu, tout ce qu'elle a dédaigné, tout ce qu'elle a brisé, il le catalogue, il le collectionne. Il compulse les archives de la débauche, le capharnaüm des rebuts. Il fait un triage, un choix intelligent; il ramasse, comme un avare un trésor, les ordures qui, remâchées par la divinité de l'Industrie, deviendront des objets d'utilité ou de jouissance"*. Oeuvres complètes, Paris, Gallimard, 1961, p. 327, coleção Pléiade. Benjamin cita esse fragmento na obra supracitada e no caderno J das *Passagens*. Comento essa passagem no ensaio "O rastro e a cicatriz: metáforas da memória", *in Lembrar escrever esquecer*, São Paulo, Editora 34, 2006.

[48] Ver, a esse respeito, o artigo de Irving Wohlfarth, "Et Cetera? De l'historien comme chiffonier", *in Walter Benjamin et Paris*, apresentação e organização de Heinz Wissmann, Paris, Cerf, 1986.

[49] Ver a troca de cartas entre Adorno e Benjamin, em particular a famosa carta de 10 de novembro de 1938 (Adorno/Benjamin, *op. cit.*, pp. 364 ss.), a respeito da primeira versão do texto de Benjamin sobre Baudelaire, *A Paris do Segundo Império em Baudelaire*.

trará somente alguns cacos, uma estátua quebrada, o torso de uma figura desaparecida. O arqueólogo não pode temer remover a terra do presente, isto é, colocar em perigo as edificações que ali se erguem. Deve ficar atento a pequenos restos, a irregularidades do terreno que, sob sua superfície aparentemente lisa e ordenada, talvez assinalem algo do passado que foi ali esquecido e soterrado. Detlev Schöttker[50] ressalta essa proximidade metafórica entre Freud e Benjamin para descrever o processo de rememoração e de destruição/reconstrução da história pessoal ou coletiva. Cita o texto "Construções em análise" de Freud, que estabelece a analogia entre o trabalho do arqueólogo e o do analista[51] e observa que Benjamin utiliza a mesma imagem do arqueólogo duas vezes: quando reflete sobre o empreendimento de contar sua infância e juventude, no manuscrito *Berliner Chronik*, que deveria ser o primeiro esboço da *Infância em Berlim*, e numa "imagem de pensamento" intitulada "*Ausgraben und Erinnern*" (o que poderia ser traduzido literalmente como "Escavar e lembrar").[52] Aliás, nos dois fragmentos, Benjamin usa a mesma palavra que Freud para falar das cidades soterradas: elas se encontram "*verschüttet*", cobertas de terra, e de "*Schutt*", detritos, como aqueles que as bombas deixam depois da destruição. Freud, no entanto, relativiza essa destruição e afirma que — diferentemente da maior parte das escavações ar-

---

[50] Detlev Schöttker, verbete "Erinnern", *in Benjamins Begriffe*, vol. I, *op. cit.*

[51] S. Freud, "Konstruktionen in der Analyse" (1937): "*Seine [des Analytikers] Arbeit der Konstruktion oder, wenn man es so lieber hört, der Rekonstruktion, zeigt eine weitgehende Übereinstimmung mit der des Archäologen, der eine zerstörte und verschüttete Wohnstätte oder ein Bauwerk der Vergangenheit ausgräbt*". *Studienausgabe*, volume complementar, *op. cit.*, pp. 396-7. Em português: "Seu [do psicanalista] trabalho de construção ou, caso se prefira entender assim, de reconstrução, apresenta uma ampla afinidade com o trabalho do arqueólogo que desenterra uma cidade destruída e soterrada ou um edifício do passado". Tradução de J. M. G.

[52] Respectivamente nas *G. S.*, VI, pp. 486-7, e *G. S.*, IV-1, pp. 400-1. No Brasil, só existe tradução do segundo texto em Walter Benjamin, *Obras escolhidas*, vol. II, *op. cit.*, "Escavando e recordando", pp. 239-40.

queológicas que encontram apenas fragmentos e ruínas a partir dos quais se pode, ou não, concluir a respeito da totalidade do edifício — o analista pode reencontrar uma formação psíquica intacta, mesmo que ela tenha sido esquecida ou recalcada, tal como Pompeia renasceu das cinzas (uma exceção feliz na história da arqueologia). Benjamin é menos confiante, certamente porque não fala do trabalho construído pelo analista a partir dos fragmentos que o "paciente" evoca, mas da busca pessoal (e coletiva nas "Teses") em relação a seu próprio passado: "Quem pretende se aproximar do próprio passado soterrado [*der eigenen verschütteten Vergangenheit*] deve agir como um homem que escava", escreve ele. Em seguida, Benjamin explica que se deve proceder com cuidado, espalhar muita terra, voltar aos mesmos pontos, retomar as buscas, ir segundo um mapeamento preciso, mas também confiar no acaso. Sobretudo, como "num bom relatório arqueológico", não se deve apenas indicar o que foi achado, mas também anotar com precisão todas as camadas que tiveram que ser atravessadas, marcar no "chão de hoje sítio e lugar" [*im heutigen Boden Ort und Stelle*] que foi escavado.

Ao contrário de Freud, Benjamin não ressalta tanto o resultado da escavação, mas muito mais o próprio processo. Aliás, se algo for encontrado, será no melhor dos casos um "torso" quebrado, um caco, um pedaço de estátua incompleta. A atividade do cavar e do escavar (*graben, ausgraben*) é uma constante na filosofia de Benjamin, desde suas reflexões sobre melancolia e interpretação alegórica no livro sobre a *Origem do drama barroco alemão*. A imagem da escavação não remete só ao abismo sem fundo (*Abgrund*) do lembrar e do pensar, mas, essencialmente, à lembrança e ao pensamento como formas de sepultamento: o verbo cavar, *graben*, pertence ao mesmo radical que o substantivo túmulo, *Grab*. O verdadeiro lembrar, a rememoração, salva o passado não somente porque o conserva, mas porque lhe assinala um lugar preciso de sepultura no chão do presente, possibilitando o luto e a continuação da vida. O historiador e psicanalista francês Michel de Certeau descreverá de maneira muito semelhante o trabalho do historiador como *"un rite d'enterrement"* ("um rito de sepultamento").⁵³ Somente esse trabalho de rememoração e de narração, sob a égide da morte e do túmulo, permitirá, como diz Benjamin em *Rua de mão única*, esculpir uma outra imagem, a do futuro:

"Torso. Nur wer die eigene Vergangenheit als Ausgeburt des Zwanges und der Not zu betrachten wüsste, der wäre fähig, sie in jeder Gegenwart auf höchste für sich wert zu machen. Denn was einer lebte, ist bestenfalls der schönen Figur vergleichbar, der auf Transporten alle Glieder abgeschlagen wurden, und die nun nichts als den kostabaren Block abgibt, aus dem er das Bild seiner Zukuft zu hauen hat."⁵⁴

"Torso. Somente quem soubesse considerar o próprio passado como fruto da coação e da necessidade seria capaz de fazê-lo, em cada presente, valioso ao máximo para si. Pois aquilo que alguém viveu é, no melhor dos casos, comparável à bela figura à qual, em transportes, foram quebrados todos os membros, e que agora nada mais oferece a não ser o bloco precioso a partir do qual ele tem que esculpir a imagem do seu futuro."⁵⁵

---

⁵³ "Por um lado, no sentido etnológico e quase religioso do termo, a escrita representa o papel de *um rito de sepultamento*; ela exorciza a morte introduzindo-a no discurso. Por outro lado, tem uma função *simbolizadora*; permite a uma sociedade situar-se, dando-lhe, na linguagem, um passado, e abrindo assim um espaço próprio para o presente. [...] A escrita não fala do passado senão para enterrá-lo. Ela é um túmulo no duplo sentido de que, através do mesmo texto, ela honra e elimina", diz Michel de Certeau *in A escrita da história* (Rio de Janeiro, Forense Universitária, 1982). O original francês, *L'écriture de l'histoire*, é de 1975.

⁵⁴ Walter Benjamin, *Einbahnstrasse*, G. S., IV-1, p. 118.

⁵⁵ Walter Benjamin, *Rua de mão única*, in *Obras escolhidas*, vol. II, tradução de Rubens Rodrigues Torres Filho, pp. 41-2.

13.
ESQUECER O PASSADO?

Não é fácil tomar a palavra ao final de um colóquio como este, dedicado a Walter Benjamin e à questão da memória. Primeiro, porque este lugar é carregado de lembranças, de lembranças dolorosas;[1] e, também, porque já escutamos muitas falas a respeito da necessidade do lembrar. Minha proposta será precisa: ressaltar a *exceção* que constitui a política de memória do governo brasileiro, bem como suas estratégias extremas de esquecimento maciço em relação à ditadura militar de 1964 a 1985. Com isso, pretendo distinguir o contexto brasileiro daquele de um país como a Argentina. A partir dessa análise, vou retomar alguns conceitos da filosofia da História de Benjamin, que podem nos ajudar a pensar *hoje* em formas de luta contra essa política de esquecimento.

Como nasci na Europa, e num país profundamente tradicional como a Suíça, quero insistir, em primeiro lugar, na diferença existente entre certas discussões sobre o famoso "dever de memória" (expressão, aliás, muito discutível) na Alemanha ou na França, e as diversas formas de relação com o passado num país da América Latina marcado pela colonização, pela escravidão e pela ditadura como o Brasil. Enquanto na Europa surge certa lassidão

---

[1] A primeira versão desse trabalho foi proferida no colóquio "Walter Benjamin e a questão da memória", realizado no Centro Cultural de la Memoria Haroldo Conti, em Buenos Aires, em outubro de 2010. O prédio que hoje abriga o centro cultural funcionou, durante a última ditadura civil-militar argentina (1976-1983), como um dos mais emblemáticos *Centros Clandestinos de Detención, Tortura y Exterminio*: tratava-se da *Escuela de Mecánica de la Armada*, onde ficaram presas cerca de 5 mil pessoas, das quais apenas duzentas sobreviveram.

depois de um longo *"Aufarbeitung der Vergangenheit"* (literalmente, "trabalho de elaboração do passado") — para retomar uma expressão de Adorno que, por sua vez, retoma uma expressão de Freud (*Durcharbeitung*, trabalho de perlaboração) —, cumprido notadamente em função da Segunda Guerra, em particular da Shoah, a questão da memória, particularmente da memória dita nacional, não se coloca nestes termos no Brasil. Uma certa imagem positiva de "país do futuro", da juventude e da inventividade, no qual tudo é possível e onde restam vastos horizontes a descobrir, acompanha uma outra imagem, a de um país no qual as estruturas de poder quase não mudam desde a colonização até as alianças do governo Lula. Trata-se do país de uma elite corrupta, de um povo resignado e submisso, tomado por um misto de alegria e ignorância; do país dos diversos truques (o famoso jeitinho) e de expedientes sempre no limite da legalidade. Essa ideologia da *cordialidade* e do *favor*, tão bem analisadas por Sérgio Buarque de Holanda e Roberto Schwarz, sustenta uma outra convicção: a de que não é necessário lembrar-se, porque de fato nada muda realmente, e também porque se deve sempre "olhar para a frente". Por isso, os filhos ou os amigos dos desaparecidos durante a ditadura, que insistem em saber onde estão os corpos dos mortos e quem os matou, atrapalham: eles são rapidamente taxados de vingativos ou de ressentidos, notadamente pelos representantes das Forças Armadas (que, cá entre nós, não parecem ter lido Nietzsche!).

Quando a grande crítica argentina Beatriz Sarlo afirma num dos seus últimos livros que ao fim das "ditaduras do sul da América Latina, lembrar foi uma atividade de restauração dos laços sociais e comunitários perdidos no exílio ou destruídos pela violência do Estado"; e que, assim, "tomaram a palavra as vítimas e seus representantes...",[2] deve-se lembrar que o Brasil não pertence a este sul da América Latina. No Brasil, as vítimas não tomaram a palavra. Primeiro, pela simples razão de que não existe nenhum

---

[2] Beatriz Sarlo, *Tempo passado: cultura da memória e guinada subjetiva*, São Paulo/Belo Horizonte, Companhia das Letras/Editora da UFMG, 2005, p. 45.

estatuto de vítima; de que nenhum texto oficial, de lei ou de história, usa essa palavra, a qual, por sua vez, acarreta uma pergunta complementar: quem foram os carrascos? Como ressalta Glenda Mezzaroba, a palavra "vítima" não faz parte do vocabulário da legislação brasileira sobre os desaparecidos e os direitos de seus descendentes. Os "desaparecidos", isto é, em sua maioria, vítimas da tortura e do assassinato durante a ditadura, são sempre designados como aqueles que foram "atingidos", aqueles que são considerados oficialmente falecidos ou, quando se trata de pessoas ainda vivas, mas cuja carreira foi prejudicada pela ditadura, como "anistiados".[3]

Essas sutilezas linguísticas remetem ao eixo principal da política de "reconciliação nacional" promovida pelos militares e defendida com obstinação até hoje pelas instâncias políticas e jurídicas dos diversos governos civis — como o demonstrou recentemente a votação a esse respeito do Supremo Tribunal Federal, em abril de 2010. Trata-se da promulgação, em agosto de 1979 (isto é, cinco anos antes da passagem do poder aos civis) da "Lei de anistia",[4] que "excluía os 'condenados por crimes de terrorismo, assalto, sequestro e atentado pessoal', porém incluía os acusados de tortura, assassinato e desaparecimento durante o regime militar";[5] uma lei que mantinha o encarceramento de vários militantes de esquerda, como aqueles que assaltaram um banco à mão armada, mas incluía, portanto anistiava, os militares ou policiais que torturaram, mataram e fizeram desaparecer os presos do regime, porque essas execuções são classificadas como "crimes conexos" a crimes políticos. Essa lei de anistia, eixo do desígnio de reconciliação da "família brasileira", como gostam de dizer seus partidários

---

[3] Glenda Mezzaroba, "O acerto de contas e a lógica do arbítrio", in *O que resta da ditadura*, Edson Teles e Vladimir Safatle (orgs.), São Paulo, Boitempo, 2010, pp. 115-6.

[4] Lei n° 6.683, de 28 de agosto de 1979.

[5] Luci Buff, *Horizontes do perdão*, São Paulo, Educ/Fapesp, 2010, p. 182.

de ontem e de hoje, nunca foi revista nem abolida,[6] pelo contrário, sua validade acaba de ser novamente ratificada pelo STF. Podemos observar que a lei sobre os "desaparecidos" (1995) e as leis sobre as formas de reparação aos perseguidos pelo regime militar (2002), ainda que reconheçam oficialmente a morte dos desaparecidos, não acarretam a devolução de seus restos mortais, tampouco a investigação acerca das circunstâncias de suas mortes, que implicaria a abertura dos arquivos militares secretos.

Isso significa que, embora o Brasil tenha assinado vários tratados internacionais contra a tortura,[7] a jurisdição internacional é simplesmente ignorada quando se trata dos torturadores e dos assassinos da ditadura, sob o pretexto de reconciliação; isso significa também que o Brasil é o único país da América do Sul no qual "torturadores nunca foram julgados" (tampouco denunciados como tais), e "onde não houve justiça de transição, onde o Exército não fez um *mea culpa* de seus pendores golpistas".[8] Isso significa ainda que a prática de tortura, ainda que seja hoje oficialmente rejeitada, continua de fato a ser tolerada. Como ninguém foi condenado em razão dessas práticas durante o governo militar, a impunidade é pressuposta e a tortura está na base da prática dos interrogatórios policiais. Assim, como o denunciam todas as pesquisas sobre direitos humanos, há hoje mais casos de tortura e de assassinato perpetrados nas prisões e nas dependências da polícia brasileira do que durante a ditadura.[9] Tais crimes são cometidos,

---

[6] Sua aplicação foi ampliada pela "emenda constitucional" 26/85, de 27 de novembro de 1985 (portanto, depois do restabelecimento da democracia e no contexto da preparação de uma assembleia constituinte), em benefício das pessoas punidas por atos cometidos entre 2 de setembro de 1961 e 15 de agosto de 1979, datas sobre as quais legifera a lei de anistia.

[7] Em 1992 o Brasil ratificou a Convenção Americana dos Direitos Humanos de 1969, que considera os crimes de tortura como imprescritíveis. Ver Luci Buff, *op. cit.*, p. 238.

[8] *O que resta da ditadura*, *op. cit.*, "Introdução", Edson Teles e Vladimir Safatle, p. 10.

[9] *Idem*. Ver os ensaios de Flávia Piovesan e de Maria Rita Kehl.

em sua imensa maioria, contra homens jovens, pobres, negros ou "pardos", desempregados ou sem emprego fixo, rapidamente acusados de serem traficantes ou bandidos potenciais. Os abusos policiais não provocam nenhuma indignação séria, e até causam certo alívio por parte dos privilegiados que se sentem, *et pour cause*, ameaçados.

Conclusão: a ditadura brasileira, tantas vezes celebrada como ditadura suave (tal qual no infame jogo de palavras entre "ditadura" e "ditabranda"), porque não assassinou um número tão grande de vítimas como as de seus ilustres vizinhos, não é somente objeto de uma violenta coerção ao esquecimento, mas também é uma regime que se perpetua, que dura e *contamina* o presente. Trata-se não apenas de um caso de recalque social e político violento, mas também da "naturalização da violência como grave sintoma social no Brasil", como afirma a psicanalista Maria Rita Kehl.[10] A luta pela revisão da lei de anistia, pela abertura dos arquivos secretos e pela restituição dos restos mortais dos desaparecidos, vai além de uma luta pelo esclarecimento do passado, pois visa também à transformação do presente.

Não é inútil repetir que o reconhecimento oficial e social da tortura durante um regime ditatorial, estabelecido por instituições governamentais, jurídicas e objeto de discussão e de debate no seio da sociedade civil, permite ao corpo social na sua integridade realizar um processo de elaboração do trauma histórico comparável a um luto coletivo. Deve-se lembrar que este processo é essencial para que a vida em comum no presente seja possível. A situação de muitos filhos de desaparecidos brasileiros pode ser comparada à situação dos descendentes das vítimas do genocídio armênio, negado durante tanto tempo pela maioria das nações: não tinham direito nem mesmo ao estatuto oficial de órfãos porque ninguém ousava reconhecer o assassinato ou a morte de seus pais. Os filhos dos desaparecidos são certamente reconhecidos como órfãos, mas não sabem nem onde estão os restos mortais de seus pais nem quem os matou; os desaparecidos são reconhecidos oficialmente

---

[10] *Idem*, p. 124.

como falecidos, sem que se possa saber em que circunstâncias ocorreu sua morte. Assim, a questão do passado, em vez de se tornar uma herança dolorosa a ser elaborada em conjunto por todo o corpo social, é reduzida, graças às leis de "reparação", a uma regulamentação de indenizações individuais. Essa violência e essas mortes são tratadas como meros acontecimentos singulares, acidentes ou incidentes de percurso, o que torna uma elaboração coletiva da violência passada e presente impossível, pois assim se reduz a memória da ditadura a histórias individuais, pessoais, "casos excepcionais" que devem ser resolvidos rapidamente para mais bem poderem ser esquecidos. A possibilidade de construir uma memória social e coletiva de tal violência é, portanto, suprimida.

O impedimento desse processo de luto é duplo: primeiro, porque os corpos não são efetivamente procurados pelas autoridades competentes para que possam ser enterrados; tampouco os arquivos são abertos para que se saiba, sobretudo nos casos nos quais nenhum resto físico pode ser encontrado, como morreu a pessoa. Remeto aqui à longa luta, iniciada em 1982 e sustentada até hoje em vão, dos familiares dos guerrilheiros do Araguaia.[11] Em segundo lugar, porque o trabalho do historiador no Brasil é prejudicado por essas estratégias oficiais de esquecimento, o que impede uma relação da nação brasileira em seu conjunto com seu passado, que deveria ser objeto de pesquisas, de estudos, de discussões. Assim, fica bloqueada uma relação de liberdade diante do presente. É oportuno remeter aqui a Michel de Certeau, que define a escrita da história, a historiografia, como um "ritual de sepultamento":

> "Por um lado, no sentido etnológico e quase religioso do termo, a escrita representa o papel de *um rito de sepultamento* [*un rite d'enterrement*]; ela exorciza a morte introduzindo-a no discurso. Por outro lado, tem uma função *simbolizadora*; permite a uma sociedade

---

[11] Ver, a esse respeito, o artigo de Janaina Teles, in *O que resta da ditadura*, *op. cit.*, especialmente pp. 284 ss.

situar-se, dando-lhe, na linguagem, um passado, e abrindo assim um espaço próprio para o presente: 'marcar' um passado, isso significa também dar um lugar ao morto, mas também redistribuir o espaço dos possíveis, determinar negativamente o que está *por fazer* e, por conseguinte, utilizar a narratividade, que enterra os mortos, como um meio de estabelecer um lugar para os vivos."[12]

Por intermédio de Michel de Certeau, reencontramos Walter Benjamin de quem no fundo nunca nos afastamos. Com efeito, no último texto que escreveu, as famosas teses "Sobre o conceito de história", Benjamin propõe algumas balizas para uma historiografia verdadeiramente "militante". Não porque milita em favor de um partido ou de uma tendência, mas porque milita por uma memória do passado que permita não só salvar a memória dos vencidos, mas também liberar outras possibilidades de luta e de ação no presente do historiador — no seu caso, um presente paralisado pelo fascismo e pelos dogmatismos tanto da historiografia burguesa como do marxismo ortodoxo e stalinista. Essa enunciação no presente é uma exigência fundamental e traz como consequência o fato de que a história "a contrapelo" do passado (*"gegen den Strich"*, tese VII) e a reflexão crítica sobre o presente coincidem (tomo a liberdade de justificar assim, benjaminianamente, minhas reflexões iniciais sobre o presente brasileiro, no qual estou inscrita). Ora, a questão dos mortos e do destino que lhes reserva a

---

[12] *A escrita da história*, Rio de Janeiro, Forense Universitária, 1982, p. 107. No original: *"D'une part, au sens ethnologique et quasi religieux du terme, l'écriture (de l'historien) joue le rôle d'un rite d'enterrement; elle exorcise la mort, en l'introduisant dans le discours. D'autre part, elle a une fonction symbolisatrice; elle permet à une société de se situer en se donnant dans le langage un passé et elle ouvre ainsi au présent un espace propre: 'marquer' un passé, c'est faire une place au mort, mais aussi redistribuer l'espace des possibles, déterminer négativement ce qui est à faire, et par conséquent utiliser la narrativité qui enterre les morts comme moyen de fixer une place aux vivants"*. Michel de Certeau, *L'écriture de l'histoire*, Paris, Gallimard, 1975, p. 118.

historiografia dominante é absolutamente crucial nas teses, pois é o trunfo de uma luta no presente que a tese VI torna mais precisa. Cito-a inicialmente na versão para o francês, feita pelo próprio Benjamin:

> "*Chaque époque devra, de nouveau s'attaquer à cette rude tâche: libérer du conformisme une tradition en passe d'être violée par lui. Rappelons-nous que le messie ne vient pas seulement comme rédempteur mais comme le vainqueur de l'Antéchrist. Seul un historien, pénétré (de la conviction) qu'un ennemi victorieux ne va même pas s'arrêter devant les morts — seul cet historien-là saura attirer*[13] *au coeur-même des événements révolus l'étincelle d'un espoir. En attendant, et à l'heure qu'il est, l'ennemi n'a pas encore fini de triompher.*"

"Cada época deverá novamente enfrentar essa rude tarefa: libertar do conformismo uma tradição que está sendo por ele violada. Lembremos que o Messias não vem somente como redentor, mas como o vencedor do Anticristo. Somente um historiador convencido de que um inimigo vitorioso não vai se deter nem diante dos mortos — somente esse historiador saberá insuflar no coração dos acontecimentos a centelha de uma esperança. Até agora, e nesse momento, o inimigo ainda não cessou de vencer."[14]

Talvez a tradução para francês do próprio Benjamin não seja lá muito elegante, mas tem o mérito de muitas vezes tornar seu pensamento mais preciso. Assim, onde o texto alemão diz: "*auch*

---

[13] Avento a hipótese de que Benjamin talvez quisesse dizer aqui, "*attiser*", isto é, acender ou atiçar uma faísca, mas por engano escreveu "*attirer*", atrair ou atirar.

[14] Tradução de J. M. G. da versão francesa das "Teses", *in G. S.*, I-3, Frankfurt, Suhrkamp, 1974, p. 1.262.

die Toten werden vor dem Feind, wenn er siegt, nicht sicher sein" (literalmente, "os mortos, eles também, não estarão a salvo diante do inimigo, se ele vencer"), Benjamin realça, na versão francesa, a atividade de profanação do inimigo, "que não se deterá nem diante dos mortos". Essa tendência à profanação (que Benjamin já notava na ação das personagens de *As afinidades eletivas* de Goethe, que não hesitam em deslocar túmulos para transformar um cemitério num jardim) marca de maneira precisa o limite em que o poder político se converte em violência (ver a palavra "*violée*" na tradução francesa) — violência mítica, diria Benjamin, fora do espaço de uma sociabilidade comum. Esse espaço de violência parece surgir como o *nomos* implícito do Estado moderno enquanto Estado de exceção instituído — o sabemos a partir dos relatos dos sobreviventes, pelo menos tal como os analisa Giorgio Agamben.[15] A insistência de Benjamin no perigo que os mortos correm de ser, por assim dizer, mortos mais uma vez, lança uma luz paradoxal sobre a resistência do poder ditatorial e, posteriormente, democrático, em procurar e identificar os desaparecidos. Tratar-se-ia não apenas de não confessar os crimes cometidos, mas sobretudo de afirmar que cabe ao poder político decidir o destino dos mortos e que as "leis não escritas" dos sobreviventes, que desejam ainda respeitar a prática humana (e sagrada) do funeral e da inumação,[16] não têm força de lei.

Um outro conceito de Walter Benjamin pode ser precioso nesse contexto de elaboração coletiva do passado. Ainda que o vocabulário referente à memória e à atividade do lembrar não seja sempre muito rigoroso em seus escritos, o conceito de *Eingedenken* ("rememoração", "recordação") tem um peso específico. Tomo a liberdade de discordar da interpretação de Ursula Link-

---

[15] Ver Giorgio Agamben, *Homo sacer: Il potere sovrano e la nuda vita*, Turim, Einaudi, 1995. Edição brasileira: *Homo sacer: o poder soberano e a vida nua*, Belo Horizonte, Editora da UFMG, 2004.

[16] Essa alusão à *Antígona* de Sófocles me foi sugerida pelo artigo de Vladimir Safatle *in O que resta da ditadura, op. cit.*

-Herr[17] — que propõe a hipótese de um "golpe semântico" por parte de Benjamin, e reserva de preferência a palavra *Eingedenken* à memória de um único destino — para ressaltar o caráter de ritual coletivo, religioso *e* político do conceito. Lutero traduz assim o famoso versículo de *Deuteronômio*, 5, 15: "Tu deves rememorar [*Du sollst gedenken*] que foste escravo na terra do Egito, e que Iahweh teu Deus te fez sair de lá com mão forte e braço estendido". Devemos observar que a rememoração é coletiva e política, mesmo que tenha suas fontes numa teologia do lembrar. Tal concepção não corrobora, portanto, a "guinada subjetiva" denunciada por Beatriz Sarlo[18] como o risco que espreita os relatos singulares (muitas vezes autobiográficos, de testemunhos da violência passada) e, mais ainda, que ronda a leitura complacente que tende a reduzir esses relatos a exemplos terríveis, mas singulares e circunscritos a lamentáveis exceções, e que usa essas "memórias" para não proceder a uma análise política do passado.

A "rememoração" (*Eingedenken*) é coletiva e política, mas não é de forma alguma uma "comemoração" oficial, organizada com bandeiras, desfiles ou fanfarras para comemorar uma vitória, ou, então, um pedido de perdão (como parece ter se tornado uma prática governamental, aliás muito honorável, em certos países.) Pelo contrário, Benjamin a associa à *memória involuntária* de Proust, traduzindo muitas vezes "*mémoire involontaire*" por "*ungewolltes Eingedenken*" (rememoração involuntária), em particular nos primeiros parágrafos de seu ensaio sobre o autor da *Recherche*, consagrados à dinâmica do esquecer e do lembrar.[19] Aliás, essa combinação entre dimensão coletiva, política, e dimensão involuntária — alheia ao resultado de uma preparação estratégica por parte de um partido ou de um comitê central — constitui uma das características, e também uma das dificuldades maio-

---

[17] Em seu verbete consagrado ao ensaio de Benjamin sobre Proust, no *Benjamin-Handbuch*, Stuttgart, Metzler Verlag, 2006.

[18] Beatriz Sarlo, *op. cit.*

[19] "Zum Bilde Prousts", in *Gesammelte Schriften* (*G. S.*), II-1, Frankfurt, Suhrkamp, 1977, p. 311.

res, da concepção de decisão revolucionária nas teses. Benjamin parece tentar pensar uma atenção ao *kairós* da ação política que não se resume nem à confiança na espontaneidade das massas (espontaneidade às vezes desastrosa), nem aos cálculos conjunturais de uma pseudo *avant-garde*. Não acho que se possa resolver de maneira definitiva essas ambiguidades da definição de "sujeito histórico" no texto das teses e não tenho certeza de que isso seja desejável. No entanto, algumas limitações teóricas, que o próprio Benjamin indica, podem ajudar a traçar essa noção de atenção ao presente histórico e ao "momento do perigo" (tese VI): a teoria da memória involuntária em Proust, aquela da atenção flutuante (*schwebende Aufmerksamkeit*) em Freud e, enfim, a noção de rememoração num contexto teológico. Trata-se de três modelos de disponibilidade ao acontecimento, e não da soberania da consciência coletiva.

Respondendo a uma carta de Horkheimer — que argumentava que o passado não pode verdadeiramente ser dito "aberto" (*unabgeschlossen*), suscetível de transformações posteriores, e que, nesse sentido, as injustiças e os sofrimentos do passado são irremediáveis — Benjamin anota:

> "O corretivo desta linha de pensamento pode ser encontrado na consideração de que a História não é apenas uma ciência, mas igualmente uma forma de rememoração. O que a ciência 'estabeleceu', pode ser modificado pela rememoração. Esta pode transformar o inacabado (a felicidade) em algo acabado, e o acabado (o sofrimento) em algo inacabado. Isto é teologia; na rememoração, porém, fazemos uma experiência que nos proíbe de conceber a História como fundamentalmente ateológica, embora tampouco nos seja permitido tentar escrevê-la com conceitos imediatamente teológicos."[20]

---

[20] Walter Benjamin, *Passagens*, Willi Bolle e Olgária Matos (orgs.), Belo Horizonte/São Paulo, Editora da UFMG/Imprensa Oficial, 2006, p. 513,

Talvez esse fragmento faça o pensamento de Benjamin parecer obscuro. No entanto, ele ressalta uma dimensão da História como narração aberta que permite não encerrar a imagem do passado numa única "constatação", mas modificá-la. Assim, permite também a apreensão do passado pelo presente. Com efeito, se o passado é findo, acontecido (*vergangen*), e é, nesse sentido, imutável, ele continua porém a ter sido (*gewesen*), a passar, a perdurar no presente. Esse estatuto "enigmático" do passado presente se transforma quando os sujeitos históricos do presente dão ao passado uma outra interpretação e o transmitem (*überliefern*) — contra o "conformismo da tradição" (*Tradition*), como o diz Benjamin na tese VI. A apreensão do passado pelo presente se dá quando a continuação da História deixa de se inscrever no esquema narrativo (e prático) ditado por essa tradição dominante. A ruptura desse enredo é, em Benjamin, uma ruptura teológica e política, não no sentido de uma intervenção divina segundo um modelo religioso, mas no sentido de uma dimensão irredutível ao que está dado, ao "amontoado de ruínas" (tese IX).

Gostaria de concluir essa comunicação com uma advertência: não façamos de Benjamin o rapsodo incondicional da memória e da conservação, como se se tratasse de nada esquecer e de tudo guardar. Leitor crítico, mas assíduo de Nietzsche (mais do que de Hegel), Benjamin cita várias vezes a *Segunda consideração extemporânea*, como no início da tese XII. Com efeito, Nietzsche é o primeiro pensador que condenou os excessos daquilo que Benjamin chama de historicismo, essa ciência burguesa da história, caracterizada por seu ideal de exaustividade e objetividade.

fr. N8, 1. No original: "*Das Korrektiv dieser Gedankengänge liegt in der Überlegung, dass die Geschichte nicht allein eine Wissenschaft sondern nicht minder eine Form des Eingedenkens ist. Was die Wissenschaft 'festgestellt' hat, kann das Eingedenken modifizieren. Das Engedenken kann das Unabgeschlossene (das Glück) zu einem Abgeschlossenen und das Abgeschlossene (das Leid) zu einem Unabgeschlossenen machen. Das ist Theologie; aber im Eingedenken machen wir eine Erfahrung, die uns verbietet, die Geschichte grundsätzlich atheologisch zu begreifen, so wenig wir sie in unmittelbar theologischen Begriffen zu schreiben versuchen dürfen*". G. S., V-1, p. 589.

Nietzsche também é o pensador de uma noção positiva de esquecimento, na linhagem do pensamento grego, do êxtase dionisíaco e erótico, das figuras do "desligar", o *luein*, que se traduz em alemão por *lösen*, verbo associado ao campo semântico da dis-solução e da solução (*Lösung*) e, igualmente, da redenção (*Erlösung*) — que deve ser distinguido daquele da salvação (*Rettung*), na reflexão de Benjamin. Essas figuras de um esquecimento feliz surgem, em particular, na evocação de uma experiência paradigmática da infância: a criança doente se acalma pouco a pouco graças às mãos que acariciam e à voz que conta uma história, traçando assim ao rio da dor um leito que a levará até o "mar do esquecimento feliz".[21] Essas imagens evocam uma narração sempre recomeçada, sempre retomada e enriquecida. Esse esquecimento feliz é, portanto, exatamente o contrário de um esquecimento imposto, ou de uma "memória impedida", como Paul Ricoeur definiu muito acertadamente o conceito de anistia.[22] Isso também significa que todas as políticas de esquecimento imposto, porque são o contrário de um processo de elaboração do passado, não vão ajudar a esquecer um passado doloroso, mesmo que, num primeiro momento, o façam calar. Essas políticas preparam muito mais o retorno do passado recalcado, a repetição e a permanência da violência, uma forma de memória pervertida que, na verdade, nos impede de nos *livrar*, de nos desligar, do passado para poder enfim viver melhor no presente.

[21] Ver nota 24, p. 230 deste volume.

[22] Paul Ricoeur, *La mémoire, l'histoire, l'oubli*, Paris, Éditions du Seuil, 2000, p. 576.

SOBRE OS TEXTOS

"Prólogo: Escrita, morte, transmissão" — palestra apresentada no "II Colóquio Internacional Escrita e Psicanálise", em agosto de 2008, na Universidade Federal de Santa Catarina, Florianópolis; texto publicado no volume *Escrita e psicanálise II*, Curitiba, Editora CRV, 2010.

"Limiar: entre a vida e a morte" — palestra apresentada no "Primeiro Colóquio Internacional do Núcleo Walter Benjamin" da UFMG, Belo Horizonte; texto publicado no volume *Limiares e passagens em Walter Benjamin*, Belo Horizonte, Editora Humanitas/UFMG, 2010.

"Mito e culpa nos escritos de juventude de Walter Benjamin" — inédito; apresentado no grupo de trabalho em estética no colóquio da ANPOF (Associação Nacional de Pós-Graduação em Filosofia), em Curitiba, novembro de 2012.

"Do conceito de *Darstellung* em Walter Benjamin (*ou* Verdade e beleza)" — artigo publicado na revista *Kriterion*, Belo Horizonte, UFMG, nº 112, julho-dezembro de 2005.

"Comentário filológico e crítica materialista" — artigo publicado na revista *Trans/Form/Ação*, Marília, Unesp, nº 34, 2011.

"Atenção e dispersão: elementos para uma discussão sobre arte contemporânea a partir de Adorno e Benjamin" — comunicação apresentada no "Congresso Internacional *Theoria Aesthe-*

tica", do Programa de Pós-Graduação em Filosofia da UFMG, Belo Horizonte, em setembro de 2003; texto publicado no livro com o mesmo título (Porto Alegre, Escritos Editora, 2005).

"O olhar contido e o passo em falso" — palestra apresentada durante o congresso da ANPOF (Associação Nacional de Pós--Graduação em Filosofia), na mesa plenária de estética, em Salvador, 2006; texto publicado na revista *Especiaria*, Ilhéus, n° 19, janeiro-junho de 2008.

"Eros da distância" — artigo originalmente publicado com o título de "A questão do Eros na obra de Benjamin", revista *Artefilosofia*, Ouro Preto, Universidade Federal de Ouro Preto, janeiro de 2008.

"Identificação e *Kátharsis* no teatro épico de Brecht" — comunicação apresentada no "Cólquio Internacional *Kátharsis*", do Programa de Pós-Graduação em Filosofia da UFMG, Belo Horizonte, abril de 2001; texto publicado no volume com o mesmo título (Belo Horizonte, Editora C/Arte, 2002).

"De uma estética da visibilidade a uma estética da tatibilidade" — palestra apresentada no "Colóquio Walter Benjamin: formas de percepção estética na modernidade", Instituto Goethe, Salvador, abril de 2007; texto publicado no volume com o mesmo título (Salvador, Quarteto Editora, 2008). Boa parte desse ensaio foi redigida durante um semestre de pós-doutorado na École Normale Supérieure, em Paris, graças a uma bolsa da Capes, à qual agradeço aqui.

"Teologia e messianismo no pensamento de Walter Benjamin" — palestra proferida originalmente em francês em Milão, novembro de 1998, por ocasião do "Colóquio *Milenarismi nella cultura contemporânea*", na Universidade de Milão; uma versão traduzida desse texto foi publicada na revista *Estudos Avançados*, USP, vol. 13, n° 37, 1999.

"Estética e experiência histórica em Walter Benjamin" — palestra apresentada no ciclo "Pensamento alemão no século XX", Instituto Goethe de São Paulo, 2007; texto publicado no volume com o mesmo título (São Paulo, Cosac Naify, 2009).

"O trabalho de rememoração de Penélope" — inédito; texto escrito originalmente para o *Compêndio Walter Benjamin*, volume em fase final de edição, sob a coordenação de Amon Pinho e organização de Amon Pinho e Maria João Cantinho, a ser publicado pela editora Hedra.

"Esquecer o passado?" — palestra apresentada em francês no colóquio "Walter Benjamin e a questão da memória", no Centro Cultural de la Memoria Haroldo Conti, Buenos Aires, outubro de 2010 e, em português, na "Semana contra a anistia aos torturadores", na USP, Departamento de Psicologia, outubro de 2011; texto publicado no volume *Psicologia, violência e direitos humanos*, editado pelo Conselho Regional de Psicologia de São Paulo em 2012.

A autora agradece a Julia de Souza e Alberto Martins a paciente releitura destes textos, e suas inúmeras sugestões para melhorar um estilo muitas vezes marcado pela pressa e pelo tom excessivamente coloquial.

SOBRE A AUTORA

Jeanne Marie Gagnebin nasceu em Lausanne, na Suíça, em 1949. Após estudar filosofia, literatura alemã e grego antigo na Universidade de Genebra, concluiu o doutorado em filosofia na Universidade de Heidelberg, na Alemanha, em 1977. Vive e leciona no Brasil desde 1978, tendo realizado estágios de pós-doutorado em Constança, Berlim e Paris. É professora titular de filosofia na PUC-SP e livre-docente em teoria literária na Unicamp. Atualmente é responsável pela organização dos volumes e coordenação da tradução dos escritos de Walter Benjamin na Editora 34.

É autora de *Zur Geschichtsphilosophie Walter Benjamins* (Erlangen, Palm & Enke, 1978), *Walter Benjamin: os cacos da história* (São Paulo, Brasiliense, 1982; 2ª ed., São Paulo, n-1 edições, 2018), *Histoire et narration chez Walter Benjamin* (Paris, L'Harmattan, 1994; ed. bras., *História e narração em Walter Benjamin*, São Paulo, Perspectiva, 1994), *Sete aulas sobre linguagem, memória e história* (Rio de Janeiro, Imago, 1997; 2ª ed., 2005), *Lembrar escrever esquecer* (São Paulo, Editora 34, 2006) e *Limiar, aura e rememoração* (São Paulo, Editora 34, 2014).

Este livro foi composto em Sabon, pela Bracher & Malta, com CTP e impressão da Bartira Gráfica e Editora em papel Pólen Soft 80 g/m² da Cia. Suzano de Papel e Celulose para a Editora 34, em julho de 2019.